筑紫女学園大学人間文化研究所叢書

親鸞の信と実践

宇治和貴 著

法藏館

親鸞の信と実践＊目次

序　章　真宗実践論研究の課題――真俗二諦的信仰理解の克服――……3
はじめに　3
一　宗教的立場と世俗的立場　12
二　真俗二諦的真宗理解の問題　17
おわりに――真俗二諦の克服方法――　22

第一部　親鸞における信と社会

第一章　親鸞における信仰の構造と実践の関係……35
はじめに　35
一　戦後親鸞研究の展開と課題　40
二　信の構造と実践の関係性　44
三　大悲実践志向主体の成立　50
おわりに　54

第二章　親鸞の宗教的・社会的立場――神祇不帰依の意義――……63
はじめに　63
一　親鸞の神祇観研究の変遷　65
二　神祇不帰依を徹底した結果としての神祇護念　69

三　自我仏教からの解放としての神祇不帰依　77
おわりに　82

第三章　親鸞の救済における神祇不帰依の意義……91
はじめに　91
一　中世社会のコスモロジー――佐藤弘夫の論を手掛かりに――　93
二　親鸞の信における往生の目的　97
三　利他志向主体の成立と神祇不帰依の関係性　100
四　信成立の必然的社会態度・神祇不帰依　105
おわりに　110

第四章　親鸞の歴史観における信の意義……121
はじめに　121
一　親鸞の歴史観研究の変遷　122
二　信による救済の意義　126
三　権威主義否定の根拠としての信　132
四　親鸞の末法認識　137
おわりに　140

第二部　親鸞における信と実践

第一章　親鸞における伝道という実践の具体的把握
――「非僧非俗」を手掛かりにして――……151
はじめに　151
一　「非僧非俗」の構造と意義　153
二　「非僧非俗」に対する従来の理解と問題点　166
三　親鸞の「非僧非俗」の立場から導き出される伝道実践　181
おわりに　193

第二章　親鸞の信と自然法爾――廻向によって成立する実践主体――……207
はじめに　207
一　親鸞における本願力廻向の信心　210
二　平雅行の「親鸞思想変容論」における造悪無碍理解の問題点　213
三　平における親鸞の信心理解の問題点　216
四　善鸞義絶後の親鸞の信仰と自然法爾　223
おわりに　229

第三章　親鸞における仏道把握……235
はじめに　235
一　慈悲実践道としての仏道把握　239
二　二世安楽信仰の超越と真仏弟子の意義　248
三　弥陀の願いを生きる者としての「しるし」　260
おわりに　276
結　章　親鸞における実践論の本質――実践がもたらす倫理――……285
一　慈悲の実践を志向する仏道の成立　285
二　仏智にめざめることを願う実践　289
三　「しるし」として現れる真宗者の倫理性　292
初出一覧　299
あとがき　301
索　引

凡　例

一、註は、各章ごとに分けて章末においた。

一、原文の引用については、原則として漢文のものは『浄土真宗聖典注釈版』に従って書き下した。

一、親鸞の消息については特に書名を示さない場合は、『浄土真宗聖典原典版』（本願寺出版社）の「親鸞聖人御消息集」の編集に従い、通数などを表記した。

一、引用文献は以下のように略記した。

『浄土真宗聖典全書』……………………………………『聖典全』

『真宗聖教全書』…………………………………………『真聖全』

『定本　親鸞聖人全集』…………………………………『定親全』

親鸞の信と実践

序　章　真宗実践論研究の課題——真俗二諦的信仰理解の克服——

はじめに

本書は、親鸞が歴史社会のなかで信にもとづいて展開した実践とその構造を検証することで、真宗における実践論を構築しようとする試みである。そのためには、親鸞が生きた日本の中世という歴史社会において、「大乗の至極」を生きる仏教者としての立場を成立させた「本願力廻向の信」が、いかなる実践を志向する主体を成立させるものだったのかを、親鸞という主体と歴史との関係性を検証することで導き出す作業が必要となる。

これまで真宗での実践論といえば、たとえば普賢大圓の『信仰と実践』(1)で示されているように、「宗教的実践」と「道徳的実践」や「社会的実践」とを分けて考えるものが主流を占めてきた。しかし昨今、多くの宗教教団が自らの存続への危機感を背景に、社会問題に参画し社会的資源としての役割を果たそうと、ボランティア活動等の社会活動を展開するようになっている。こうした現状を受けて、木越康『ボランティアは親鸞の教えに反するのか』(2)などが出版され、「一旦は「小慈小悲もなき身」などという否定を経る真宗念仏者の利他的行為は、如来の願いを受けて大乗菩薩に学ぶ行為となり、「如来とひとし」と言われる存在としての念仏者において行われる行為として、暫定的に肯定されるとして良いのではないか、ということになろうかと思われるのである」(3)などと、賛同する見解も提示され始めている。

したがって、真宗と実践に関して研究する場合、立ち止まって二つの課題を考えてみる必要がある。一つは「宗教的実践」と「社会的実践」を切り離して考えられてきた点について。二つ目は、真宗の教えにもとづいて実践をする場合の論理的裏付けが明確にされてこなかったことで、社会問題ありきで実践が展開されている点についてである。

では、仏教での社会的実践はどのように考えられているのだろうか。

仏教をもととした社会的実践に関する関心の高さは、二〇一五年度の日本佛教学会学術大会のテーマが「仏教における実践を問う(二)――社会的実践の歴史と展望――」と設定され、その成果が『仏教における実践を問う――社会的実践の歴史と展望――』(4)として出版されていることでも確認できる。大会趣旨には「仏教は、歴史のなかでじつにさまざまなかたちで社会的実践に関わってきた」ことを背景に、現在の仏教教団が「葬送儀礼や回忌法要にとどまらず、宗派を超えて寺院を社会一般の公共的場として開きだそうとするこころみも、あらたな宗教的意味づけをともなった社会実践である。いずれも社会活動に積極的に関与することが、仏教の理念を実現するうえで不可欠なものであるとの信念に根ざしている」と、仏教での理念の実現において社会活動が必要不可欠なものであるとの認識に立って、仏教界全体の課題となっていることが表明されている。(5)

下田正弘は「仏教の社会的実践を考えるためのいくつかの課題」(6)において、

人間と世界との関係構造において人間とはなにかを問うとすれば、世界の内にある世界内存在としてのひとのありようを問い、あるいは世界に対峙する対世界存在としてのひとの様態を課題化することになる。そこで明らかにされるのは、人間のありようであるとともに、人間にとっての世界のありようでもある。社会との関係において仏教を問う場合も同様である。解明されるべきもの、それは仏教であるとともに社会である。「仏教の社会的実践」というテーマは、より厳密に表現するなら、「仏教によって照らし出される社会」を解明する課題である。こうした関係にある仏教と社会とを「実践」が媒介する。実践とは行為であり、行為によって仏教と社会とが連絡されるとき、この両者は静的な構造のなかで結びつくのではなく、変容を前提とした動的な関係のもとにおかれる。しかもその関係は、仏教という主体を支え基礎づける場としての社会から一方的に規定されるものではなく、場の方が主体のはたらきかけによって変容するものでもある。（中略）前者は仏教の事実、事象としての側面であるのに対し、後者は、その価値、理念としての側面である。仏教という概念には、世界や社会と同様に、事実としての面があるとともに、世界や社会と異なり、理念あるいは価値の面が存在する。事実としての仏教は歴史とともに変化をする。それに対して理念あるいは価値の問題としての仏教は不変である。（中略）この点を踏まえたうえで、さらに注意すべきことがある。それは現実世界において、事実としての仏教と理念としての仏教とは、相互に区別しえないかたちで出現することである。不変の理念は流動する歴史のなか、ときどきに固有のすがたで実現する。仏教が見せる歴史的形態の固有性は、一方で、変容する社会との関係から生まれ、他方で、仏教という超歴史的な理念が歴史に現実化する具体的なさまを示している。こうした相克する動的関係をとらえることが「仏教の社会的実践を問う」課題に対する実質的応答になる。(7)

と述べる。ここで下田は「実践とは行為であ」ると規定しているのだが、この行為とは、当然、単に対象を客観的に見るだけではなく、智慧をもって我のうちに我を突破していくような、思惟を含めての表現であることは確認しておきたい。(8)つまり、不変の価値である仏教に立って社会的実践を展開しようとすれば、「仏教によって照らし出される社会」の在りようを明確にし、「仏教という超歴史的な理念が歴史に現実化する具体的なさまを示している。こうした相克する動的関係を捉えることが「仏教の社会的実践を問う」課題に対する実質的応答」として、仏教と社会的実践の問題は検討されなければならないと問題提起しているのである。

本書は、親鸞が示した社会的実践を基礎として、真宗における実践論を構築しようとするものであるから、当然、「宗教的実践」と「社会的実践」を分けて考える立場には立たない。むしろ、日本中世という歴史社会を舞台に親鸞という一人の人間の生き方を通して示された、「本願力廻向の信」が成立させる実践の方向性や理論をあぶり出したいと考えている。

この場合の歴史社会とは、人間が営みを繰り広げる場の全体を指すものである(9)。人間が営みを行うなかで創唱・展開されたさまざまな宗教も、すべて歴史的産物であり、宗教に規定された人間の営み、いわゆる信仰にもとづいた言動を通して歴史社会に現出してきた。その意味では、それぞれの宗教は自覚的にしても無自覚的にしても、必ずその宗教の内実に相応した実践を伴うものであって、実践を伴わない宗教はないということになる。

たとえば、摂関期において栄華を極めた藤原道長が、自らの治世における状況を「この世をばわが世とぞおもふ望月のかけたることもなしとおもへば」と詠んだこと、さらにこの世の栄華は十分であるが、来世のそれは保証されていないから、阿弥陀仏の浄土に生まれて安楽を得たいと願ったことは、「浄土教を契機に新たに成立した彼の宗教的主体とは、大乗仏教における宗教的実践としての菩薩行はもとより存在するものではなく、自己充足の立場を形成したのであった(10)」といった指摘のとおり、道長自身の拠って立つ宗教にもとづいた実践として認識されるべきなのである。

また、普遍的な原理をもった宗教における実践は、民族宗教における実践とは異なり、自覚的・規定的で極めて主体的な問題である。親鸞が「火宅無常の世界はよろずのことみなもてそらごとたわごとまことあることなき」世界であるとして、現状を虚仮不実な世と述べたということには、親鸞が自らの拠って立つ信にもとづいて社会を概観したときの認識が表現されている。一人の信仰主体が自らの存在する歴史社会をどのように認識していたかという問題は、その主体がどのような信仰に立っていたかという問題と同じ意味をもつことになる。親鸞によって示された思想とは、単に著作などにおいて提示された論理ではなく、歴史社会において鍛えられ練り上げられていった成果である。信仰とは必ずその信仰主体の営みを通して社会化されるものであるから、歴史社会を離れた信仰主体は成立せず、必ず歴史社会の制約のなかで、その状況を超えるような営みを通して実践が展開されるのだ。

そうした意味で、人間の過去の営みのなかで発見・創唱されてきた思想・宗教に関する事象を研究する場合、主体による実践の背景にある信仰にまで立ち入って考察されるべきであり、現象として現れた部分の分析だけでは解決しない。すべての宗教は、歴史社会のなかで生産され形成されたものだが、それを単に過去の出来事として扱うのではなく、扱おうとする研究者自身の実践的な関心のみが、特定の宗教における実践の要諦を抉出することができるのである。

現在の中世仏教史研究の基調をなしている「権門体制論」を提示した黒田俊雄は「仏教史研究の方法と成果[11]」のなかで、

> 各研究者が自らに負わせている課題の方向が、いかに異なるものではあっても、いわば最大公約数というべきものはあるはずである。それはまず第一に、日本史上とくに日本文化史上の仏教の実態を明らかにすることである。わかり切ったことだが、これなしにはいかなる性格の課題も学問の問題とはなりえない。ところで、この前提に立てば、第二には、いかなる立場であるにせよ、おのずから日本仏教の現在と将来について、ひろく

は日本文化について、研究者はなんらかの意見に到達するはずである。(12)

と述べ、さらに、

辻『日本仏教史』を念頭においていうなら、そこで叙述された仏教史はそもそもなにを現実の主体的課題としているのか、皆目示されていない。それはまことに膨大な集積ではあるが、今日の日本の仏教ないし思想・文化の問題にたいしては、いわば無思想・無批判である。そして、無思想・無批判であるから客観的・学問的なのかといえば、実は、今日までの仏教と教団の状態が概してア・プリオリに是認され、その前提の上に構成されているのである。(中略)わたしたちは「実証主義」のこの両面をただしくみきわめる必要がある。真の実証と、主体的に課題と方法を設定することとは、なんら矛盾しないのである。(13)

と、仏教史研究における研究主体の主体的問題意識の不可欠さと、研究にもとづいた社会に対する還元的な提言などが、必然的に生じることを指摘している。

歴史社会上で人間によって生み出された宗教が信仰主体を通して伝承されるためには、論理化され一つの思想として体系化されなければ、それが不可能なことを考える場合、研究者自身が明確な問題意識のもと、思想の研究を通して研究対象である思想そのものを追体験的に理解していく必要があるのだ。(14)つまり、現代において親鸞の思想や信仰を問題とする場合、同時に、その研究者自身の問題意識が問われ続けるということなのである。当然、歴史に拘束されない主体や信仰は成立せず、宗教は必ず、歴史的状況のなかでその性格が歴史的存在として主体の生き方を通して現出する。主体のおかれた当該状況のなかで、信仰にもとづいた生き方を問うということは、主体の宗教性そのものを問うこととなるのだ。

人は、仏の慈悲を対照的に祈りもとめることは知っているが、念仏にひるがえされた人間のなかにそれを見出すことは、容易になしえない。煩悩と苦難をとおして人間のなかに仏の慈悲を見出す、その当然の帰結として成立する人間への尊敬の自覚こそは、まさしく主体的な仏教信仰の、本来的な在りようを示すものであると言わねばならない(15)。

これは『歴史のなかの親鸞』で、福嶋寛隆が親鸞と恵信尼の間に互いを菩薩と敬い合う関係性が築かれていたことを確認したうえで、親鸞の信について説明する一文である。浄土真宗の信仰に立ち、それにもとづいて実践し、歴史のなかに新たな主体として人間の尊厳をよみがえらせ、平等な人格の成り立つ社会を切り拓いた親鸞の、歴史との関わりを明らかにすることを目的としたことで示された視点であった。親鸞が、阿弥陀仏の慈悲を対照的に認識したのではなく、我執的人格を翻し、そのはたらきゆえに自らを慈悲を行ずる主体へと転化させるはたらきとして、慈悲を主体的に理解していたことを示す表現であった。こうした親鸞の具体的な歴史社会における実践＝生き方を通して信の性格を明らかにしようとする方法について、二葉憲香は、

親鸞の信の構造とそれのよび起す社会的実践の問題をあきらかにする為には、まず信の構造をあきらかにし、それと社会的実践の事実との関連を考えるという方法も可能であろうし、その逆、つまり親鸞の社会的実践の事実をまず明らかにし、そこに示された論理をたどって信との関係構造を闡明するということも可能であろう。私は後者の方法を取って親鸞の社会的立場、実践、理想社会像を捉え信の構造に及ぼうと考える(16)。

と述べている。二葉は、歴史社会のなかにおいて、親鸞という具体的な歴史主体が行った実践を通して、親鸞の説いた信がどのような主体を成立させるものであったかを明らかにする方法を提示している。これは、親鸞の示した信が規定する実践の方向性を明らかにしようという試みの提唱なのである。さらに二葉は、歴史社会と宗教の関係についても独自の視点を展開している。

宗教を社会の反映と見ることは、宗教の主体性をはくだつすることに外ならないが、宗教は、社会・歴史以前の自己に関する人間の自覚として主体の確立を可能とするのであって、宗教的立場の社会・歴史との関係は反映ではなくて、対決である。（中略）宗教史の成立は、社会条件の反映としてとらえられるべきではなく、宗教的契機と社会的契機、超時代的契機と時代的契機との対決としてとらえられなくてはならない。このように考えてくると、親鸞研究のためには、まず彼のよって立つ超時代的な立場、すなわち、仏教的立場を明らかにし、次に彼の仏教的立場が、時代の思想及び社会の諸条件と対決してどのように彼の思想を形成して行ったかを明らかにしなくてはならない[17]。

ここで二葉は、当時、宗教を社会の反映としてしか理解していなかったマルクス主義史学と、社会性を切り離したところで議論される宗教論に対する批判的視点を示している。宗教的契機と社会的契機、超時代的契機と時代的契機との「対決」という表現をもって、真実・普遍たる宗教が虚仮なる歴史社会に表出してくる場合、歴史社会と宗教主体との対決という形をとるとの指摘は、現在でも色あせない重要な指摘である[18]。それは、すべての歴史現象を対立構造のなかで消化していく構造主義を打破する可能性をもった視点なのである。つまり、「超時代的」と表現される宗教が、歴史社会における拘束性を超えて、それこそ超時代的に一定の方向性をもった宗教主体を成立させる原則を見いだそうとする視点が、すでに示されているのである。

これを親鸞に即して換言すれば、親鸞を歴史内存在としていったん相対化し、信に生きたがゆえにとった超時代的行動を、歴史状況のなかで解析する視点といえる。そのことで、本願力廻向による信が、歴史上の主体にどのような生き方を志向させる原理であるかを探ることが可能になる、という指摘なのだ。この場合、自己否定などの内省や沈黙も信による実践と見る視点を忘れてはならない。実践とは、なにも対社会的な活動のみとは限らない。これまでの実践論になかった視点はここである。特に仏教における実践は、主体の発見やめざめ体験など内観的な実践が基礎となって価値観が構築され、それを基礎に社会的実践へと展開していく。しかし、主体が沈黙や内省を行う場は歴史社会以外にはないのである。そういった意味で、宗教は「超時代的」なものではあるが、その宗教主体は歴史社会をおいてほかに成立する場所をもたない。こうした、歴史社会における沈黙までをも含めた宗教主体による宗教的実践を、親鸞という人物を通して検証しようというのが、本書の目的なのである。

歴史を前提とすれば、宗教は歴史的な現象の一つであるから、歴史内存在でしかない。そして、その現象は主体の実践を通して歴史社会に現出してくる。だから、そもそも社会的実践を伴わない宗教はないといえるのである。よって、歴史のなかで宗教を検証しようとする場合、その宗教がどのような宗教的・社会的立場を成立させるものであるかを検証することが重要になるのだ。

しかし、宗教を歴史的なものとしてではなく、別次元の問題として扱う場合がある。その典型ともいえるものが、真宗での「真俗二諦」である。よって本章では、真宗における実践論を考える場合の前提的課題ともいえる「真俗二諦」的信仰理解について検討する。

社会的実践を伴わない宗教はないのだから、親鸞がどのように歴史社会を認識していたかといった問題は、そのまま、真宗がいかなる歴史認識を主体に成立させるのかといった問題だということになる。また、そのような認識を成立させる信仰とはいかなるものだったのかという点も、あわせて問い直すべき問題として設定されることになる。この、親鸞の記述をどのように理解するのか、という問題が、先にあげた真俗二諦的理解と深く関わっているのである。

「真俗二諦」の問題はこれまでさまざまな指摘がなされてきたし、今なお重要な課題である。従来の「真俗二諦」に関する研究においては、あらかじめ「真諦」と「俗諦」との異なるエリア設定が議論の前提とされており、両者の関係性がどのようなものであるかについて意見が提示されてきたものが多い。しかし、そうした発想そのものをトータルに把握して検証しようとする作業は、少数ではあるが存在するにもかかわらず、いまだ当然の前提として認識されるには至っていない。その原因はいったいどこに起因するのであろうか。真俗二諦を真俗二諦的理解のなかで問題とする限り、異なるエリアを前提とした議論の範疇から離れることはなく、非生産的・非実践的な研究となっていると考えられる。

そこで本章では、先行研究における研究者自身の問題認識そのものを問い直し、これまで不足していたものを指摘・確認することで、親鸞研究における前提的な課題とは何かを検証していくこととする。

一　宗教的立場と世俗的立場

本章では、親鸞研究における研究主体の問題を考えるにあたって、親鸞の歴史観研究を題材としてあげ、親鸞の歴史観を把握しようとする研究者自身がもつ真俗二諦的理解がどのような表現として示され、そうした理解がなぜ問題であるかを検証していくこととする。

親鸞は「聖道の諸教は、在世正法の為にして全く像法・法滅の時機にあらず。すでに時を失し機にそむくなり。浄土の真宗は在世正法、像末・法滅、濁悪の群萠、等しく悲引する」(19)と、聖道仏教は像法・末法の人間を救う宗教ではないので時機に反した宗教であり、「浄土の真宗」は時代や人間の質に関わりなく救われる宗教であるとの立場に立脚して、自らの生きる時代を、しかれば、穢悪濁世の群生、末代の旨際を知らず、僧尼の威儀に毀る。今の時の道俗、おのれが分を思量せよ。三時の教を案ずれば、如来般涅槃の時代を勘ふるに、周の第五の主、穆王五十三年壬申に当れり。その壬申よりわが元仁元年　元仁とは後堀川院、諱茂仁の聖代なり　甲申に至るまで、二千一百七十三歳なり。また『賢劫経』・『仁王経』・『涅槃』等の説によるに、すでにもつて末法に入りて六百七十三歳なり。[20]

と、入末法換算暦の正像千五百年説に立ち、末法に入って六七三年目に当たると述べ、当該社会において末法を末法だと認識しえない仏教者たちを指して、「己が分を思量」できていない者たちの集まりであると指摘している。[21]

さらに、晩年に記された『正像末和讃』でも、

釈迦如来かくれましまして　二千余年になりたまふ　正像の二時はおはりにき　如来の遺弟悲泣せよ　末法五濁の有情の　行証かなはぬときなれば　釈迦の遺法ことごとく　竜宮にいりたまひにき　正像末の三時には弥陀の本願ひろまれり　像季・末法のこの世には　諸善竜宮にいりたまふ　大集経にときたまふ　この世は第五の五百年　闘諍堅固なるゆへに　白法隠滞したまへり[22]

と、一貫して現在が末法の世であるとの見解を表明している。また、その後に続く和讃では「この世の道俗ことごとく　外儀は仏教のすがたにて　内心外道を帰敬」[23]している実態を批判し、「愚禿がかなしみなげきにして述懐」[24]して「五濁増のしるし」との認識を示している。

このように、親鸞が自らの仏教理解にもとづいて当該社会を末法の世と捉える立場は、専修念仏教団を「国土を乱」[25]すとして批判し、権力とともに弾圧した既成教団とは異なる立場だった。既成教団は専修念仏教団を批判する場合の根拠の一つとして、「天台の浄名疏の如きは、周の荘王他の代を以て釈尊出世の時と為す。その代より以来、未だ二千年を満たず、像法の最中也。末法というべからず。たとえ末法のなかに入るといえども、尚これ証法

の時也」[26]と、いまだ末法の世ではないとの立場に立っていたのである。

既成教団がこうした立場をとるのとは対照的に、親鸞は『顕浄土真実教行証文類』（以下『教行証文類』と略す）草稿時の五十九歳の時には、すでに自らの生きる時代が末法の世であるとの認識を示している。

柏原祐泉は、以上のような親鸞の歴史観を末法観と規定してその内容を分析することで、親鸞の信仰を明らかにする作業に取り組んでいる。柏原は「親鸞における末法観の構造」[27]において、『教行証文類』などが書かれた時点での親鸞は純教法的な立場であり、「後序」の「主上臣下」の文などは歴史的・政治的な意味をもつものではなかったとの見解を述べている。[28]また、『教行証文類』「化身土巻」で仏滅年代算定の基点としてあげられた元仁元年（一二二四）の年記に関しても、その著作動機に朝廷や鎌倉幕府の念仏弾圧に対する悲歎などの、政治的・社会的な要因を求める研究があるが、[29]それに対し柏原は、『教行証文類』は終始、純教法的な立場から記述されていることを主張している。そして、その基本的な根拠を、『教行証文類』や『浄土和讃』（初稿本）におき、

> 「今時」の僧尼道俗が末代に位置していることとの「旨際」を自覚せしめ、「思二量己分一」せしめるのである。この場合、己れが分を思量することが、道俗の末法時代に位置していることへの反省を促すものであって、何らそれ以外の意味を持っていないことは前来からの自釈の文意から明らかである。従って、当然、聖道門への批判を伴うものではあるが、それはあくまで末法という三時説による歴史的立場における聖浄決判としての教法的性格を持つものであって、決して当代における現実の聖道門諸教団を直接批判の対象にするような、歴史的性格を持ってはいないのである。[30]

と、歴史的立場での当該社会に対する批判ではなかったという。そのような見解のもと、「かくして正像千五百年説を取る所以は、わが国古来の全聖道門と対決して「浄土真宗」を打ち出そうとする強い教法的意識にもとづくこ

とが明らかである」[31]ことから、「日本においては「浄土真宗」のみが「証道」として栄える教法的必然性をもつことを明示したのである」[32]と述べ、「歴史的立場」ではなく「純教法的立場」からの批判であったとの理解を提示している。

こうした柏原の一連の主張には疑義を呈したい[33]。ここでまず確認できるのは、柏原の理解においては、純教法的世界と歴史的世界の二つの異なる世界が設定されているということである。すると浮上してくるのは、親鸞の『教行証文類』における既成教団批判が歴史的なものではなく純教法的なものだとするならば、自己を罪悪深重と悲歎する認識と歴史社会での実践との関係性はどのように理解すべきなのだろうか、またそれは、現実の歴史社会と離れたところで成立した意識だったということであるのか、といった単純な疑問である。よって、さらに問題点を明確にするために柏原の論を検証していくこととする。

教法と歴史社会を分化させて捉える理解は、真諦と俗諦とを別立てにして真宗を理解する、近代に創出された真俗二諦論と共通するものである。しかし柏原は、近代における真俗二諦論を「親鸞の教説の無化現象」と批判し、現生正定聚としての自覚的生活を喪失させ、来世往生信仰へと信仰生活形態を変化させたと指摘している[34]。この指摘には筆者も賛同したい。すでに、多くの論者が明らかにしているように、真俗二諦とは、信仰内容を死後往生に収斂させるものであり、現実においては世間通途を説くことで権力に従順な人間を成立させ、親鸞の信仰とは同音異義的な、社会に仏教者としての関心をもたない真宗信仰を成立させるものであった[35]。筆者もその点では柏原と理解を同じくしていると考えられる。

しかし、ここでまた疑問点として浮かび上がってくることがある。なぜ、真俗二諦に関して批判的な立場を示す柏原が、親鸞の歴史観に関して純教法的立場と歴史的立場の二つの立場を設定するに至ったのであろうか。親鸞は、信にもとづく実践のなかで、当該期の仏教が仏教として理解されていない実情を経験し、『教行証文類』において「しかれば、穢悪濁世の群生、末代の旨際を知らず、僧尼の威儀を毀る。今の時の道俗、おのれが分を思量せよ[36]」と言わねばならないほどの状況を背景に、現実を末法と自覚したはずなのである。だとすれば、末法を末法と自覚しない（できない）既成教団への批判が、歴史的立場と別の立場からなされたという見解には、やはり賛同することができないのである[37]。

そこで、多くの研究者から教学の近代化を遂げたと評価される一方で[38]、「清沢の議論の組み立て方には顕著に「真諦」「俗諦」という両概念を設定し、その関係を論じるという手法が取られる。しかしそれが二元論的な信仰理解であり、まさしく真宗教団の「真俗二諦」と同じ枠組みであったことは注意されなければならない[39]」と、その信仰の枠組みが真俗二諦だったと指摘される清沢満之の「精神主義」を、柏原がどのように理解しているかについて検証してみたい。

柏原は「『精神界』をめぐる人々――その世俗的対応の思考形態――[40]」において、

清沢にとって宗教は自己の内面的充足性においてのみ真実性をもつものであり、「宗教は社会上の利益や倫理上の行為の外に一種の別天地を有するもの」（「精神主義」その二『全集』六）であった。したがって、真宗の永い伝統的宗学とされた王法仏法の一致論や真諦俗諦の相依論などとの世俗的生活との協調関係についても、（中略）截然と断ち切った。とくに真俗二諦の相依、相資関係については、明治初年以来の真宗各派で時代相応の教学として盛んに強調されたから、そのなかで否定的発言としてエポックメーキングな性格をもった。それは、真諦（信仰）と俗諦（世俗）との異質性を明確にする立場からの発言で、信仰が自己の内面的充足を第一義とすることを示すのみでなく、他のいかなる存在、いかなる権威からも犯されえない自律性、尊厳性をもつことを闡明にしたものとして、注目すべきである[41]。

と主張し、清沢の信仰が世俗に引きずられることなく独立性を保っていたことに着目し評価している。だが、筆者がここで注目したいのは、「世俗的、社会的な事象と宗教との異次元性を配慮したうえでの宗教の主体性、自律性をいかに確立するか」というように、柏原が世俗的な事象と宗教とを異次元なものとして認識しているという点である[42]。さらに、そのような異次元性を前提として表現する用語に真俗二諦を用いていることからも、教法的世界と歴史的世界が別個の異次元なる世界のものと認識されていることは間違いないようである。その別次元の真諦と俗諦との関係性において、近代教団教学では世俗的価値が優先され真諦が顧みられなくなったので批判し、逆に、清沢においては世俗的価値よりも真諦が優先されたので評価する、という結果となっているのだ。

実は、ここに柏原の論の問題点がある。つまり、もともと歴史社会と異質な世界として宗教的世界があると想定されていること自体に問題があるのだ。真俗二諦の問題点は俗諦が優先された結果が問題なのではない。問題は、歴史社会における主体の生き方のうえに仏教を見いださず、真実の世界が現実の世界と別の世界と前提されることで、主体的な仏教理解の成立を困難にし、歴史上に出現した仏教と似非仏教との総括的な判断を狂わせる仏教理解の方法という点にある。こうした、人間の生き方と仏教を切り離す仏教の理解方法を真俗二諦的仏教理解と定義して考えれば、柏原もその範疇での理解であったということになるのだ。

二　真俗二諦的真宗理解の問題

ここで筆者が、なぜこの点をここまで問題視するかを説明せねばならないだろう。詳しい説明に入る前に、以下の真俗二諦に関する意見を見てみる。

戦後まもなく真俗二諦は批判され、現代では誤った教学論であるという意識が一般化している。それは、真俗二諦論が戦時教学を支える論理となったからであり、非戦平和を提唱する現代の思潮と矛盾するからである。しかし真俗二諦論を、現代の思潮―世法―に一致しないという理由から一蹴してしまうのは早計である。なぜなら、批判者が批判すべきところに、みずからが陥ってしまうことになるからである。(43)

真俗二諦に関する議論をこう総括し、戦後の真俗二諦批判への反批判的な見解を述べるのは、原田宗司である。原田は真俗二諦的真宗理解が批判される理由を、現代的思潮に合致しないことと、戦時教学の論理的基礎となったことのみに限定して把握しているようである。そこには、近代真宗教団が創出した真俗二諦という概念そのものが、すでに仏教を理解する方法・発想として誤りであるという理解は見られない。「真諦」・「俗諦」とは、「空」の構造を明らかにするために用いられた中観思想の用語であり、そこでの俗諦とは、虚仮なる人間を普遍的価値にめざめさせるため世俗で使用された表現としての弥陀や名号などの方便を指すものであり、真俗二諦という語における「俗諦」に付与されているような王法・世法といった意味は微塵もないのだ。にもかかわらず、細かい検討もなしに、真俗二諦批判・反批判をする立場の人間が真俗二諦を王法・仏法とほぼ同義語として認識し、その関係性のあり方が議論されるといった研究状況そのものが、まさに真俗二諦的理解の範疇での議論なのである。

批判をしているからといって、研究者がその対象から自由であるという保証はどこにもない。原田は、真俗二諦批判者を批判しながら、自らがまた真俗二諦の範疇におり、しかもそのことに自覚的でない研究姿勢を保っていることが、自らの文章によって暴露されたのである。さらに同じことが、

現代において真俗二諦的な発想を否定するということ自体が、過去の真俗二諦的発想の延長線上において

なされているのではないかという懸念が残るのである。そもそも真俗二諦の問題は、その内容を最大限に拡大して考えるとき、それは宗教的真理とその真理によって信仰者が社会において生きる生き方の問題であるから、いかなる宗教においても、またいつの時代においても必ずついて回るものだといわなければならない。(44)

といった見解や、

（蓮如：筆者補足）上人のすわりは、どこまでも仏法中心主義であったといわねばならんと思います。というのは『御一代聞書』に「仏法をあるじとし、世間を客人とせよといへり。仏法のうへよりは、世間のことは時にしたがひ相はたらくべき事なりと云云」といわれておりますが、ここで仏法と世俗とのあいだにはっきりと主客をたてておられます。仏法を中心に生きる。そして世間のさまざまなことは、時宜に応じて処理していけというわれているわけです。(45)

と、本願寺派の教団教学の根幹を支えるとされている人々の理解にも、真諦的世界と俗諦的世界があらかじめ設定されており、その関係性を問う問題となっている。こうした理解が、実は柏原の理解と同一思考に立つものであることは言うまでもないことであろう。つまり、柏原の設定していた「純教法的立場」と「歴史的立場」といった理解が、基本的には真俗二諦の延長線上で示されたものだったということなのである。だから、先に指摘したように柏原は、近代での真俗二諦理解には批判的だが、同じく真俗二諦の範疇で真宗を理解した清沢満之を高く評価する結果となったのである。

したがって、先の「親鸞における末法観の構造」において柏原が述べていたように、親鸞は自らの時代認識を末法として表明した後に「さらに続いてその具体例として承元の法難を示」しているのだ。末法であることの具体例として、承元の法難があげられるということは、親鸞が歴史的立場を離れたところに立っているものではないとい

うことである。だから柏原の、

直接に現実の教団や政治を批判するのが目的ではなくて、常に「法」＝「浄土真宗」への帰依如何の判定を目的とする純教法的立場から問題とされている。(46)

という主張は至極当然のことなのであり、信が成立した親鸞にとって教法的立場以外の立場は存在していない。教法的立場に立って歴史社会を生きるのだから、その営みが展開される場合は、世俗での価値基準ではなく、教法を基準としたものとなる。この点が「仏法と世俗とのあいだにはっきりと主客をたて」た蓮如の信仰理解と親鸞のそれが全く相違する点なのである。(47)また、親鸞が『教行証文類』において、既成教団における「法」の理解の正統性を問題としていたから純教法的立場であったというのであれば、晩年に起こった関東教団の動揺も「法」理解の不徹底から生じた問題であるから、純教法的立場からの批判だったと言わねばならないことになるはずである。重ねて述べるが、親鸞は常に教法的立場に立って、歴史社会のなかに存在していたのであり、教法にもとづいた生き方が展開されていたのである。ゆえに、歴史的立場と教法的立場は決して異なる立場なのではないのだ。教法の具体化は教法の歴史化と不可分であり、それは必ず史上の人格やその集合体である教団の成立をもって具現する。つまり、既成教団の教法理解が非仏教的であるということは、既成教団の在り方や、それを支える主体の仏教理解と歴史上での営みそのものが非仏教的だということになる。教法理解だけが誤っており、歴史的営為は誤っていないなどということは、そもそもありえないことなのである。

さらに踏み込んで言うならば、教法が教法としてはたらくのは、歴史社会に生きる主体を離れた場所以外にはない。なぜなら、歴史上の人間が、本願にもとづいて生きようとするその生き方を成立させる根拠が、教法だからである。ゆえに、真俗二諦的発想に立つ人々の見解が総じて示していたような、〈教法（真実）の世界がありそこに教法が単独で存在する〉という発想自体が、本来成立しないのである。

柏原は、こうした視点から親鸞の時代認識を考察した結果として、千五百年説と二千年説の相違理由のみに関心を向け、純教法的立場と歴史的立場といった設定をしたのであろう。しかし本質的な問題は、二説の相違理由ではなく、どのような立場からそれぞれの説が提示されたのか、という点であるはずである。(48) 親鸞においては常に末法意識が貫かれていたことを考えれば、千五百年説と二千年説の使用区分理由が明確ではないということが、逆に親鸞の信仰の立場を示していると考えられる。つまり、どちらの立場に立っても末法であるから、その二説の使用区分そのものには意味がないということなのだ。(49)

既成教団がさまざまな計算方法を用いて、現在は「正法の時」だといくら主張しようとも、親鸞は終始一貫して現在の世は末法であると主張し続けている。このような歴史社会の見方は、彼の「世をいとふしるし(50)」としての信のあかしであった。よって、親鸞の末法観を考察するにあたっては、親鸞がなぜ自らの生きる現実を末法と認識したのかということ、つまりそのような認識を成立させえた彼の信仰全体が問題とされるべきだということが明らかになるのである。

では、これまであげたさまざまな研究において、本質的な問題が議論の中心に据えられないのは、どのような理由からなのだろうか。それは、本来は一貫している親鸞の実践とそれを支える信仰との関係性の問題を見落とした結果、このような分析方法が主流になったからだと指摘できる。表面には見えない親鸞の二つの入末法年次説の使用意図が、問題として踏まえられなければならなかったのである。一見矛盾する表現や、別個のもののように見える表現は、思想や信仰を表現した史料には少なからず存在する。そのときに、表に見えている部分を表面的につなぎ合わせ、そこに一貫性をもたない場当たり的な理由を付与するような理解方法では、親鸞の意図がわからないだろう。矛盾や相違する見解のように見える表現の背後にあり、それぞれを必然として結びつけるものを考究することなしに、親鸞の信仰全体の理解は不可能なのである。

そして、先にあげた真俗二諦批判への批判研究に関しても同じく言えることだが、真俗二諦を研究する研究者自身が、真俗二諦的仏教理解に立ちながら真俗二諦を批判する、といった研究姿勢であることに無自覚である。真俗二諦批判論ではしばしば、俗諦の認識が世法に順じていき、その結果として戦時教学へとつながったことに、その焦点が合わされている。しかし、問題はそこにあるのではない。近代の真宗において創出された真俗二諦という思想主体の無化装置(51)は、龍樹が使用した「真諦・俗諦」とは同音異義語であり、近代に成立した教団護持のための「**真宗を世間通途化するための変換用語**」である。そして、その違いに視点が向けられない理由としては、総じて歴史状況と関係なく宗教を理解しようとする方法に決定的な問題があるのだ。その結果、信心と生き方を切り離して考えることが自明の前提とされてきたのである。

おわりに――真俗二諦の克服方法――

最後に、柏原と同じく「超歴史的」という用語を使用しながら、親鸞の信仰を歴史社会での営みを通して検証しようとした二葉憲香の見解を再び見てみよう。

宗教的自覚は、前歴史的地盤において成立し、その故に宗教思想は、時代的契機と共に超時代的契機を有する。そのかぎり宗教思想は基礎構造からの自由を有するが、超時代的契機の故に、実はあらゆる時代社会の条件に対応してさまざまな宗教思想を形成し得るのである。(中略)従って、思想を特に宗教思想を対象とする研究においては、時代性と超時代性の両契機の追及の方法が考えられなくてはならないであろう。(中略) 宗教史の成立は、社会条件の反映としてとらえられるべきではなく、宗教的契機と社会的契機、超時代的契機と時代的契機の対決としてとらえられなくてはならない。このように考えてくると、親鸞研究のためには、まず彼のよって立つ超時代的な立場、すなわち、仏教的立場を明らかにし、次に彼の仏教的立場が、時代の思想及び社会の諸条件と対決してどのように彼の思想を形成して行ったかを明らかにしなくてはならないことが知られるであろう。(52)

二葉は、宗教が「時代的契機とともに超時代的契機を有する」ことを指摘する。こうした表現は、柏原の論においても、「超歴史的な立場」や真俗二諦における真諦を指して「超世俗的」という場合に「正信の立場」や「仏教の本質」といった意味において使用されていた。同様の内容を示すかのようであるが、そこに付されている意味内容が全く相違していることに注意しなくてはならない。柏原における「超歴史的な立場」や「超世俗的」なものは、歴史社会や世俗とは別個に存在する世界や状態として理解されていた。しかし二葉においては、別のものであると表現されているように見えながらも、親鸞が立っていた仏教的立場を「超時代的立場」と表現し、主体がその立場に立って生きていくことから、「宗教史の成立は、社会条件の反映として捉えられるべきではなく、宗教的契機と社会的契機、超時代的契機と時代的契機の対決」として理解されているのである。この違いは相当に大きいと言わなければならない。二葉の理解では、信仰主体の実践を通して宗教が歴史社会に現出することが前提されており、柏原のように別個の二つの世界といった理解はなされていないのである。だから、超世俗的実践が展開される場合も、世俗のなかで実践が展開されるのだが、世俗に埋没するものでもないことから、普遍的な価値をもった宗教は、信仰主体と世俗的価値との「対決」という形で歴史上に成立すると認識されているのだ。

こうした認識が柏原らの議論には欠けていたのである。歴史のなかで宗教を捉えるという立場に立つということはまさしく、研究の前提となる研究主体自身における宗教認識の問題であり、課題だったのだ。これまで確認してきたように、柏原においては歴史的立場と純教法的立場とが設定されていたのだが、それは基本的に真俗二諦的発想の範疇だった。現在でも真俗二諦を問う場合には、用語として「真俗二諦」を使用しているものばかりが問題の範疇と捉えられ検証されがちだが、問題は用語の使用方法にとどまるものではない。俗世界を離れたところで真実の世界があると設定したり、その関係性を良いもの・悪いものと判別したり[53]、もしくは「本来的[54]」なものになるべきだといった発想そのものが、誤っているのだ。近代教学において「真俗二諦」という用語が使用されるまでは、真宗教団において「真俗二諦」が世俗と教法との関係性を示す言葉として使用されることはなかった。先に柏原の真俗二諦批判にもあったとおり、「真俗二諦」という概念そのものが、真宗教団が権力と共存していくために製造した新概念であり、造語である。よって、「本来的な真俗二諦」を要求するといった発想は、同じく近代教団が製造した概念ということでいえば、「本来的な戦時教学」を要求するといった発想と同じことになるのである。「本来的な」ものがないものに「本来的な」ものを要求していることに、どれだけの人が自覚的なのであろうか[55]。だからこそ、真宗における信仰とはどのようなものであるかを知るためには、歴史社会における親鸞が、信にもとづくことで選択した生き方・選択しなかった生き方が、どのようなものであったかを検証する作業が必要になるのだ。

よって、親鸞研究の前提とは、親鸞により発見された宗教を歴史のなかで問い直すことであり、必然的に、当該社会のなかで信仰主体がどのような実践を行ったかという問題だということになる。ということは、信仰を問題とする場合には真実の世界・教法の世界といった分別的な理解をするのではなく、歴史上に現れた実践を通して検証されるべきである。にもかかわらず、これまでの多くの研究では歴史と宗教が異なる次元のものと設定され、その発想そのものが問われることがなかった。それにより、信仰を成立させるための「学」としての「教学」が欠如した状態が続いており、その場しのぎ的に世俗で認識されやすい課題のみを教学の課題とする、真俗二諦状況が横行する結果となっているのである。

本書は、以上述べてきたような問題意識に立ち、親鸞の信にもとづいた歴史社会における実践を検証することで、真宗における実践論の基礎理論を確立しようとするものである。

註

（1）普賢大圓『信仰と実践』永田文昌堂、一九五九年。
（2）木越康『ボランティアは親鸞の教えに反するのか――他力理解の相克――』法藏館、二〇一六年。
（3）深川宣暢「真宗念仏者における利他的行為（他者支援）の一考察」（『真宗学』第一三七・一三八合併号、二〇一八年）。
（4）日本佛教学会編『仏教における実践を問う（二）――社会的実践の歴史と展望――』法藏館、二〇一七年。
（5）「はしがき」（前掲註（4）『仏教における実践を問う（二）』二頁）。
（6）下田正弘「仏教の社会的実践を考えるためのいくつかの課題」（前掲註（4）『仏教における実践を問う（二）』）。
（7）同右、一六〇～一六二頁。
（8）武邑尚邦は「智慧は仏の自覚智であると同時に、それは仏の覚他の妙用として働く覚他の智慧でなければならない。このように智慧が自覚・覚他の両義を具することから、覚証者の仏は「自覚覚他覚行窮満」と呼ばれているのである。（中略）我々は仏教における思惟が、全く実践行としての立場に立つものであることを明らかにした。思惟とは、仏教では単に対象的にものを考えることではない。それは外的にも内的にも対象化に於て考えられることではなく、どこまでも自己をみつめゆくことによって、遂には自己を突破するところに窮まるのである」(『仏教における思惟と実践』百華苑、二〇〇二年、一六頁)。
(9) こうした歴史認識に関しては、二葉憲香『親鸞の研究――親鸞における信と歴史――』(百華苑、一九六二年)所収の「親鸞研究の成果と方法の批判」(初出一九五二年)などの一連の成果によるところが大きい。
(10) 藤本佳男「摂関貴族と浄土教――藤原道長における宗教的主体の成立をめぐって――」(二葉憲香編『国家と仏教 古代・中世編』永田文昌堂、一九七九年)一七四頁。
(11) 黒田俊雄「仏教史研究の方法と成果」(『黒田俊雄著作集』第二巻、法藏館、一九九四年)。
(12) 同右、三七四頁。
(13) 同右、三八四頁。
(14) かつて戦後思想史研究を牽引してきた丸山真男が、思想史研究における主体的な問題意識の必要性について以下のように指摘している。「思想史家の思想というものはどこまでも過去の思想の再創造の所産であります。言いかえるならば思想史家の抱負なり野心というものは歴史のなかに埋没するにはあまりに高慢であり、歴史離れをするにはあまりに謙虚なものであります。ですから一方歴史による被拘束性とともに、他方、歴史に対して自分が働きかける――歴史に対してというのは現代に対してということではなくて、歴史的対象に対して自分が働きかけるということですが――、この歴史によって自分が拘束されることと、歴史的対象に自分が働きかけることとのいわば弁証法的な緊張を通じて過去の思想を再現する。このことが思想史の本来の課題であり、またおもしろさの源泉であるというふうに私は理解しております」(「思想史の考え方について――類型・範囲・対象――」〈武田清子編『思想史の方法と対象』創文社、一九六一年〉二五頁)。
(15) 二葉憲香・松尾博仁著、福嶋寛隆編『新編 歴史のなかの親鸞』(永田文昌堂、二〇〇六年)一三三頁。
(16) 二葉憲香「親鸞の社会的実践に関する研究の前進」(前掲註(9)『親鸞の研究』二〇一頁)。
(17) 二葉憲香「親鸞研究の成果と方法」(前掲註(9)『親鸞の研究』三五頁)。
(18) 近藤俊太郎「二葉憲香――仏教の立場に立つ歴史学――」(オリオン・クラウタウ編『戦後歴史学と日本仏教』

法藏館、二〇一六年）参照。

（19）『教行証文類』「化身土巻」（『定本親鸞聖人全集』第一巻、法藏館、二〇〇八年）三〇九～三一〇頁。以下、『定本親鸞聖人全集』全九巻（法藏館、二〇〇八年）の引用に際しては、『定親全』と略記する。

（20）『教行証文類』「化身土巻」（『定親全』第一巻）三一三～三一四頁。

（21）ここでの親鸞の年次計算が十年ずつ短く計算されていることは、早くは存覚の『六要抄』にも指摘され、またいくつかの先行研究においても確認されているところである。

（22）『正像末和讃』（『定親全』第二巻・和讃篇）一五九～一六〇頁。

（23）同右（『定親全』第二巻・和讃篇）二一一頁。

（24）同右（『定親全』第二巻・和讃篇）二一六頁。

（25）『興福寺奏状』（鎌田茂雄・田中久夫校注『鎌倉旧仏教』日本思想大系15〈岩波書店、一九七一年〉）四一頁。

（26）「停止一向専修記」（竹内理三編『鎌倉遺文』三二三四号〈古文書編第五巻、東京堂出版、一九七三年〉）二七四頁。

（27）柏原祐泉「親鸞における末法観の構造」（同『真宗史仏教史の研究Ⅰ　親鸞・中世編』平楽寺書店、一九九五年）。

（28）柏原は、「承元の法難の叙述中の「背法違義」は「天下の大法に背き正義に違い」といった政治的意味を持つものではなくて、全く純教法的な意味に解釈すべきことが明らかになると思う。即ちこの「法」は世法の意味ではなく教法、仏法の意味であり、さらには「浄土真宗」の意味である。（中略）「法」をこのように解釈すれば、「義」も同じく正義、道理というような世俗的解釈をしないで、あくまで純教法的に解すべきであろう。すなわち後に親鸞が師法然から受け継いだ他力の説明用語として度々強調する「無義為義」のはからいなきを義とする他力の語と解すべきであろう。すなわちこの場合の「義」とは他力の本義という意であろう。かくして「背法違義」は全く純教法的な意味においていわれている言葉として解してよいとおもうのである。後序の前半の文をこのように、何らの歴史的、政治的解釈を施さないで、純教法的に解することによって、始めて後半の建仁元年（一二〇一）の捨雑帰正や『選択集』付属、源空真影の恩許などの文の純教法的立場からする歓喜的叙述の意味が通じるであろう」（前掲註（27）「親鸞における末法観の構造」一四頁）と述べている。

(29) この元仁元年を承久の乱後の秩序固定による失望の年と見るものに、川崎庸之「いわゆる鎌倉時代の宗教改革について」(『歴史評論』一五、一九六七年)があり、また、笠原一男『親鸞と東国農民』(山川出版社、一九五七年)は、本文中の元仁元年起算の末法年数の十年の誤差から、十年後の文暦元年の東国念仏禁圧と関係づけている。これに関連しては、松野純孝『親鸞――その生涯と思想の展開過程――』(三省堂、一九五九年)がある。

(30) 前掲註(27)柏原「親鸞における末法観の構造」一一頁。

(31) 同右、一二頁。

(32) 同右、一三頁。

(33) さらに、そのような理解を基礎とするがゆえに、『高僧和讃』初稿本などの正像末三時観が正像千五百年説をとり、『浄土和讃』再稿本・『皇太子聖徳奉賛讃』・『正像末和讃』などは正像二千年説をとるという末法観の重層性に着目し、建長七年(一二五五、八十三歳)頃を境として著述の上に純教法的立場から歴史的立場へと展開を示した、という見解を示しているのである(前掲註(27)「親鸞の末法観の構造」一五～二〇頁)。つまり柏原は、親鸞の千五百年説と二千年説の相違理由について、千五百年説に立って意見を述べているときは、既成教団での教法理解が誤っていることを批判する純教法的立場に立っての意見であり、二千年説に立って意見を述べているときは、歴史社会全体に対して批判する歴史的立場からの批判だと結論づけているのである。よって、そのような立場からもたらされる親鸞の社会観に関しても、「『教行証文類』においては、仏教の出世間的立場は、世間的、世俗的立場とは厳密に区別されていることを知るのであるが、それは仏教の主体性を確立するためであったのである。『教行証文類』における社会観は、この仏教の超世俗的性格、異次元的性格の定立という面から考察されねばならない。それは、現実的、歴史的な立場から仏教をみるのでなく、超歴史的な立場、正信の立場から仏教の本質をとらえるものである。したがってそれは常に純教法的立場にたつものである。ゆえにその社会観は、いわば超社会性を本質とするもので、したがって純教法的社会観と規定してよいとおもう」(「親鸞における社会観の構造」〈『真宗史仏教史の研究Ⅰ　親鸞・中世編』〉四三頁)と、ここでも親鸞に純教法的立場と歴史的立場があったと設定し、『教行証文類』で展開される一連の批判は純教法的立場からの社会観だったと主張している。つまり、親鸞が晩年に至って、純教法的立場から歴史的立場にシフトして社会批判を展開したのであり、『教行証文類』執筆時点での批判に社会批判は含まれていないという理解にもとづいて論が展開されている。

(34) 柏原祐泉「近代真宗二諦論の実態」(同『真宗史仏教史の研究Ⅲ　近代編』平楽寺書店、二〇〇〇年)。柏原はこの論文で、「先に性海が、「俗諦は仁義忠孝を以て身を修め、仁王の教化に随ひ奉る。……故に国王の政令を以て仏制の替りとす。非を防ぎ悪を止めて正直に赴く末代相応の宗風なり」と言い、その俗諦を現益に配当したことは、いうところの「宗風」を根本的に歪めたものというべきである。すなわち、ここでは本来の現益の「正定聚」が「仁義忠孝」の世俗倫理や「国王の政令」の国家権力におき替えられ、専ら体制順応的俗諦生活が現益に当てられているからである。そのため、一方では「現生正定聚」にもとづく今日的な現実の自覚的生活を欠落させ、一方では当益のみが信仰生活の対象となり、来世主義的、現実逃避的な宗教意識を育むこととなった。それはまさしく親鸞の教説の無化現象というべきであるが、このような真俗二諦と現当二益の配当法が、近代における真宗のもっとも正当な「宗風」として、種々の近代の教団史と絡み合いつつ、一貫して推進されていったのである」(四四頁)として、「全体的に真宗教団を日本近代の天皇制国家の歩調に併せ、随順させる、最有力な宗義とされた。それは、幕藩体制下の王法・仏法併立論に代わり、旧体制の教団がほとんどそのままで近代に存続するための、巧緻な教学的営為であった」(六三頁)と結論づけている。

(35) 栗山俊之「戦時教学――真俗二諦の帰結――」(福嶋寛隆監修、「戦時教学」研究会編『戦時教学と真宗』第三巻、永田文昌堂、一九九五年)他。

(36) 『教行証文類』「化身土巻」(『定親全』第一巻)三一三頁。

(37) また柏原は別の論考においても、真俗二諦について「二諦相資論は近世までの王法仏法輪翼論を継承するものであるが、輪翼論が並列的であるのに対し相資論は相関的であり、さらに現当二世を配することによって教学上の絶対的当為性を確立したといえよう。こうして近代の二諦論では、真諦(信心)からの俗諦(世俗)への視角は完全に閉ざされることとなった。二諦論について第二に注目されるのは、それがすべての世俗の事象への対応の教学とされ、それによって世俗の支配体制、権力構造への追従を合理化していったことである」(「真宗思想の変移」〈『真宗史仏教史の研究Ⅲ　近代編』四五四頁〉）との見解を示している。ここでもやはり、「真諦から俗諦への視角」を論じており、仏教理解の前提として真諦エリアと俗諦エリアが設定されているということになる。こうした理解の範疇において親鸞を理解したことによって歴史的視点と教法的視点とを区別して理解することになったのであろう。

（38）　安冨信哉『清沢満之と個の思想』（法藏館、一九九九年）などを参照。

（39）　近藤俊太郎「清沢満之の信仰とその歴史的立場」（『仏教史研究』四一、二〇〇五年）七三頁。

（40）　柏原祐泉「『精神界』をめぐる人々――その世俗的対応の思考形態――」（前掲註（34）『真宗史仏教史の研究Ⅲ　近代編』）。

（41）　同上、一〇八頁。さらに続けて柏原は「精神主義の非社会性に対する新仏教運動からの批判と同様の指摘は、当然、同時代の伝統宗学者からも行われた。（中略）宗学主流の真俗二諦相資の立場から精神主義の超俗性を、確信を持って批判したことでもよくわかるであろう。そしてこの批判は、表現は変わりこそすれ、今日の近代仏教史学においても、精神主義における社会性の欠除、内観主義（主観主義）における現実矛盾の肯定などとして、家永三郎・田村圓澄・安丸良夫・福嶋寛隆・赤松徹眞らの諸氏によって指摘されているところである。筆者の管見では、これら諸氏の批判の方向は『新仏教』による批判の系列に入るもので、したがって右に触れたごとく、世俗的、社会的な事象と宗教との異次元性を配慮した上での宗教の主体性、自律性をいかに確立するかという、精神主義が基本的に提言した問題への応答が残るとおもう」（一一五～一一六頁）と、清沢満之批判者へ問題点を提示している。

（42）　こうした、仏法と世俗の関係を異質・異次元なものとする理解は、たとえば、「本来、宗祖親鸞によって明示された仏法と世俗の関係は、『教行証文類』化身土巻などで明らかにされているごとく、全く異質的、異次元的なものであり、したがって、そのままでは相容れないものとして説かれた。さらに、真実教の仏法は虚仮世界の世俗を超え、世俗の非仏法的実態を直視して悲歎し批判し、世俗が仏法にめざめるように指導し促進してゆくべきことを教えたのである。たとえば、同著の後序で、法然や親鸞が流罪に遭った承元元年（一二〇七）の承元法難に対し、「主上臣下、法に背き義に違し、忿を成し怨みを結ぶ」（原漢文）といって時の天皇や朝臣等の念仏弾圧を強く非難したが、それは世俗的な意味での弾圧への抵抗の表明ではなく、末法時の時・機相応の法である仏法、浄土の真宗とその集団を破壊する仏法無視の行為を悲歎し、主上・臣下が自ら無明の一凡夫にすぎないことにめざめ、引文の前文にいう「真仮の門戸」や「邪正の道路」を明らかにし、如来の本願に帰することを願っての促しの意をもつ言葉であった。それは後序の最後に、「しかれば末代の道俗、仰いで信敬すべきなり。知るべし」（原漢文）と総結されていることでも明らかであろう」（「近代真宗大谷派の歴程」〈前掲註(34)『真宗史仏教史の研究Ⅲ　近代編』〉一六一頁）というように、柏原の他の論説においてたびたび使用される理解法である。

(43) 原田宗司「性海『真俗二諦十五門』の概要」（浄土真宗本願寺派勧学寮編『浄土真宗と社会――真俗二諦をめぐる諸問題――』永田文昌堂、二〇〇八年）。

(44) 徳永一道「「新しい真俗二諦」の構築か「信心の社会性」の確立か」（浄土真宗本願寺派勧学寮編『浄土真宗と社会――真俗二諦をめぐる諸問題――』永田文昌堂、二〇〇八年）。

(45) 梯實円『教学シリーズ№2　真俗二諦』（本願寺出版社、一九八八年）。

(46) 前掲註(27)柏原「親鸞における末法観の構造」。

(47) 蓮如の信仰理解については、拙稿「蓮如の救済理解と神祇」（武田龍精先生退職記念論集刊行会編『科学時代における人間と宗教』法藏館、二〇一〇年）参照。

(48) 拙稿「親鸞の歴史観における信の意義」（宇治和貴・斎藤信行編『真宗の歴史的研究』永田文昌堂、二〇一一年）。本書第一部第四章。

(49) 親鸞は基本的には千五百年説に立ちながらも、二千年説に立つことで現状を像法と理解し、自力の行を認め、利他の方向性を全くもちえない当時の仏教教団に対し、徹底して現在が末法であることを強調するために二千年説を使用して表現したとも考えられる。いずれにしても、使用区分理由の分析に捕らわれて本質的な問題を見落とすことにはすべての研究者が十分に注意しなければならないということであろう。

(50) 『末灯鈔』（『定親全』第三巻・書簡篇、一一二頁）。第一九通などに見られるように、親鸞は往生を願う人には「世をいとふしるし」が現れると示している。

(51) 川本義昭「思想主体の無化装置――『真俗二諦』――真宗の近・現代教団教学をめぐる思想史的断章」(佐藤三千雄編『知と信』永田文昌堂、一九九四年)。

(52) 前掲註(9)二葉『親鸞の研究』三四〜三五頁。二葉は同書で、「宗教が社会の単なる反映であるならば、社会条件の追及によって、宗教の本質は把握せられるはずであるが、宗教の主体的立場が認められるならば、宗教という歴史的事実は、宗教的立場と社会・歴史条件との対決によって、形成せられるはずであるから、それは宗教的立場と社会・歴史条件の対決として把握せられなくてはならない」(三七頁)と、宗教と歴史との関係性を対決として捉えるべきだと指摘している。

(53) 信楽峻麿「近代真宗教学における真俗二諦論の諸説」(同『親鸞における信の研究』下巻、永田文昌堂、一九九〇年)。

(54) 平田厚志『真宗思想史における「真俗二諦」論の展開』龍谷学会、二〇〇一年。

(55) このことに関して考えれば、ほとんどの人が無自覚のうちに「真俗二諦」を教学理解のベースとしていると言っても過言ではなかろう。「真俗二諦」を克服するためには、それを〝真俗二諦的発想〟の範疇から批判するのではなく、その発想そのものを総括的に反省する教学的立場を構築しなければならないのである。

第一部——親鸞における信と社会

第一章　親鸞における信仰の構造と実践の関係

はじめに

親鸞の信仰と実践をめぐる研究は、戦後、服部之総の「いはゆる護国思想について(1)」に端を発して繰り広げられた護国思想論争や、親鸞の宗教の受容層をさぐり、悪人正機説の検討までをも含んだ社会的基盤論争などの、さまざまなアプローチ法によって、親鸞の具体像と信仰との関係性についての議論が、研究者自身の問題意識に支えられながら展開されてきた。しかし、その後の親鸞研究においては、信仰を問題にすることと親鸞の実践とが分けて考えられるようになり、これまでになされた議論の蓄積を踏まえることで親鸞の信の構造とそれの呼び起こす社会的実践の問題をより的確に検証しようとする研究よりも、中世社会のなかでの親鸞の位置づけを論じる研究が主流となっている(2)。

中世宗教史研究の常識を覆し現在の中世社会史研究に多大な影響を与えたといわれている黒田俊雄の顕密体制論(3)を継承し、親鸞らを中世における「異端思想」であったと位置づけている平雅行は、「専修念仏の歴史的意義(4)」のなかで、「戦後の中世思想史研究は、(中略)ほぼ一九六〇年以降、研究は個別分散化し、総体的視座の喪失という点で長い混迷の中にあ(5)」り、その理由と克服すべき課題において、中世思想史研究が戦後直後の盛行の後、個別分散化に陥り、長い間、全体的視角を喪失してきた原因の一つは、歴史学研究の動向に対する無視・無関心にあったのではなかろうか。勿論、その背後には反映論に対する思想史家の反発があったのかも知れない。しかし言うまでもなく、下部構造からの反映論一般が正しいのでもなければ、意識の独自性の主張一般が正しいわけでもない。私たちに課せられているのは、人間の意識諸形態の内、反映論で処理すべきものと、そうしてはならないものとを如何に弁別しながら叙述してゆくか、という課題ではなかろうか(6)。

との課題意識を示している。そのうえで平は、「異端思想成立の歴史的背景」を求めるにあたって、「その異端思想は中世民衆にとって果たして何であったのか、と問うてみ」たところ、これまで持戒・智慧・造像起塔などと多様であった往生行を、念仏の選択主体を行者から弥陀へと転換し、最勝性・絶対性で糊塗することによって一元化したことだとして、その理由を以下のように述べる。

法然は往生行を一元化することによって、一切衆生の救済手段の平等性を確保し、これを通じて一切衆生の現世における宗教的平等を実現しようとしたのである。（中略）まさに法然は現世の衆生が平等に「下劣根機」たることを主張せんがために、往生の一元化に踏み切ったのである。したがって、選択本願念仏説樹立の本質的動機とは、一切衆生の平等的救済にあったのではなく、此岸の平等の実現にあった(7)。

そして、法然・親鸞らが、一切衆生の来世救済という理念を逸脱してまで、戒律の宗教的価値を否定し諸行往生を否定しなければならなかった理由を、聖なるものを独占した宗教的達人と愚かな大衆とで構成される階層的宗教秩序にあって、大衆が行いうる宗教的行為は、簡便化された方便の行を修することと出家集団への結縁行為であったが、どちらを選んだとしても、彼らをとりまく宗教的呪縛はより堅固なものとしかならなかったからだ、と指摘している。

平は、こうした論を重ね、「普遍的超歴史的に存在する民衆の解放願望の中世的封殺形態にこそ、中世宗教が求められるべき[8]」だとし、一切衆生の此岸での平等を主張した法然・親鸞らの思想は「民衆王国への希求を背景とする、中世的解放の思想だった[9]」と主張する。そのうえで、

顕密仏教に比べ異端思想家たちが、今なお私たちに訴えてくるものを持っているとすれば、それは、前者がまさに中世宗教でしかなかったのに対し、中世的解放の思想という後者の普遍性に由来している。家永氏がかつて問題にした親鸞と下部構造との関係、あるいは親鸞の中世的性格と超歴史性との関係を、私はこのように把握したいと思う[10]。

と結論づけている。

親鸞らの宗教がもつ歴史的意義は、中世宗教イデオロギー社会のなかで支配にあえぐ人々に解放を与えるものだったという平の分析は、首肯しうる。しかしここでは、親鸞らの示した「超歴史的」な解放の質やそれを導いた仏教理解についてはいっこうに問題にされておらず、下部構造からの反映としての現象面の分析のみで親鸞らの宗教が語られているようである。その結果、「普遍的超歴史的に存在する民衆の解放願望の中世的封殺形態」である「中世宗教」に対し、「中世的解放の思想」たる親鸞らの思想が、いかなる信仰によって支えられ、どのような普遍性を内包した解放の思想として現れていたかについては、全く言及されていない。

すなわち、平の言う「解放」という「普遍」的なはずの概念は、「中世」という限定的な時代状況のなかでのみ通用するものとなり、親鸞らの思想が時代状況を超えて通用するという意味での、普遍性の質の解明には到達しておらず、「普遍的超歴史的」といった概念も、どの時代にでも形を変えてあるという程度の意味となり、結局、下

部構造のなかに還元されている。よって平は、仏教のもつ普遍性や超歴史性そのものの解明には至り届いていないということが指摘できるであろう。

その平が同論文中で「注目すべき一連の労作を公にした[11]」と評価する家永三郎の方法論を検討するなかで、氏（家永：筆者補足）は、「思想史の発展が、基礎構造の制約を受けつつ、思想自体の内的展開を有つという二重の構造を有する」ことを指摘して反映論を批判し、親鸞の悪人正機説は基礎構造の必然的産物なのではなく、当時の歴史的条件に「親鸞の決断という新要素X」が加わって初めて成立した、と論じた。この視角は今なお新鮮さを失わない貴重なものであり、今後もこれを継承してゆく必要があるが、ただ家永氏の問題点は、氏がこの視角を具体化しえていない点にある[12]。

と批判を加えている。また平以外にも、佐々木馨は家永の研究を、

家永・井上（光貞：筆者補足）の両氏によって、鎌倉仏教以前の仏教＝鎮護国家・貴族仏教、鎌倉新仏教＝民衆仏教、なる基本構図が構成されるにいたった。（中略）「思想史的系譜」論と「社会的基盤」論のアプローチによって、「宗教の園」＝鎌倉新仏教の世界は全面的に照射され、そこに新仏教＝民衆仏教という図式が提示され、あわせて民衆仏教の形態として、「専修」性ないしは「悪人正機説」「易行」性なる行的特質も導きだされたのである[13]。

と評価し、このような成果に関して、佐藤弘夫も、家永の研究は「鎌倉仏教に対する本格的な批判的研究の開始」であったが、その後の研究によって新仏教が中世仏教の主流ではなかったこと、新仏教だけの特質として「民衆性」を語りえないことなどをあげて、結局、家永の研究を覆された過去の研究と位置づけている[14]。

このように批判される家永であるが、

思想史学にとっては「ある時代を支配する思想」のみが重要なのではない。支配的ではなかった思想にしても、認識の現在から顧みて重要なる思想的意義の見出されるものは、これまた、思想史学の大切なる対象である(15)。

歴史の世界を力の観点からのみ考察するならば、最も上層に位する思想は最も弱い最も末梢的な分野となり、全史学体系の内に占める思想史学の比重は甚だ軽からざるをえないであろう。しかし力の問題は専ら因果的連関にのみかかわる。一たび視点を価値関係に移す時、事情は逆転する。われわれは、強い価値が必ずしも高い価値でないとともに、弱い価値必ずしも低い価値ではなく、実際には価値の高さと強さとが反比例する事実を注意せねばならない(16)。

と、思想を扱うにあたっては、時代状況下での価値観の強さよりも「認識の現在から顧みて重要なる思想的意義」に重点をおいて研究することが重要であることを指摘している。こうした研究意識のもと、「仏教」とはなにかを見定めてゆく(17)」ために仏教を歴史のなかで扱おうとすれば、おのずから研究の中心は仏教を歴史のなかで明らかにすることになる。すると、時代分析の中心も政治支配体制のなかでの価値の強さに比重をおくべきではなく、仏教におかれるべきだということになる。このことにより、平が家永を批判しつつ目指した「具体化」とは、歴史状況下での状態の具体化だったのであり、普遍性や超歴史性を具体化させることではなかったことが確認されるのである。

仏教的主体の歴史的意義を検証するにあたっては、下部構造に縛られず「自由」な領域をもつ思想である仏教の信仰がどのような構造をもって成立したかを、信仰主体を通して明らかにする作業が必要となってくる。そうでないと、どこまでも時代時代における社会条件の反映としての「仏教」ばかりを追いかけ、仏教の原理を抽出することができずに、普遍的なもののすべてを社会条件のなかに解消させてしまうことになる。だとすれば、やはり、「普遍的超歴史的」とされる親鸞の仏教を問題にする場合には、普遍的なものを普遍的なものとして成立させる根拠を知ることが必要になるのである。

ここに、親鸞の信仰と実践というテーマは、「仏教史研究における実践性の回復を[18]」はかるために、仏教者としての存在をかけて取り組むべき課題として浮かび上がってくるのだ。よって、普遍的超歴史的な仏教の思想を明らかにしようとする場合、家永氏の示した思想史の研究における課題意識・方法のもつ意義はいまだ失われておらず、そうした方法によって示された親鸞研究の成果と、それをもとに行われた二葉憲香との議論[19]を見ることで、親鸞の信仰と実践の関連性と、社会的実践の方向性をより明らかにすることができると考えるので、以下考察していきたい。

一　戦後親鸞研究の展開と課題

さて、その家永三郎は、「思想史学とは歴史上の思想を理解する学問であり、同時に思想を歴史的に理解する学問である[20]」という思想史学の立場に立ち、親鸞を例にあげて以下のように述べている。

親鸞が悪人正因説を創唱した事実は、（中略）彼の高度の自覚から発する人間的現実の周到なる省察と既成浄土教思想の徹底的批判とから来た選択の結果というべく、他律的・必然的に悪人正因説が定立されたのでは決してないといわねばならぬ。つまり歴史的条件にさらに親鸞の決断という新要素Xが加わってはじめて悪人正因説が成立した[21]。

さらに、基礎構造からの自由をもつ思想は、その社会的諸関係の変化に関わらず、「超時代的性格」を保持しうることから、思想史学の認識目標は「上部構造が基礎構造のハルトマンのいわゆる「強さ」によって制約せられる側面に向けられるとともに、より一層大なる関心をもって上部構造の基礎構造に対してもつ「自由」の領域に向けられる[22]」としている。

家永はすべてが下部構造に還元されてしまう唯物史観を批判し、思想が成立するには、社会状況の反映のみではなく、歴史社会における主体の自立した決断が伴うことを示している。そしてその主体が決断を行う「自由」の領域こそが、思想史を扱うにあたり問題にすべき対象であると指摘したのだ。

このような方法論のもと家永は「親鸞の念仏[23]」において、親鸞の念仏は「信の念仏」であり、「如来の廻向にもとづくもの」であるが、「その信心は具体的にどのような方法で衆生に廻向され、不信の徒の心中に『金剛の信心』を生起」させるのかといった過程が明らかにされていないと指摘する。そこで、『歎異抄』第九条を「親鸞の思想の本質的構造を解明する鍵」とし、「如来の大悲に対してすら法悦を感じる心を失つた、そのやうな『煩悩具足』のともがらに信心や念仏を求めることは、徒に不可能事を強ひるものであつて、一切の希望を失つた絶望を絶望として受け取ること」、「自己の罪深きことを直視するのが大悲大願を信じ得るための唯一の活路であるといふ意味において、むしろ『念罪』の教の名にふさはしい新しい立場が成立してゐるのではないだろうか」と指摘する。そのうえで、「人間の社会的実践→罪障の自覚→信の決定、といふ信仰構造の中に、称名念仏などの位置する余地はない」と述べ、その理由を、「親鸞はその実践の体験を通じて」「念仏よりも『念罪』こそ末代凡夫相応の行であることを感知しながら」「念仏という因襲的行儀にのみ信仰を託さうとしたことは、たしかに親鸞のごとき宗教的天才といへどもなほ乗り越えることのできない伝統の制約であ」り、「実際に履修すべき行として、日々の社会的実践ではなく口称念仏の選ばれたことは、その偉大なる宗教思想を現実生活に活かすために大きな妨げとなつた」からだと主張している。[24]

つまり、家永は、親鸞の信の構造は「社会的実践↓罪障の自覚↓信の決定」[25]であったことを指摘し、口称念仏を実際に履修する行と選んだことが、社会的実践をとりえなかった妨げの原因だったという。ここでは親鸞の念仏が示す意味が口称念仏に限定されており、実践が抛棄されたと理解されていることを注目点としてあげておきたい。

これに対し二葉憲香は、家永の言う「宗教的決断」が「果して基礎構造からの自由であり得るか」と疑問を呈し、その関係性を明らかにすることの必要性を指摘している。[26]二葉は「自由の領域」を「歴史的・社会的な個人が歴史的自己を截断して人間の作為以前の自己を自覚することが宗教的自覚」であるとし、それは歴史的基礎構造からは出てこないという意味で「自由である」とする。しかし、その前歴史的自己に関する自覚が「還相的に復帰する場所は、歴史的現実・所謂基礎構造の世界及び上部構造の世界に外ならない」と規定し、「「親鸞の決断という新要素X」は、基礎構造との対決において得られるのであって、基礎構造からはなれて得られるのではない」ことから、「（親鸞における：筆者補足）宗教史の成立は、社会条件の反映としてとらえられるべきではなく、宗教的契機と社会的契機、超時代的契機と時代的契機の対決としてとらえなくてはならない」として、親鸞という、仏教にもとづいて宗教的決断を果たした信仰主体と基礎構造との関係性を示している。

そのような方法論に立つ二葉は、「（家永の場合：筆者補足）親鸞の信の構造を分析する前提となっているのは、親鸞は信がいかにして生起するかということを少しも明らかにして」おらず、「親鸞自身その解決に頭をなやましていた」としているが、[27]「親鸞の信を明らかにする場合にこのような前提をおく分析が正しいかどうかをまず検討」することから始めている。そのうえで、「親鸞の宗教を見る場合に、それを仏教の根本的立場から見るという方法をとらないで、任意の立場を設定するということに、まず方法的なあやまりがあったのではないだろうか」として、三願転入の文などを根拠に、親鸞の入信の過程が「自力の心の否定↓信の決定」という構図であることを明らかにしている。(28)

さらに二葉は、親鸞の念仏は社会的実践を離れて成立していたものではなかったことから、親鸞の信の構造は「自力の心の否定↓信の決定↓社会的実践（世をいとうしるしをもとめて友同朋とねんごろにし悪しき行為をひるがえし、新しい実践の規範を創造する）(29)」であると指摘している。ここで確認されるように、二葉は、家永のように念仏を口称念仏だけを示すものとしては捉えず、念仏が示す意味のなかに信の構造すべてが含まれており、当然、社会的実践も包括される、と理解しているのである。つまり、本願にもとづいて念仏することは社会的実践を伴った信が成立することだと主張しているのだ。

確かに親鸞の示す真宗は、「捨穢欣浄」が単なる「捨此往彼」なのではなく、「謹んで浄土真宗を按ずるに二種の廻向あり、一つには往相、二つには還相なり(30)」というように、現実世界を離れたところで成立するものではない、還相廻向による利他行の実践の完成までを含んだ宗教として成立している。また、『歎異抄』の第一条にも見られるように、弥陀の誓願を信じること、念仏すること、救われている自覚が成立すること、の三つが同時に成立するのだと述べていた。(31)このことからも、二葉が主張するように、親鸞が念仏を思い立つのは信が成立した時であり、「往生ねがふしるし」としての「世をいとふしるし」を伴った実践が決断される時だったことが確認されるのである。

さて、以上のような二葉・家永の論争を通して、家永は親鸞の宗教的決断には下部構造に還元されきらない「自由」の領域があることを指摘したのだが、二葉の指摘により、親鸞という宗教的主体が自らのうちに成立した信にもとづいて実践を展開する場所は歴史的現実の世界であり、親鸞の思想を扱う場合、親鸞における信仰の内実とそれにもとづいてなされた実践を離して考えては親鸞の思想そのものを的確に把握できないことが明らかになった。そうした分析方法の違いによって、親鸞の念仏理解に対する見解の相違が生じていたのである。

家永は、念仏によって親鸞のうえに成立した思想がいかなる内容だったかを把握するにあたって、外面的な分析に終始することにより「念罪」という結論に至っているのだが、それでは、「往生を不定におぼしめさん人は、まづわが身の往生をおぼしめして御念仏さふらふべし。わが御身の往生を一定とおぼしめさん人は、仏の御恩をおぼしめさんに、御報恩のために御念仏こゝろにいれてまふして、世のなか安穏なれ、仏法ひろまれとおぼしめすべしとぞ、おぼへさふらふ[32]」といった消息に示される歴史的現実に対しての動的な発言を、家永の考える親鸞思想のなかでの必然として理解することができないのではないだろうか。やはり、親鸞の思想を扱うにあたっては、信仰と実践の関連性を明確化することなしには、その全体をつかめないことが確認されるのである。よって次に、親鸞の信にもとづいた実践がどのような内実をもったものであったのかを考察していきたい。

二　信の構造と実践の関係性

一九七五年に古田武彦が『親鸞思想――その史料批判[33]――』を出版し、これに対して二葉憲香が二回、古田が三回、批判・反批判の形で論争が展開されているのだが[34]、両氏の議論は平行線をたどり、論争を通して新たに決定的な何かが産み出されたというわけではなかった。しかし、親鸞における信仰と実践の関連性を問題とする場合、二葉・古田論争で触れられた、『恵信尼消息』が伝える親鸞を通して信心の性格を見ようとする視点は[35]、議論の量こそ少ないものの重要であると考えるので、以下考察を行いたいと思う。まず、『恵信尼消息』第五通の全文を引用する。

善信の御房、寛喜三年四月十四日午の時ばかりより、風邪心地すこしおぼえて、その夕ざりより臥して大事におはしますに、腰膝をもうたせず、てんせい看病人をもよせず、たゞ音もせずして臥しておはしませば、御身をさぐればあたゝかなる事火のごとし、頭のうたせ給事もなのめならず。さて臥して四日と申あか月、苦しきに、まはさてあらんと仰せらるれば、何事ぞ、譫言とにや申事かと申せば、譫言にてもなし、臥して二日と申す日より、大経を読む事ひまもなし。たま〳〵目をふさげば、経の文字の一字ものこらず、きららかに具さに見ゆる也。さてこれこそ心得ぬ事なれ、念仏の信心より外には、何事か心にかゝるべきと思て、よく〳〵案じてみれば、この十七八年がそのかみ、げに〳〵しく三部経を千部読みて、衆生利益の為にとてよみ初めてありしを、これは何事ぞ、自信教人信難中転更難とて、自から信じ人を教へて信ぜしむる事、まことの仏恩を報ゐ奉るものと信じながら、名号の外には何事の不足にて、必ず経をよまんとするや、と思かへして読まざりしことの、さればなほも少し残るところのありけるや、人の執心自力のしんは、よく〳〵思慮あるべしと思ひなして後は、経読むことは止まりぬ。さて臥して四日と申あか月、まはさてあらんとは申せとおほせられて、やがて汗たりてよくならせ給ひて候し也。三部経、げに〳〵しく千部よまんと候し事は、信蓮房の四の年、武蔵の国やらん、上野の国やらん、佐貫と申ところにてよみ初めて四五日ばかりありて、思かへしてよませ給はで、常陸へはおはしまして候しなり。信蓮房は未の年三月三日の日に生れて候しかば、今年は五十三やらんとそおぼえ候(36)。

この消息中に出てくる佐貫は利根川の中流に位置しており、三部経千部読誦の前年に起こった地震に引き続いた旱魃がもとで生じた飢饉と疫病の流行に、多くの人が悩んでいた[37]。そのような現実に直面した親鸞が、三部経千部読誦をした動機を「衆生利益の為」だったと恵信尼は記している。この時、親鸞にめばえた衆生利益を志向する意識の背景を、後年記された主著『教行証文類』における以下の記述のなかに見いだすことができる。親鸞は曇鸞の『往生論註』などを引用して「本願力廻向の信心[38]」の内実を説明するなかで、

この無上菩提心はすなはちこれ願作仏心なり。願作仏心はすなはちこれ度衆生心なり。度衆生心は、すなはちこれ衆生を摂取して有仏の国土に生ぜしむる心なり。このゆゑにかの安楽浄土に生ぜんと願ずるものは、かならず無上菩提心を発するなり。もし人、無上菩提心を発せずして、ただかの国土の受楽間なきを聞きて、楽のためのゆゑに生ぜんと願ぜん、またまさに往生を得ざるべきなり。このゆゑにいふこころは、自身住持の楽を求めず、一切衆生の苦を抜かんと欲ふがゆゑにと[39]。

と言い、また現生において本願力廻向による信心を獲得した者が必ず得ることのできる利益を十種あげ、「正定聚に入る益」とともに「常行大悲の益」を示している。そして、その理由を、

真実信心はすなはちこれ金剛心なり。金剛心はすなはちこれ願作仏心なり。願作仏心はすなはちこれ度衆生心なり。度衆生心はすなはちこれ衆生を摂取して安楽浄土に生ぜしむる心なり。この心すなはちこれ大菩提心なり。この心すなはちこれ大慈悲心なり。この心すなはちこれ無量光明慧によりて生ずるがゆゑに。願海平等なるがゆゑに発心等し。発心等しきがゆゑに道等し。道等しきがゆゑに大慈悲等し。大慈悲はこれ仏道の正因なるがゆゑに[40]。

と、「仏道の正因」であるからと述べている。つまり、「如来廻向に帰入して　願作仏心うるひとは　自力の廻向をすてはてて　利益有情はきわもなし[41]」というように、親鸞において信が成立するということは現生において正定聚

となり、「自身住持の楽を求めず、一切衆生の苦を抜かんと欲ふ(42)」弥陀の大悲を行ずる根拠が本願力廻向として与えられてあることから、大悲を実践する主体が成立することだと理解され、「如来とひとし(43)」というように、常行大悲にもとづく実践への思いは晩年に至っても続いていたのである。

しかし一方で、

しかるに無始よりこのかた、一切群生海、無明海に流転し、諸有輪に沈迷し、衆苦輪に繋縛せられて、清浄の信楽なし、法爾として真実の信楽なし。ここをもつて無上の功徳値遇しがたく、最勝の浄信獲得しがたし。一切凡小、一切時のうちに、貪愛の心つねによく善心を汚し、瞋憎の心つねによく法財を焼く。急作急修して頭燃を灸ふがごとくすれども、すべて雑毒雑修の善と名づく。また虚仮諂偽の行と名づく。真実の業と名づけざるなり。この虚仮雑毒の善をもつて無量光明土に生ぜんと欲する、これかならず不可なり(44)。

と、人間には一切の真実などなく、少々の善心が生じたとしてもすぐに汚してしまうので、自らの力で善根を積んで救いに至ることが不可能な存在だという認識も、同じく信の内実を説明するなかで示しているのである。人間にひとかけらの真実も認めないこうした態度は、建長の弾圧をきっかけとして善鸞を義絶したのち(45)、八十八歳に至っても、「浄土真宗に帰すれども　真実の心はありがたし　虚仮不実のわが身にて　清浄の心もさらになし(46)」と堅持されていたことが確認される。こうした、人間が自らの力で善根を積もうとする態度については、

おほよそ大小聖人、一切善人、本願の嘉号をもつておのれが善根とするがゆゑに、信を生ずることあたはず、仏智を了らず。かの因を建立せることを了知することあたはざるゆゑに、報土に入ることなきなり(47)。

に代表されるようにいたるところで否定されており、信が成立することは常に大悲を行じようとする主体が成立することだという理解と相矛盾するような、自力心を否定する自覚が成立するという表現がとられているのである。

ここでいったん『恵信尼消息』に話を戻して、この矛盾の決着点について考えてみたい。『恵信尼消息』中に見られる親鸞は、建保二年、四十二歳の時、上野国佐貫において「衆生利益」のために三部経の千回読誦を始めたが、その後、その行為が誤りであって、本来の衆生利益の実現のためには自信教人信以外にないと気づき中止したことが、十七年後の寛喜三年の発熱時に思い起こされ、そのことをあらためて反省し「まはさてあらん」と述べたことを伝えていた。これを図式化すれば、

衆生利益のために三部経千回読誦→自力の執心の発見→自信教人信＝常行大悲への復帰

となる。

親鸞の信心に即して『恵信尼消息』中での親鸞のこの反省の展開を考えてみる。

①親鸞において信心が成立することは、常行大悲を志向する主体が成立することであったがゆえに衆生利益のために三部経千部読誦を思い立った。

↓

②しかし、同時に自力の行が一切成立しないことも自覚したことに引き当ててみると、三部経千部読誦は、本願に帰したと同時に棄てたはずの雑行にいまだ惑わされていることだと反省し、自己に巣くう自力の執心の発見となった[48]。

家永の指摘した「親鸞の決断という新要素X」がここに見られる。親鸞が人々の欲求に応える形での救いを与えることが大悲の実践であると考えていたならば、旱魃に苦しむ人々のためにと、当時一般的であった三部経の千回読誦を続けたことであろう。しかしこれは、二葉が指摘した歴史的現実での具体的状況下における親鸞の、自力の執心との対決として歴史化されている。親鸞は三部経の千回読誦が自力の執心にもとづく行であ

ることを発見し、自らの否定すべき行為への反省、自力の心の再否定となったのである。ここに、親鸞が大悲の実践を自らのおかれている状況のもとで行っていたことが確認される。

③よって、本願力廻向の信にもとづく自信教人信＝常行大悲の実践をあらためて志向しようとする立場へと復帰した。

ここで注目すべき点は、親鸞が自信教人信＝常行大悲をあらためて実践しようとする立場へ復帰し、それを反省しながら十七年後に再度「まはさてあらん」と述べたことである。この点について親鸞は、念仏者が生きていくうえで、その「しるし」が生じることを述べるなか、

としごろ念仏して往生ねがふしるしには、もとあしかりしわがこゝろをもおもひかへして、とも同朋にもねんごろにこゝろのおはしましあはゞこそ、世をいとふしるしにてもさふらはめとこそおぼえさふらへ。(49)

と、念仏者とは、「往生ねがふしるし」として、「もとあしかりしわがこゝろをもおもひかへ」すといった自力心の否定の自覚と、「とも同朋にもねんごろにこゝろのおはしましあ」おうとしながら「世をいとふしるし」としての大悲の実践を志向する主体が成立することだとしている。つまり、信が成立した主体にあっては、大悲の実践が志されると同時に、大悲を実践しようとするたびに完遂できずに自己の自力の心を再発見することで自己の罪障・煩悩具足の現実を自覚し、あらためて本願力廻向の信にもとづいた実践を再志向するという、実践とそれによって生じる罪障の自覚が繰り返し行われることが確認されるのである。ここにおいて、親鸞の理解した信心の内実として一見矛盾とも思われる、常行大悲を志向する社会的実践の喚起と自力心の否定の自覚が同時に語られているということが、矛盾ではなく必然として決着されるのである。

三　大悲実践志向主体の成立

では、そのような構造をもった信が成立した「しるし」として、親鸞の実践は具体的にはどのように展開したのであろうか。この点について平雅行は、

親鸞が「領家・地頭・名主」に異和を抱き、侮蔑され、抑圧された社会階層に親近感を寄せた事実は、どのように説明できるのか。それは、彼らが背負わされていた階層的悪人視が機の深信（悪人たることの自覚）へと容易に転化する可能性を秘めているからであり、彼らを侮蔑する人々に異和を抱くのは、自らを彼らとは異質な人間（階層的善人）とみなす思考が、機の深信に転化しにくいからである。こうした可能性の故に、親鸞は被抑圧的・被差別的社会層に親近感を寄せた。(50)

と主張している。平の主張によれば、親鸞はより悪人の自覚をもちやすい可能性がある階層へと近づいていったということになる。また古田武彦は、親鸞の言う「われら」を親鸞と門弟の「ゐなかの人々」を含んだ概念として、「親鸞が「悪人」の語を特に「耕作農民」を中心としたもの」に「親近せしめ」たとしており、(51)平と同じく、親鸞が効率的な大悲の実践による効果をねらっていたと考えている。一方、河田光夫は「屠沽の下類」と呼ばれた被差別民は、親鸞の思想にとって偶然に存在した好適な比喩ではなく、「悪人」の典型的存在であり、それと無関係に親鸞の思想が成立したと考えてはならないとして、親鸞が当時の「悪人」に影響を受けてその思想を完成させたと主張している。(52)いずれの意見にしても、親鸞が近づいていく存在と遠ざかる存在を分別した理由を、自力の心を否定的に踏まえながら生きる人が誕生しやすいといった効率論、または、状態による結果論にもとづいていたと考え

ている。はたしてそうだったのであろうか。

親鸞は、

至誠心のなかには、かやうに悪をこのまんにはつゝしんでとほざかれ、ちかづくべからずとこそ説かれて候へ。善知識・同行にはしたしみちかづけとこそ説きおかれて候へ。(53)

と述べ、近づくべきは、自力の心を否定的に踏まえながら生きようとする善知識・同行であると指示しており、悪を好む人からは遠ざかれとも指示している。さらに、

「但使廻心多念仏」といふは、「但使廻心」はひとへに廻心せしめよといふことばなり。「廻心」といふは自力の心をひるがへし、すつるをいふなり。（中略）自力のこゝろをすつといふは、やう〳〵さま〴〵の大小の聖人・善悪の凡夫の、みづからが身をよしとおもふこゝろをすて、身をたのまず、あしきこゝろをかへりみず、ひとすぢに具縛の凡愚・屠沽の下類、無碍光仏の不可思議の本願、広大智慧の名号を信楽すれば、煩悩を具足しながら無上大涅槃にいたるなり。具縛はよろづの煩悩にしばられたるわれらなり、煩は身をわづらはす、悩はこゝろをなやますといふ。屠はよろづのいきたるものをころし、ほふるものなり、これはれうしといふものなり。沽はよろづのものをうりかふものなり、これはあき人なり。これらを下類といふなり。「能令瓦礫変成金」といふは、「能」はよくといふ、「令」はせしむといふ。「瓦」はかわらといふ、「礫」はつぶてといふ。「変成金」は、「変成」はかへなすといふ、「金」はこがねといふ、かわら・つぶてをこがねにかへなさしめんがごとしとたとへたまへるなり。れふし・あき人、さま〴〵のものは、みな、いし・かわら・つぶてのごとくなるわれらなり。如来の御ちかひをふたごゝろなく信楽すれば、摂取のひかりのなかにをさめとられまいらせて、かならず大涅槃のさとりをひらかしめたまふは、すなはちれうし・あき人などは、いし・かわら・つぶて

なんどを、よくこがねとなさしめむがごとしとたとへたまへるなり。(54)

というように、「大涅槃のさとりをひら」くためには「無碍光仏の不可思議の本願、広大智慧の名号を信楽すれば」という条件が付加されており、親鸞が言うところの「われら」という同朋関係は、「自力の心をひるがへし、すつる」ことが成立した結果としての連帯の成立を示すものであった。よって、「屠沽の下類」とされる人々は親鸞が大悲を実践するうえでの効率的な目的として考えられていたわけではなかったのだ。同様に、「われら」も「屠沽の下類」に限られるものではなく、さまざまな階層の人々が自力心を全否定し、大悲の実践を志向する主体として成立した結果、必然的に生じた意識だったのである。

平らは、この点を見落としているのではないだろうか。親鸞の信仰と実践の具体的成果を問題とする場合に最も重要なのは、信によっていかなる人間が成立するか、いかなる伝道が成立するかを問題とすることである。また、河田が主張するように、親鸞の思想が時所諸縁によって深化していったことは認められるのだが、しかし、その深化を基礎づける信仰構造については分析がなされていない。つまり、親鸞の信の内実を親鸞に即した形で確認したうえで状況が分析されなければならなかったのである。

親鸞は、一人ひとりにおける自力心の否定と、自らの尊厳性の自覚を促す信の確立を求める、大悲の実践を行っていた。具体的には、差別・被差別構造の不条理を見いだし、無自覚に自力心を基盤とした差別構造を支えながら生きる人々に尊厳性を自覚させ、差別構造からの自覚的脱出を促すものとして成立していたのである。ここにこそ、親鸞思想における解放の超歴史性・普遍性を見いだすべきなのである。いかなる階層の人でも、自力の心を否定し大悲を行ずる主体となることによって、差別構造からの「解放」を得て、「普遍的」な同朋社会を形成する主体となることが、親鸞の信仰における大悲の実践だったのである。このように、親鸞における信の構造と実践の関連性を明らかにすることにより、平の言うような「中世的」ではなく、普遍的な解放へと導く実践を伴った思想の根幹として、あらためて親鸞の信仰が浮かび上がってくるのである。

さて、以上のように「善知識をかろしめ、同行をあなづ」っている人を「あさましく」思い、「とも同朋にもねんごろにこゝろのあはしましあ」う念仏者に対して、「八宗同心の訴訟(55)」などを受け「専修念仏の宗義を糺改」するために当時の体制派仏教教団と共同で弾圧を繰り返す権力者に対しては、

詮ずるところは、そらごとを申し、ひがことをことにふれて、念仏のひとぐ〜に仰せられつけて、念仏をとゞめんところの領家・地頭・名主の御はからひどもの候ふらんこと、よくよくやうあるべきことなり。そのゆへは、釈迦如来のみことには念仏するひとをそしるものをば「名無眼人」と説き、「名無耳人」と仰せおかれたることに候ふ。善導和尚は、「五濁増時多疑謗　道俗相嫌不用聞　見有修行起瞋毒　方便破壊競生怨」とたしかに釈しおかせたまひたり。この世のならひにて念仏をさまたげんひとは、そのところの領家・地頭・名主のやうあることにてこそ候はめ、とかく申すべきにあらず。念仏せんひとぐ〜は、かのさまたげをなさんひとをばあはれみをなし、不便におもふて、念仏をもねんごろに申して、さまたげなさんを、たすけさせたまふべしとこそ、ふるきひとは申され候ひしか。よく〳〵御たづねあるべきことなり(56)。

と述べ、「名無眼人」「名無耳人」であり、自力の心を否定する契機をもたない人であるから、当然弾圧を加えてくる存在だとする。しかし、単に否定すべき存在として拒否するのではなく、自らの尊厳性を自覚するがゆえに、弾圧する側にもそれを見いだし、いつかは自力の心を翻してほしいとの願いを持ち続けるべきだと述べている。ただ、そうした人は好んで近づく存在ではなく、自らの信の確保を最優先させるために「うやまひてとほざかれ」とも指示している。ここに、あらゆる状況下において、親鸞が信仰にもとづいての状況判断をしていたことが確認さ

れる。[57]また、「よく〳〵やうあるべきこと」として繰り返される弾圧を通じ、自己の信の確かさを確認しながら、門弟にも大悲の実践をすすめていることも、あわせて確認できる。

　ここにおいて、はじめに指摘した平雅行における「解放」の質を究明することで、欠落が補われ、普遍的解放の内容が明らかにされたと言いうるであろう。

おわりに

　以上を確認したうえで、最後に二葉憲香によって提示された信の構造図のもつ矛盾点を指摘し、親鸞の信仰における信と実践の関連性を示す構造を再考したい。
　二葉が家永三郎との論争を経て「自力の心の否定↓信の決定↓社会的実践」といった信の構造図を示していたことは先に確認したとおりである。もちろん、二葉の図が家永の図に対応して示されたことや、二葉自身が「もとよりこのような図式が完全でないことはいうまでもない[58]」と述べていることから、親鸞における信の構造がもつ継続的連関性は二葉には意識されていたのであろう。これは、古田武彦が『恵信尼消息』中にある親鸞の三部経千部読誦の記述をもって、親鸞の本願への転入時期を探る史料として見た[59]ことに対し、
　恵信尼消息の重点は「人のしうしんじりきのしんは、よくよくしりよあるべし」という点にある。自力の執心のあやまりについての決定的自覚の後も、自力の執心が雲散霧消するのではなく、凡夫の実態としてつきまとうものであった。（中略）建仁元年、本願の嘉号を己が善根とする立場、人我自ら覆う立場を否定した親鸞は、その後の長い生涯のなかで、自力の執心、凡夫の実態を鋭く反省しながら、その思想を深め、組織化していっ

たのである。(60)

と、『恵信尼消息』は親鸞における廻心の内容、言い換えれば、信が成立した主体における自覚内容を示したものであり、信が成立したがゆえに自力の執心を反省しつつ生涯をかけて思想を深化させていった、と述べていることからも確認できる。

しかし、そうであればなおさら、『恵信尼消息』によって信と実践の関連性を確認したように、親鸞における信の構造は、信が成立することでそれにもとづいた大悲を実践する社会的実践と、それによって起こる罪障・煩悩の自覚とが、連関的・継続的に繰り返されるものであったと考えなければならないはずである。

二葉が示した「自力の心の否定→信の決定→社会的実践」という信の構造図は、親鸞における信の成立過程を示す構図としては的確であるとしても、直線的・段階的に表現したために、信の構造を示す図としては、その内容を十全に示しえていなかったと指摘せざるをえない。すなわち、二葉が家永との論争を通して示した図は、親鸞における信の構造図としては不十分であったことが確認され、むしろ、親鸞における信の構造は、

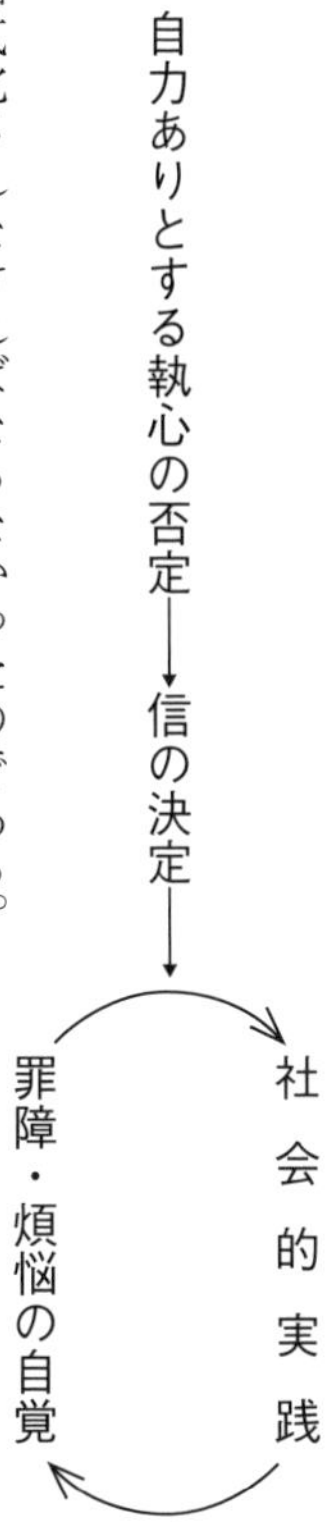

と図式化されなければならなかったのである。

親鸞における罪障・煩悩の自覚とは、本願力廻向の信にもとづいた大悲を実践しようとするなかで、何度も立ち現れる否定すべき自力心として自覚し続けられるものだったのである。(61) つまり、親鸞の信仰において実践は不可欠

であったことはもちろん、前後的な関係をもつわけではないが、実践を伴うがゆえに自らのうえに、罪障・煩悩の自覚が生じるといった悲歎的現実を自覚するうえでの前提条件でさえありえたといえるのである。よって、親鸞の信仰において信にもとづいて生きるといった場合、近代教学でいうところの「真俗二諦」(62)として信仰と生き方を分けて考える発想のかけらも見いだすことはできず、「二種深信」にも見られるとおり、絶えざる常行大悲にもとづく大悲の実践と、罪障性・煩悩性への反省の繰り返しであり、そうした実践の結果、現実での差別構造を批判的に脱出し、同朋社会の形成を志向するものが親鸞の信仰であったことが確認されるのである。

註

（1）服部之総「いはゆる護国思想について」（同『親鸞ノート』国土社、一九四八年）。

（2）親鸞の信仰に関する研究が最も盛んなはずであり、まずはじめに取り上げるべきだと思われる真宗学では、いまだ「信心の社会性」の有無について議論がなされており、信心によって成立する主体がいかなる実践を志すかといった視点が皆無であることから、ここで取り上げることをさしおく。そのことの顕著な例は、真宗学において最も積極的に「信心の社会性」を明らかにしようと試みた信楽峻麿でさえ、「いまは、伝統教学には、信心の社会性はない、ということを明らかにしようとして申しあげているのです」（『親鸞とその思想』〈法藏館、二〇〇三年〉一三八頁）というように、「信心の社会性」の有無といった議論の範疇を越えていないことからも推察できるであろう。信心の社会性は信の成立した主体がいかなる生き方を志すかによって判断される問題であるから、仮に信心に社会性はないと考える人々のうえにも、社会性がないという社会性、いわば信心に社会生活の規準をおかない無原則な社会性が発揮されるのである。これについては、忍関崇「いわゆる「信心の社会性」について――真宗信心の社会的性格とその変化――」（『光華会宗教研究論　親鸞と人間』第三巻、永田文昌堂、二〇〇二年）に詳しい。

（3）黒田俊雄『日本中世の国家と宗教』（岩波書店、一九七五年）参照。

（4）平雅行「専修念仏の歴史的意義」（同『日本中世の社会と仏教』塙書房、一九九二年）。
（5）同右、二一五頁。
（6）同右（注二）、二五六頁。
（7）同右、二四五頁。
（8）同右、二五四頁。
（9）同右、二五五頁。
（10）同右、二五五頁。
（11）同右、二一八頁。
（12）同右、二一八頁。
（13）佐々木馨『中世国家の宗教構造――体制仏教と体制外仏教の相克――』（吉川弘文館、一九八八年）一六頁。
（14）佐藤弘夫『日本中世の国家と仏教』（吉川弘文館、一九八七年）七三～八六頁。
（15）家永三郎「思想史学の立場」（同『日本思想史学の方法』名著刊行会、一九九四年、初出一九四九年）六二～六三頁。
（16）同右、六八～六九頁。
（17）末木文美士「〈日本的なるもの〉を見定めるために」（日本仏教研究会編『仏教と出会った日本』法藏館、一九九八年）。
（18）福嶋寛隆「仏教史研究における実践性の回復を」（同『歴史のなかの真宗――自律から従属へ――』永田文昌堂、二〇〇九年、初出一九七三年）。
（19）二葉・家永論争では、思想史を扱う両者が依って立つ各々の立場の確認と、それにもとづいた親鸞理解についての論争が展開されている。
（20）家永三郎「思想史学の方法」（前掲註（15）『日本思想史学の方法』三七頁）。家永は、下部構造によって上部構造のすべてが規定されるといった、歴史学研究（特に史的唯物論）において社会条件の追求を万能と考える人々の立場と方法に対して、批判的な立場をとった。それは、「人間の精神的生産に対して、物質的生産関係が基礎構造を成し、前者が後者の上部構造を成している」ことを前提して、「基礎と上部構造との関係はどこまでも基礎と上部構造との関係にとどまるのであつて、下部にあるものが常に上部を全面的に決定するわけではない」からと説明している。そのうえで、「外国の、及び過去の思想よりの制約は、上部構造内部における制約であって、基礎構造に対しては「自由」である」から、「主体的なる人間は自己の「意志の自由」によって思想を形成する可能性をもっている」として、「思想史学の認識対象としての親鸞思想の意義は、親鸞のあの様な形でなされた思想の内容にあるのであって、単に当時の社会構造の反映の一例としての親鸞の思想にあるのではないから、他の思想家を以てしてはみだりに代換し得られぬ独自の存在理由があるとしなければならない」という方法論の前提を示している（前掲註(15)「思想史学の立場」五三～五九頁）。

(21)　前掲註(15)家永「思想史学の立場」六〇頁。

(22)　同右、六三頁。

(23)　家永三郎「親鸞の念仏――親鸞の宗教の歴史的限界――」（同『改訂増補　中世仏教思想史研究』法藏館、一九五五年、初出一九四七年）。

(24)　同右。

(25)　同右、二四二頁。

(26)　二葉憲香「親鸞研究の成果と方法の批判」（同『親鸞の研究――親鸞における信と歴史――』百華苑、一九六二年）三三二頁。

(27)　二葉憲香「親鸞の社会的実践に関する研究の前進」（前掲註(26)『親鸞の研究』）。

(28)　前掲註(26)二葉『親鸞の研究』一七一～一七七頁。

(29)　同右、一七七頁。

(30)　『教行証文類』「教巻」（『定本親鸞聖人全集』第一巻、法藏館、二〇〇八年）九頁。以下、『定本親鸞聖人全集』全九巻（法藏館、二〇〇八年）の引用に際しては、『定親全』と略記する。

(31)『歎異抄』(『定親全』第四巻・言行篇(1))三～四頁。
(32)『親鸞聖人御消息集』(『定親全』第三巻・書簡篇)一一九頁。
(33)古田武彦『親鸞思想――その史料批判――』冨山房、一九七五年。のちに『古田武彦著作集　親鸞・思想史研究編Ⅱ　親鸞思想』(明石書店、二〇〇三年)に所収。引用は著作集に拠った。
(34)二葉憲香は古田の論文に対して、一九七九年に「親鸞の宗教的主体の成立」(『古代・中世の社会と思想』〈家永三郎教授東京教育大学退官記念論集Ⅰ、三省堂、一九七九年〉)を出し、第一八願への帰入は二十九歳の吉水時代におく立場を示し、古田説を批判した。これに古田も反論をし、「三願回転の史料批判――二葉憲香氏の反論に答える――」(『日本の宗教と社会』千葉乗隆博士還暦記念論集、同朋舎出版、一九八一年)を示した。さらに二葉は再批判を「親鸞の廻心――古田氏説再批判――」(梅原隆章教授退官記念論集刊行委員会編『歴史への視点――真宗史・仏教史・地域史――』桂書房、一九八五年)を出し、それに再々度古田は「親鸞思想の史料批判――再び二葉憲香氏に答える――」(『平松令三先生古稀記念論集　日本の宗教と文化』同朋舎出版、一九八九年)を提示している。
古田は三願転入を親鸞思想の核心であると位置づけ、新たに「三願回転」と名づけ、第一九願の立場から第二〇願の立場へ入ることを第一回転「回入」とし、これは建仁元年(一二〇一年、親鸞二十九歳)の吉水入室の時期に該当し、第二〇願の立場から第一八願の立場へ入ることを第二回転で「転入」と名づけ、『教行証文類』執筆時である元仁元年(一二二四年、親鸞五十二歳)の頃の自覚であると主張した。

そもそもこの論争は二葉が「親鸞の宗教的主体の成立と時期とその内容」(「親鸞の宗教的主体の成立」〈『親鸞の研究』四一二頁〉)がどのようなものだったかを中心的な問題として古田説を問うたことに端を発したものであった。

(主な論争のテーマについては以下のように分類できるであろう。
①三願転入の時期……a.三願転入の「今特に」の今について、b.「回入」の語義について、c.吉水入室と回入の関係について、d.第二〇願をどのようにみるか、e.願海をどのように理解するか、f.親鸞の理論体系表について、g.何を以て転入とするかについて
②両者の学問の方法について

③学術的述語使用について　しかし、親鸞において信心が成立するということに対する両者の理解が相違しており、論争の終盤では論点が親鸞の使用した用語理解について部分集中化し、二葉が目的とした議論から逸れてしまう結果となっている。もちろん、問題を明らかにする場合にはそれに付随する用語の正確な理解も必要であるが、それに先立ち親鸞理解に不可欠なのは、親鸞信仰全体の理解だったはずである。古田がその点を見落としたことで、語句解釈のレベルでの議論に終始することとなったのではないだろうか。

(35) 親鸞の行実を伝える第二次史料ではあるが、現存する史料のなかで最も具体的な親鸞を他者の目を通して描いている史料であると考えるので使用する。

(36) 『恵信尼消息』(『定親全』第三巻・書簡篇)一九四～一九七頁。

(37) 地震と飢饉については、『吾妻鏡』建保元年五月二十一日から翌年六月三日に至るまでの条に記載されている(『吾妻鏡』第二巻、『新訂増補国史大系』〈普及版〉、吉川弘文館、一九七七年)。

(38) 『教行証文類』「信巻」(『定親全』第一巻)一三八頁。

(39) 『教行証文類』「信巻」(『定親全』第一巻)一三四頁。

(40) 『教行証文類』「信巻」(『定親全』第一巻)一三九～一四〇頁。

(41) 『正像末和讃』(『定親全』第三巻・和讃篇)一四七頁。

(42) 『教行証文類』「証巻」(『定親全』第一巻)二一四頁。

(43) 『定親全』第三巻・書簡篇、一三頁。

(44) 『教行証文類』「信巻」(『定親全』第一巻)一二〇～一二一頁。

(45) 建長の念仏弾圧事件については、福嶋寛隆「建長の弾圧と親鸞集団」(同『歴史のなかの真宗――自律から従属へ――』永田文昌堂、二〇〇九年、初出一九八四年)参照。

(46) 『正像末和讃』(『定親全』第二巻・和讃篇)二〇八頁。

(47) 『教行証文類』「化巻」(『定親全』第一巻)三〇九頁。

(48) 家永の指摘した「親鸞の決断という新要素X」がここに見られる。親鸞が、人々の欲求に応える形での救いを与えることが大悲の実践であると考えていたならば、旱魃に苦しむ人々に対して当時一般的であった三部経の千回読誦を続けたことであろう。しかしこれは、二葉の指摘した歴史的現実の具体的状況下における親鸞の、自力の執心との対決として歴史化されている。親鸞は三部経の千回読誦が自力の執心にもとづく行であることを発見し、自らの否定すべき行為への反省、自力の心の再否定となったのである。ここに、親鸞が大悲の実践を自らのおかれている状況のもとで行っていたことが確認される。

(49)『末灯鈔』（『定親全』第三巻・書簡篇）一一一～一一二頁。
(50)前掲註(4)平「専修念仏の歴史的意義」二三七～二三八頁。
(51)古田武彦「親鸞に於ける悪人正機説について」（前掲註(33)『親鸞思想』九四四頁）。
(52)河田光夫「親鸞と被差別民」（『親鸞の思想と被差別民』〈『河田光夫著作集』第一巻、明石書店、一九九五年、初出一九八五～八六年〉）。
(53)『末灯鈔』（『定親全』第三巻・書簡篇）一一九頁。
(54)『唯信鈔文意』（『定親全』第三巻・和文篇）一六七～一六九頁。
(55)『興福寺奏状』（鎌田茂雄・田中久夫校注『鎌倉旧仏教』日本思想大系15〈岩波書店、一九七一年〉）四一頁。
(56)『親鸞聖人御消息集』（『定親全』第三巻・書簡篇）一三六～一三七頁。
(57)これは、息子善鸞義絶に関わる消息にも象徴的に表れていることといえよう。あらゆる場面で、状況に流されるのではなく、信にもとづいて生きることの重要性を厳しく説示している。
(58)前掲註(26)二葉『親鸞の研究』二九二頁。
(59)前掲註(33)古田『親鸞思想』一七八頁。古田は「建保二年（四十二歳：筆者補足）の親鸞が「名号専念」という専修念仏運動固有の立脚点に固執することによって、法然門下においても怪しまれていなかった「三部経千部読誦」をも否定するにいたった事実の中に、まさに「三願転入」の第三段階へと肉薄してゆきつつある状況が有り体に看取されよう。けれども寛喜三年の場合と比較すると、「大経」でなくて三部経であり、「信心」でなく「名号」である点に、未だ「三願転入の論理」の第三段階そのものという形では問題が自覚されていない趣が認められよう」（『親鸞思想』一七七頁）として、親鸞の廻心が建保二年から寛喜三年の間であったとする自らの理解を述べている。なお、親鸞の廻心を寛喜三年に見る立場は、先に取り上げた家永三郎も古田に同じく、「元仁元年」の日付を以て弘願転入の日付と見なしたい」としている（「親鸞の宗教の成立に関する思想史的考察」『中世仏教思想史研究』法藏館、一九四七年）。そうであるならば、古田も家永同様に、信が規定する実践内容に目を向けることなく、表面的な語句分析によって親鸞の廻心という一つのトピックを明らかにしようとしたとは考えられないだろうか。

(60)　前掲註(26)二葉『親鸞の研究』四〇七頁。

(61)　親鸞においては、あらかじめ煩悩具足の凡夫が設定されており、社会的実践をあきらめていたということではなく、利他的実践を志すがゆえに自覚される罪悪性にもとづいた凡夫の自覚であった。そのことを通して、利他的実践が自力では不可能であることの自覚と、それを志すことが本願力廻向の信による促しであることの自覚が成立していたのである。つまり、信が成立するということは失敗をしない主体が成立することではなく、与えられた信を発見することにより、常に自らが利他行を志すことで、反省することのできる主体が成立することだったのである。

(62)　「真俗二諦」については拙稿「近代の真宗と真俗二諦――梅原真隆を通して――」（『真宗研究』四八、二〇〇四年）を参照。

第二章　親鸞の宗教的・社会的立場――神祇不帰依の意義――

はじめに

戦後の親鸞に関する研究は親鸞の思想、特に「護国思想」をめぐる論争を皮切りに、仏教史学の方法論を模索・構築しながら進展した(1)。それまでの研究を批判しながら、親鸞に関する研究や論争が重ねられることによって、いかなる方法のもと、鎌倉仏教の性格を導き出し、仏教史全体のなかでいかに位置づけるかが問われた。そこでは、宗教的主体は必ず歴史社会における現実での個別具体的な状況のなかで成立すること、仏教の普遍性は歴史のなかで常に民族宗教を否定的に踏まえることによってしか成立しないものであることが確認された。その結果、宗教史の成立は、社会条件の反映としてとらえられるべきではなく、宗教的契機と社会的契機、超時代的契機の対決としてとらえられなくてはならない(2)。

といった方法論的成果によって、親鸞を国家の枠から引き出し、歴史社会のなかにおける仏教徒としての実践を通して、仏教の本来性まで議論の俎上にあげ、検証されることとなった。

しかし、その後の親鸞研究が、それまでの仏教史研究の成果と課題を踏まえ担うものであったかどうかを考えるとき、否定的な見方をせざるをえないのである(3)。

仏教の本質的立場を、仏教徒の実践に沿って明らかにすることを仏教史の中心課題として考える筆者は、今一度、親鸞の宗教的・社会的立場を、親鸞の神祇観を通して検証してみたい。親鸞の宗教的立場の確立はすべてが歴史社会のなかでの出来事であり、親鸞が自らの宗教的立場から実践を繰り広げたのもそれ以外の場所ではない。ゆえに、宗教的立場と社会的立場は不可分なものであり、宗教的立場の変質は必然として社会的立場の変化をもたらし、社会的立場の変化は宗教的立場の変質を意味することとなる。

そのような親鸞の宗教的・社会的立場は、「化身土巻（末）」において、

夫れ諸の修多羅によって、真偽を勘決し、外教邪儀の異執を教誡せば、涅槃経に言く、仏に帰依せば、終に更た其余諸天神に帰依せざれと。般舟三昧経に言く、優婆夷、是の三昧を聞きて学ばんと欲せば自ずから仏に帰命し、法に帰命し、比丘僧に帰命せよ、余道に事ふることを得ざれ、天を拝することを得ざれ、鬼神を祀ることを得ざれ、吉良日を視ることを得ざれ。またのたまはく、優婆夷、三昧を学ばんと欲せば、天を拝し神を祠祀することを得ざれ。(4)

といった、仏に帰依する必然としての神祇への不帰依として最も的確に表明されている。

こうした親鸞における具体的な神祇への対処の仕方を明らかにすることは、当時の状況のなかで発揮された親鸞の宗教的本質のみならず、その社会的立場における具体的な応対関係を知るためにも極めて重要な問題である。また、親鸞の神祇観についてはこれまで、「神祇不拝」と「神祇護念」との関係を矛盾と捉え、親鸞は神祇崇拝を多少なりとも認めていたとする理解(5)と、両者は矛盾するものではなくむしろ不拝の貫徹を示すとする理解(6)とに大別されるようである。こうした見解の相違は、研究者自身の問題意識を反映したものであると同時に、親鸞理解の全体に関わる問題でもあるといえよう。前者では、信仰を内面の問題として捉えることで両者の矛盾を解決し、信仰と

社会的立場との間に距離をおきながら論じている場合が多く、後者では、信仰を社会的立場まで含むものと理解し、親鸞の信仰と社会的立場との関係性を主題としながら論じている。

これらの研究成果を踏まえると、親鸞の信仰がどのような構造をもっていたことで、神祇に帰依しないという宗教的・社会的立場を確立し、さまざまな歴史状況と対決していったのかについては、いまだ考察の余地が残されているようである。よって本章では、親鸞の神祇観を通して明らかになる、信仰主体による実践がもたらす社会的立場を、宗教的・社会的立場として私見を述べるものである。では早速、本論に入っていくこととしたい。

一　親鸞の神祇観研究の変遷

親鸞の神祇観を問題とした研究は数多いが[7]、発表されてから相当な年月を経ているにもかかわらず、親鸞の神祇観を理解するにあたって、今もって大きな影響を保持していると考えられる、山折哲雄の見解を検証することから始めたい。

山折の研究は、親鸞が社会状況のなかではどのような立場をとったかを、親鸞の神々に対する態度を中心に検討することにより導き出そうとした点で、画期的であったと評価されている[8]。親鸞の神祇に対する認識は「神祇不拝」と「神祇護念」との矛盾を有しており、妥協的神道観に陥っていると指摘する戸頃重基と同様に山折は[9]、親鸞が制度としての天皇制に対して非妥協の立場を堅持したことは、親鸞の内部において「天皇制」の問題が存在しなかったということではなく、親鸞はいわれているほど呪術や神祇から解放されていなかったのではないかとの疑問を提示している。山折は、親鸞的苦悩の世界が具体性を帯びてくるのは、神祇によって支えられている天皇制の共

同体支配という現実的課題に対して真っ向から対立し、しかもそれをついに超克することができなかった場面においてであるとし、

越後や常陸の東国において親鸞が接した農民は、共同体を内面的に支える神祇崇拝＝神社信仰によって深く規定されていたがゆえに、かれは神祇の存在をトータルに否定し去ることはできなかったのである。（中略）親鸞が率いる原始真宗集団と、その信仰コミューンを包囲していた共同体との矛盾は、いうまでもなく阿弥陀信仰と神祇信仰との対立として現れたのである。(10)

とする。山折は「阿弥陀信仰と神祇信仰との対立」として親鸞の信仰を位置づけ、両信仰の対立は容易に揚棄されうる矛盾ではなく、むしろ親鸞自身が農民大衆とともに神々の存在を信じきっていたから著述のなかで神祇が念仏者を護るなどといった表現が多く存在するとして、親鸞は「理念的に神祇不拝を主張しえたとしても、「神祇」そのものの存在は否定し切ってはいないのである(11)」と結論している。

はたして、親鸞における「神祇不拝」と「神祇護念」とは、山折が指摘するような矛盾する概念だったのであろうか。「不拝」と「護念」が矛盾する概念だとすれば、親鸞は阿弥陀仏を絶対的な崇拝対象として理解し、「阿弥陀信仰」の対立概念として神祇信仰を認識していたということになる。山折の研究は、共同体を支える神祇信仰と、これと対立した親鸞の信仰との間にどのような相違点があり、その結果として両者が神祇に対する立場を違えることとなったのか、を検討していないのではないだろうか。

そうした問題に立ち入って考えてみるためにも、親鸞の「神祇不帰依」を伴う信仰を具体的な社会状況のなかで把握する視点は、親鸞の宗教的・社会的立場を知るうえでやはり重要であろうと考えるので、次に、宗教社会史研究に多大な影響を保持している黒田俊雄の論を手掛かりに、中世の社会状況と親鸞の立場との関係を検討していき

たいと思う。

黒田は、中世における国家権力機構を「権門体制」と定義し、世俗社会を支配するすべての権威は宗教的色彩を帯びており、顕密諸宗に関係のない荘園はまずなかったことから(12)、体制的に宗教的権威が日常の生活に貫徹していただけではなく、権力に反抗するなどの場合には寺僧や神人が、農民の前で調伏の呪詛をしたり、ときには本地の衆徒の暴力が加えられたという事実をあげている。農民が呪術的思考や多神観に囚われ、荘園支配が行われる以前から、村内に数々の神仏を祀っていたり、奇瑞やたたりを信じて神仏の堂を自主的に造ったりする「要素」があったために、神仏の力を利用する荘園支配には好都合であったとも論じている。確かに、『御成敗式目』を見ると、

一、神社を修理し祭祀を専にすべき事

右神は人の敬ひに依つて威を増し、人は神の徳に依つて運を添ふ、然ば則はち恒例の祭祀陵夷を致さず、如在の礼奠怠慢せしむるなかれ、茲れに因て関東御分の国々ならびに庄園においては、地頭神主等各其趣を存じ、精誠を致すべき也、兼又有封社に至つては、代々の符に任せて、小破の時は且つがつ修理を加え、若し大破に及ばば、子細を言上し、其の左右に随つて其の沙汰あるべし矣

一、寺塔を修造し、仏事等を勤行すべき事

右、寺社異なると雖も崇敬是れ同じ、仍て修造の功、恒例の勤宣しく先条に準ずべし、後勘を招くことなかれ、但し、恣に寺用を貪り、其の役輩を勤めざるの輩は、早くかの職を改易せしむべき矣(13)

と政治支配と神祇との関係をはじめに定めており、第一条では、東国の国々における祭祀権の在処を法によって規定し、従来よりも明確に幕府が諸国の祭祀権を握ると示すことで、幕府が政治的指導者であるとともに神祇の力を背景とした宗教的指導者でもあることを示している。諸国における祭祀権は律令国家統治権のなかでも不可分なも

の一部であるから、従来、太政官—国司の系列に属した国家の祭祀権を、東国の限定された地域においてのみ、鎌倉殿—守護—地頭・神主の系列に収めることを明確にしているのである。(14)また第二条では「可修造寺塔勤行仏事等事」として仏教と神道とを同等なものとみなしていることや、同時代の四条天皇綸旨(15)にも示されるように、幕府政治のもつ宗教性が、実質的には仏教にもとづくものではなく、神祇に与えられる権威によって民衆に政権の偉容を認めさせる、神祇を中心とした自我否定の原則をもたない「民族宗教」的な性格であったことが知られる。

いうまでもなく、日本における本地垂迹思想の発達は、十〜十二世紀の荘園制の発達と軌を一にしており、荘園制社会を正当化しなければならないという社会的・政治的な課題に応えながら成立した。その結果、農民や武士が土着の神仏を素朴に信仰し畏れることがそのまま荘園領主の権威への跪拝となって畏服と結びついていくことで、本地垂迹の論理が荘園制支配を宗教的に支える呪縛の論理として作用していた。こうした背景を踏まえて黒田は、親鸞の専修の立場が成立したのは多神観が前提であり、(16)「専修念仏においては、結局は弥陀一仏にだけ帰依する」(17)ことから、実体的な神祇が充満した世界のなか、弥陀一仏だけを拝するという自覚的実践の結果、一向専修は雑行雑修の諸宗と対立することになったと主張する。(18)

このような研究成果を踏まえれば、十三世紀という歴史社会のなかでは、多くの人々にとって神祇は否定されえない存在だったという指摘は妥当であるといえよう。

しかしここでは、親鸞らが多神観を前提とした社会のなかに存在していたことが確認されただけであり、圧倒的多数の民衆に、神祇が崇拝対象として受け入れられていた状況のなかで、それらの人々とは逆に、親鸞が神祇を崇拝対象として認めなかった理由を明らかにする作業は行われていない。いま少し黒田の問題意識とそれによって導き出された見解を検討することで、問題の所在をより明確にしていくこととする。

二　神祇不帰依を徹底した結果としての神祇護念

黒田は、中世国家における支配装置としての宗教を、支配権力との間でどのように位置づけるかといった観点から、[19] 中世的な支配体制＝権門体制に即応し、内面的に支える機能を果たしたものを中世の宗教における「正統」、その矛盾をついて出現した運動を「異端」と規定し、[20] 鎌倉仏教での親鸞の立場は、「異端思想」だったと位置づけている。そのような宗教的権力と政治的な権力が重なり合う二重支配のなか、雑行雑修の人々は、仏菩薩はもちろん、ときには日本の諸神から鬼神・怨霊を含む神霊まで拝礼していたという。

かたや異端とされる親鸞については、『教行証文類』「化身土巻（末）」で示された「神祇不拝」の宣言や、『正像末和讃』「愚禿悲歎述懐和讃」での、

かなしきかなや道俗の　良時・吉日えらばしめ　天神・地祇をあがめつゝ　卜占祭祀つとめとす
僧ぞ法師のその御名は　たふときことゝきゝしかど　提婆五邪の法にゝて　いやしきものになづけたり
外道・梵士・尼乾志に　こゝろはかはらぬものとして　如来の法衣をつねにきて　一切鬼神をあがむめり[21]

といった一連の発言を、神祇への「排撃」としてあげ、親鸞ら専修念仏教団の信仰を、「一向専修は、多神観のなかでのたたかいとしてのみ最も見事な実践の論理として成立し得たのである」として、親鸞においては内省的自覚的な表現よりも、はるかに実践的な核心を打ち出しており、「多神観のなかでのたたかい」の論理が構築されていたから、「余仏・諸菩薩や神祇に対する誹謗・不拝のはげしい行動」が行われたと主張する。[22]

ここで黒田は親鸞の阿弥陀信仰が神祇信仰に対立する概念だったと指摘しており、山折と共通の理解を示してい

る。黒田が主張するように、親鸞が、多くの神仏のなかから絶対的な崇拝の対象として阿弥陀仏を選び取ったことで、他の神々を拝する必要がなくなったということであれば、多くの民衆がもつ神祇認識と同じく、親鸞も阿弥陀仏を実在的な崇拝の対象として認識していたということになる。はたして簡単にそのようなことが言えるのであろうか。

確かに、

まづよろづの仏・菩薩をかろしめまひらせ、よろづの神祇・冥道をあなづりすてたてまつるとまふすこと、この事ゆめ〳〵なきことなり。世々生々に無量無辺の諸仏・菩薩の利益によりて、よろづの善を修行せしかども、自力にては生死を出でずありしゆへに、曠劫多生のあひだ、諸仏・菩薩の御すすめによりて、いままうあひがたき弥陀の御ちかひにあひまひらせて候ふ御恩をしらずして、よろづの仏・菩薩をあだにまふさんは、ふかき御恩をしらずさふらふべし。仏法をふかく信ずるひとをば、天地におはしますよろづの神は、かげのかたちにそへるがごとくして、まもらせたまふことにてさふらへば、念仏を信じたる身にて、天地の神をすてまふさんとおもふこと、ゆめ〳〵なきことなり。神祇等だにもすてられたまはず、いかにいはんや、よろづの仏・菩薩をあだにもまふし、おろかにおもひまひらせさふらふべしや。よろづの仏をおろかにまふさば、念仏を信ぜず、弥陀の御名をとなへぬ身にてこそさふらはんずれ。(23)

という親鸞の消息からもわかるように、念仏者とされる人々のなかに、「よろづの仏・菩薩を」軽んじたり、「よろづの神祇・冥道をあなづりすて」たりした者があったことも事実である。だが、親鸞はそのような人々に対して「ゆめ〳〵なきことなり」と厳しく教戒し、信仰の過ちを指摘している。つまり、親鸞の信仰と阿弥陀仏以外の諸神・諸仏を「排撃」した人々の信仰とは、異質なものだったと考えなくてはならないのである。多くの民衆において、多神観的世界が絶対的に信じられているなか、自らの信仰にもとづいて神祇に対する不拝を表明したという字面だけを見れば、親鸞も「あなづりすて」ていた人々も共通した信仰であったように見えるのだが、その信仰が同質なものであれば、親鸞がわざわざ「よろづの仏をおろかにまふさば、念仏を信ぜず、弥陀の御名をとなへぬ身にてこそさふらはんずれ」というような消息を出す必然性はなかったはずなのである。だとすると、親鸞の信仰における阿弥陀仏理解は、単に神祇を「排撃」する対象として認識させるだけのものではなかったということが予測されてくる。神祇への不拝という態度は、即座に神祇への「排撃」として認識されるべきではなく、あくまでも仏に帰依することとの必然として生じる、神祇に帰依しないという、「不帰依」の立場であったことを押さえておかなくてはならない。

また、親鸞における神祇は、「金剛の真心を獲得」した者が「必ず現生に十種の益を獲」るうちで一つ目の利益としてあげられているように、念仏者を「冥衆護持」する存在であると理解されていた(24)。これを、親鸞は『一念多念文意』の、

まもるといふは、異学・異見のともがらにやぶられず、別解・別行のものにさえられず、天魔波旬におかされず、悪鬼・悪神なやますことなしとなり(25)。

や、『尊号真像銘文』での、

つねにまもりたまふとまふすは、天魔波旬にやぶられず、悪鬼・悪神にみだられず、摂護不捨したまふゆへ也。「摂護不捨」といふは、おさめまもりすてずと也(26)。

といった文言のなかで詳細に、神祇は、念仏者が神祇に帰依しない態度を護ってくれる存在だと説明しているのである(27)。このように念仏者を護念してくれる神祇を、どうして「排撃」する必要があるのかというのが、親鸞の教戒

が意図するところだったのである。親鸞の信仰が、単に神祇の「排撃」を目的とした信仰ではないことが確認される。

しかしだからといって、真宗学を専門とする人々の間でしばしば見られる、「神々の存在を容認し、その神々に敬意を持つということと、神々に帰依するということとは一線を画する必要がある。親鸞は、神々の存在を否定したのでもなく、神々に敬意を持つことを禁止したのでもない(28)」といった意見の延長線上で成立する、神祇に対して尊敬の念をもてとか、感謝すべきであるということも、親鸞は言っていない。念仏者は神祇に帰依しない態度を貫徹することによって、ますます神祇に護られ「無碍の一道」が徹底されるということになる。「神祇護念」の示す意味はただそれだけなのだ。つまり、阿弥陀仏に帰依する必然として成立する、神々に帰依しないという「神祇不帰依」と、神々を「あなづりすて」ないという「神祇不軽侮」は、神祇に対する態度の比重の問題ではないので矛盾する説示ではなく、両者とも神祇信仰を否定的に踏まえたものであり「神祇不帰依」の徹底を促すものであったことが確認できる。

山折・黒田はともにこの点を見落としている。親鸞における「神祇不拝」を、多数の神仏のなかでの偉大なパワーをもつ存在の一つとして阿弥陀仏を信じ崇拝することで、神祇信仰を「排撃」し、神祇と対立する信仰であったと理解し、なおかつ阿弥陀仏を実体的な絶対崇拝対象と捉えたことで、念仏を称えながらも誤った行動をとっている者に対する親鸞の教戒が、矛盾や単なる妥協、迷いとして理解されることとなったのである。こうした親鸞の阿弥陀仏理解についての誤解は、親鸞の信仰における「神祇不帰依」という態度との関係を論じることなく、単に「神祇不帰依」を表明することによって生じた社会的側面のみを問題にしたことにより発生しているようである。

その結果、「仏に帰依する」ことが親鸞においてどのような意味をもつか、といった、最も重要な問題については、全く言及されていない。権力に対する社会的行動として表出した部分のみを扱い、それをあたかも全体として認識してしまっては、親鸞の信仰にもとづいて示されている、一見矛盾とも取れるような表現を、総体として理解することができないのである。

では親鸞に、「神祇不帰依」を自覚させる阿弥陀仏とは、どのように理解されていたのであろうか。こうした、親鸞の阿弥陀仏理解を通して「信仰の質」を問題にしようとしたのが松本英祥である。(29) 松本は山折の研究に対して、「親鸞の信仰の質・内実の問題をあまりにも軽視したものではないだろうか」と疑問を示す。そのうえで、

阿弥陀仏を親鸞が理解するとき、阿弥陀仏とは人格的救済者ではなくて、法の主であることがみえて来るのである。（中略）人間の側に絶対的な事を何一つ認めない、いわゆる絶対他力の立場に立った信仰がそこに生み出されたわけである。（中略）人間は称名念仏の絶対他力の教法により法の主体となり、法を社会や人間に広めようとする仏心の実践が社会に対して行えると、自己の浄土教の信心をみていた。(30)

と阿弥陀仏を「人格的救済者ではなくて、法の主」と規定することで、実体化を回避しようとしている。確かに、松本の指摘にもあるように、親鸞は『唯信鈔文意』の、

この如来、微塵世界にみち〳〵たまへり、すなわち一切群生海の心なり。この心に誓願を信楽するがゆへに、この信心すなわち仏性なり、仏性すなわち法性なり、法性すなわち法身なり。法身はいろもなし、かたちもましまさず。しかればこゝろもおよばれずことばもたへたり。この一如よりかたちをあらはして、方便法身とまふす御すがたをしめして、法蔵比丘となのりたまひて、不可思議の大誓願をおこしてあらはれたまふ御かたちをおば、世親菩薩は尽十方無碍光如来となづけたてまつりたまへり。(31)

や、『一念多念文意』(32)『尊号真像銘文』(33)などにおいて、帰依する対象としての阿弥陀仏を実体化する思考は極めて少

なく、人間の英知を超えて自己を包摂して、信心にめざめさせるはたらきを阿弥陀仏と仮称しているにすぎない。今様に見られるような、

弥陀の誓いぞたのもしき　十悪五逆のひとなれど　ひとたび御名を称ふれば　来迎引接うたがはず[34]

などと実体として理解されていた弥陀仏と臨終来迎とを、親鸞は、

真実信心の行人は、摂取不捨のゆへに正定聚のくらゐに住す。このゆへに臨終まつことなし、来迎たのむことなし、信心のさだまるとき往生またさだまるなり、来迎の儀則をまたず。[35]

と明確に否定し、「信心のさだまるとき往生またさだまる」として、「来迎の儀則をまた」ない立場を表明している。このことからも、親鸞の信仰における阿弥陀仏理解は、山折や黒田らが誤解したような、単に実体化された絶対崇拝対象としてではなく、信心にもとづいた主体を成立させるものであったことが確認できる。ここにおいて、親鸞の阿弥陀仏理解を、神祇信仰対「阿弥陀信仰」という対立概念として理解すること自体が誤りであることが確認されるのである。

さらに松本は、そこから導き出された親鸞の信仰は「法の自己顕現」という他力念仏の立場であり、国家や国王がその欲望（我欲）でもって安泰・長久を祈るような宗教の質とは明確に異質であったと指摘する。そのうえで親鸞は、人間を全く仏性の無い存在と見、自己の愚悪性に目を向けていき、そのなかで法に乗じて大悲の仏道を行じようとする仏心の実践を念頭においていたという。その結果、

親鸞はそのような信仰の質から「神祇不拝」という状況を作り出していったのである。信仰の内側は法の自己顕現という立場であって、神祇不拝はその状況なのである。山折氏はこの点を混乱しておられるようである。[36]

と、松本は「神祇不拝」を親鸞の信仰が神祇社会のなかで抱えた「状況」と押さえ、親鸞の苦悩は仏心の実践が貫

徹しないことに対する苦悩だったので、山折の「神祇に苦悩した」という見解に対して、立論自体に無理があると指摘している。

松本の研究では山折・黒田に欠けていた親鸞の「信仰の内実」を問題とし、社会的側面の根拠を求めたことによって、阿弥陀仏の実体化を否定し、実践に伴う「状況」が明らかにされている。親鸞が念仏にもとづく生き方を他の人々にもひろめようといった実践を行うとき、『興福寺奏状』で「霊神を背く失。念仏の輩、永く神明に別る、権化実類を論ぜず、宗廟大社を憚らず[37]」と論難されるような「状況」をも必然として抱えていたということになるのである。

ただ、松本が親鸞の阿弥陀仏理解に関して、「法の主」と規定したことは、結果的に阿弥陀仏と信仰主体とを分裂させ、阿弥陀仏を実体化し、法の媒介として人間を措定されかねない表現となってしまったのではないかという疑念が残る。また、「信仰の内側は法の自己顕現という立場」で、「状況」として神祇不拝があったというように、信仰と実践が相互作用的なものであるような表現も見受けられ、実体化を徹底して嫌った親鸞の信仰が的確に表現されていないのではないかという疑問をもつのである。親鸞の信仰をより明確に知るためにも、さらに、親鸞の阿弥陀仏理解を通して示された、仏に帰依するということの意味内容を追求することが必要とされてくる。

そこで親鸞の阿弥陀仏理解を問題とし、その理解を形成する信仰との関係性を追求することで、親鸞の「神祇不拝」の意義と信仰の全体像を確認した、藤村研之の研究を見てみよう[38]。

藤村は、単に阿弥陀仏を絶対崇拝対象化させる神祇不拝論を批判し、「弥陀仏は自然の道理を知らせる為のもの」であり、一切の実体化を否定する自然法爾[39]に親鸞の信仰の本質を見いだすことで、「神祇不拝」と「神祇護念」の関係性をあらためて示している。そのうえで、親鸞は自己のはからいをすてよ、と民衆に説いた。それは自然のままに生きることである。自然ということを知るためには、弥陀に帰依すればよい。弥陀仏は自然の道理を知らせる為のものだからである。このような親鸞の信仰理解において、個人的欲望を満足させる為に、人間のはからいを単純に肯定した神祇が帰依の対象となることはありえなかった。当然のこととしてそこから「神祇不拝」という態度が成立してくるのである。それは「神祇崇拝」に対する「弥陀崇拝」という性格のものではないのである。(40)

として、さらに「神祇護念」は信仰主体の成立を従来の神祇の権威的なあり方の否定の上に意義づけたものであるとの見解を示す。重ねて、親鸞が消息中で、度重なる弾圧に遭いながらも、「そのところの縁つきておはしましさふらはゞ、いづれのところにてもうつらせたまひさふらふておはしますやうに御はからひさふらふべし(41)」と、自らのおかれた状況に対して毅然とした態度で臨んでいることから、親鸞が決して曖昧な態度をとらなかったことも指摘する。これにより、「神祇不帰依」は、親鸞の信仰がこの世の生き方と不可分なものとしてあったことの結果にほかならず、単に内面にとどまる問題ではなく、生きることのすべてに関わることであったから、「神祇信仰のなんらかの受容ないし容認は、すなわち信仰の放棄を意味するものであった」こともあわせて指摘している。(42)

すなわち、親鸞の信仰は神祇を受け入れない立場を確立し、それが自己のはからいを捨てよという自然のはたきにめざめることであり、そのことにおいて「拝する」という人間の行為そのものが破棄されているという。そのうえでたとえそれが阿弥陀仏であっても拝する対象ではなくなり、人間に自然を知らせるはたらきであるために拝することに重点がおかれる「神祇不拝」よりも、仏に帰依することの必然として「神祇不帰依」であったと定義したことは、的確な表現である。これまで親鸞の神祇観を扱った研究のほとんどが、親鸞の「阿弥陀仏信仰」と神祇信仰を対立するものと考えることのうえで「神祇不拝」と「神祇護念」との位置づけに終始し、はては親鸞が神祇を尊敬の対象として多少なりとも認めていたとする意見までが提示されるなか、藤村は単に拝する・拝しないといった問題に就縛されることなく、信仰に伴う社会的立場を検証することで、仏に帰依することで示される親鸞の信仰の全体像を問題としているのである。

この藤村の研究により、親鸞における、阿弥陀仏によって知らされた「神祇不帰依」を伴う信仰と社会的立場との同一性が明らかになった。このことは、信仰と実践の不可分さの実証であり、これまでのような「信仰を内面の問題として、営みと切り離す」といった真俗二諦的理解を許さないものである。

ただし藤村は、そのような主体を生み出す親鸞の信仰理解が、どのような構造をもつものであったかについては詳しく述べていない。次節では、信により成立する「神祇不帰依」なる主体の構造原理に着目し、何故、仏に帰依することが神々への帰依を否定することとなり、かつ神祇を拝まない主体が、どのような実践を志す主体として成立していたのかを最後に検証してみる。

三　自我仏教からの解放としての神祇不帰依

親鸞の信仰を知ろうとする場合には親鸞が仏教をどのように理解していたかを知る必要がある。先の「化身土巻（末）」における「神祇不帰依」を示した文にも明らかなように、「仏に帰依」する必然として、「終に更た其余諸天神に帰依せざれ[43]」といった態度が諸々の修多羅という基準のもとに成立するというからである。では、親鸞にとって仏に帰依するとはどのようなことと理解されていたのであろうか。

親鸞における仏教つまり浄土真宗は、

謹んで浄土真宗を按ずるに、二種の廻向あり、一は往相二は還相なり、往相の廻向に就いて真実の教行信証あり。(44)

と、本願による「二種の廻向」から成り、還相「廻向」をもって完結するものであった。これは、「化身土巻（本）」に示されるように、「本願の嘉号を以て己れが善根とする」(45)ことへの自覚的否定を呼び起こし、

ここをもつて愚禿釈の鸞、論主の解義を仰ぎ、宗師の勧化によりて、久しく万行諸善の仮門を出でて、永く双樹林下の往生を離る。善本徳本の真門に回入して、ひとへに難思往生の心を発しき。しかるに、いまことに方便の真門を出でて、選択の願海に転入せり。すみやかに難思往生の心を離れて、難思議往生を遂げんと欲す。果遂の誓、まことに由あるかな。ここに久しく願海に入りて、深く仏恩を知れり。至徳を報謝せんがために、真宗の簡要をひろうて、恒常に不可思議の徳海を称念す。いよいよこれを喜愛し、ことにこれを頂戴するなり。(46)

として、親鸞自身の経験をもとに、第十九願(47)に示される自らの力によって諸々の功徳を修し自己のために往生しようと思う立場（要門）を離れ、第二十願(48)の弥陀の名を称えることにより自己のための往生を期待する立場（真門）へ「回入」し、さらに、第十八願で示されている「選択の願海」へ「転入」した主体の誕生をもって、浄土真宗は歴史社会のなかに成立する、と理解されているのである。

次に、三願転入の示す具体的内容を検討するが、特に第十九願から第二十願の立場への「回入」と、第二十願から第十八願への「転入」との相違点に注目してみたい。第十九願から第二十願への「回入」における中心問題は、自己の往生のみに限定されており、自己が救われるためにはどのような行業が的確かという関心のもと、雑行ではなく称名が選ばれている。ここでは自己の往生を願う気持ちが自己の欲望を認める形で完結しており、自己のみの

往生を願う存在そのものへの否定は全く介入していない。しかし、これが第二十願から第十八願への「転入」となると全く内容が変化する。信によって「選択の願海」へ「転入」すると、これまで自己の往生に必要であるからという理由で選んでいた「本願の嘉号」についても、

しかるに無始よりこのかた、一切群生海、無明海に流転し、諸有輪に沈迷し、衆苦輪に繋縛せられて、清浄の信楽なし、法爾として真実の信楽なし。(49)

といった「無明」で「衆苦輪に繋縛」されている自己の否定すべき実相を自覚することにより、「已れが善根とする」ために選んでいたにすぎなかったという反省の成立を親鸞は語っている。そのような反省の成立根拠は、すべての衆生を等しく真実の世界へ生まれさせたいという、第十八願(50)である。親鸞は自己のみに向けられていた往生に関する欲望が信により完全に否定されたところに開けてくる、すべての衆生が救われなければならないという願いをもつ「廻心」が成立することを、本願海への「転入」として語っているのだ。つまり、親鸞において往生を志向するベクトルが自己の往生を願うという方向（第二十願まで）から他のすべての人々の往生を願う・利他（第十八願）という方向へと一八〇度転換した世界に移行することが、「信生ずること」により「廻心」して可能となった、「選択の願海」へ「転入」することの自覚内容として語られているのである。(51)

まわりくどい議論になったが、第十八願の世界に「転入」した主体は、「念仏をしながら自力にさとりなす」ことが不可能であることを発見する。よって親鸞は、自力だと考えてしまっている、「わが身をたのみ、わがこゝろをたのむ、わが力をはげみ、わがさま〴〵の善根をたのむ」すべての自力的行為を否定的に踏まえる自覚が「本願力廻向の信(52)」によって成立したと捉えていたことがわかる。信は主体のうえに徹底した我執の否定認識をもたらすのである。

信による自覚として、これまで、ありもしない「わがこゝろ」や「わが力」たる自力をたのんでいた結果、あるいは種々に、もしは少もしは多、吉凶の相を執して、鬼神を祭りて、極重の大罪悪業を生じ、無間罪に近づく。かくのごときの人、もしいまだかくのごときの大罪悪業を懺悔し除滅せずは、出家しておよび具戒を受けしめざらんも、もしは出家してあるいは具戒を受けんも、すなはち罪を得ん。(53)応に知るべし、外道の所有の三昧は、みな見愛我慢の心を離れず、世間の名利恭敬に貪着するがゆゑなり。(54)と、見愛我慢の心すなわち自力我執の心から遠離することと無縁なので、神祇崇拝に堕していたことを、親鸞自身に成立した信心に促されて自覚的に批判している。このように諸天・鬼神を祀ることは、「見愛我慢の心」・自己愛の心に由来するものであり、世間の名利ばかりを求める没主体的な生き方につながる。(55)信は自己愛への執着否定のはたらきであるから、親鸞において仏に帰依するとは、自己愛にのみ生きることが虚仮であるという自己存在への自覚を促され、さらにはその無反省な我執にもとづいて形成されている歴史社会までもみな虚仮であることを認識させられることであった。その結果として、自力を省みることなく欲望がそのまま肯定されることの現れである神祇崇拝は、信の立場からは全く否定されるべきものとして位置づけられることとなるのだ。もちろん、虚仮なる存在であるにもかかわらず、念仏者を「念仏之輩永別神明(56)」と言って憚らない権力者に対する姿勢については、

これよりは余の人を強縁として念仏ひろめよとまふすこと、ゆめ〳〵まふしたることさふらはず。きはまれるひがことにてさふらふ。この世のならひにて念仏をさまたげんことは、かねて仏の説きおかせたまひてさふらへば、おどろきおぼしめすべからず（中略）年ごろ信ありとおほせられあふてさふらひけるひと〴〵は、みなそらごとにてさふらひけりときこえさふらふ。(57)

と、たとえ念仏を弘めるためであっても、その力に依存することを決して許さず、そのようなことは信が定まって

いないから発想されるのだと厳しく批判することで、自力を否定する信が権力を否定的に踏まえる形でしか成立しないことを教示している。また、信が成立することと、さらに、そのような権力が「念仏をさまたげ」ることは、すでに仏によって説かれていることであるから驚くことではないことも、あわせて記されている。

確かに、国家崇拝をその本質とする仏教教団は、『興福寺奏状』の「霊神を背く失」「国土を乱る失」[58]や、『停止一向専修記』の「一向専修党類向輩神明不当事」[59]に見られるように、ともに神祇を本地垂迹関係として教義に取り入れ、国家権力と結びつくことで教権の護持をはかり、念仏教団を弾圧している。このような権力と結びついた仏教教団のうちには、自我否定の契機すら見いだすことができない。親鸞は、仏教教団が、仏教のベールで装いながら、仏教本来の立場である我執の否定を放棄し、我執そのものである権力と結託していることに対して、「五濁増のしるしには　この世の道俗ことごとく　外儀は仏教のすがたにて　内心外道を帰敬せり」[60]と強く批判している。[61]また、そのような権力と結びついた仏教教団が行っている宗教行為について、「かなしきかなやこのごろの　和国の道俗みなともに　仏教の威儀をもととして　天地の鬼神を尊敬す」[62]と、実質的には神祇崇拝に堕していることを悲歎とともに批判している。このような念仏の教えにもとづいた権力に対する姿勢が、執拗に繰り返される弾圧の対象とされていたのである。親鸞における「信」の成立は、こうした非権力を志向する社会的立場の確立を要請するものであり、決して内面の問題として完結する問題ではなかったのである。ここに、仏に帰依する必然として、権力と一体化した神々には帰依しないという、親鸞の信仰にもとづいた社会的立場が確認されるのである。

このように、仏教が全くと言っていいほど仏教としては認識されていない状況にありながらも、親鸞に以上のような認識をもたらし、神祇にまつろわない主体を成立させる「本願力廻向の信心」とは、「衆生を摂取して安楽浄土へ生ぜしむる心」[63]であり、すべての人に等しく廻向される大慈悲心であった。[64]親鸞はこれまで我執に埋もれて神祇崇拝を内面的に支えていた人間が、「信」の促しにより歴史社会において自力無効の世界へ「転入」し、神祇信仰を否定的に踏まえ、大悲を行ずる願いをもつように「廻心」することを「仏道の正因」だと示している。つまり親鸞における「神祇不帰依」は、「本願力廻向の信」によって成立する、他のすべての人々の往生を願う主体が伴う必然的自我否定の具体化として理解されていたのである。

おわりに

以上の考察により、親鸞における神祇観は、自我にもとづいた世界観を全否定することで成立する常行大悲を志す宗教的立場が、中世の神祇によって呪縛された権力社会の否定までをも意味する「神祇不帰依」という社会的立場の確立を要請するものであった。自力の一切が否定される世界に転入したことにより、親鸞における阿弥陀仏は実体的な存在としてではなく、自然を知らせるはたらきそのものとして理解されていた。そして、阿弥陀仏に帰依する必然として、自我を肯定する存在である神祇は、不帰依の対象であると認識されてくるのであった。つまり、親鸞における「神祇不帰依」とは、宗教的立場と社会的立場を分断して理解することを許さず、仮に宗教的立場が変質すれば、必然的に社会的立場の変化をもたらし、社会的立場の変化は、宗教的立場の変質を意味することを明確に示すものだったのである。

よって、神祇観を通して明らかになった親鸞の宗教的・社会的立場とは、歴史社会における信心にもとづいた我執を否定する実践主体が成立するということであった。これは、神祇の権威をもって支配を正当化する、中世の社会権力を否定する立場であり、親鸞の宗教的立場が社会的立場と別に存在するものではないことを示すものだった。ここに示される「神祇不帰依」という立場を、それぞれの時代状況のなかで継承し実践することが、念仏者としての中心的な課題であると言えるのであろう。

註

（1）親鸞研究に関する一連の論争を集約したものとして、赤松徹眞「親鸞思想の歴史的性格」（二葉憲香編『民衆と仏教 古代・中世篇』永田文昌堂、一九八四年）などがあげられる。

（2）二葉憲香『親鸞の研究――親鸞における信と歴史――』（百華苑、一九六二年）三五頁。

（3）黒田俊雄『日本中世の国家と宗教』（岩波書店、一九七五年）に代表される中世社会史研究は、社会史のなかでの宗教史という扱いであり、このような方法が現在では仏教史研究の中心である。その後、佐藤弘夫『日本中世の国家と仏教』（吉川弘文館、一九八七年）や佐々木馨『中世国家の宗教構造』（吉川弘文館、一九八八年）などが主に発表されている。また、平雅行『日本中世の社会と仏教』（塙書房、一九九二年）所収の「中世宗教史研究の課題」における以下の宗教史理解は、この疑問を確証に変えるものである。「ただしこの通俗的仏教観の解明は、決して中世人の世界観の解明なのではなく、あくまで日本の中世社会に規定的影響を与えた支配イデオロギーの解明作業の一環であることを忘れてはならない。このように中世思想史にもっとも影響を与えたのは、以上述べてきた国家の宗教政策であり、領主権力のイデオロギーであり、通俗的仏教観であった。日本中世の思想史を構成するには、まず最初にこの三つのものが明らかにされなければならない」（三七頁）。

（4）『定本親鸞聖人全集』第一巻（法藏館、二〇〇八年）三二七頁。以下、『定本親鸞聖人全集』全九巻（法藏館、二〇〇八年）の引用に際しては、『定親全』と略記する。

（5）この立場は主に、赤松俊秀「親鸞の消息について――服部之総氏の批判に答えて――」（『史学雑誌』五九―一二、一九五〇年）、戸頃重基『鎌倉仏教――親鸞と道元と日蓮――』（中央公論社、一九六七年）、林智康「親鸞の神祇観」（『九州龍谷短期大学紀要』三二、一九八六年）などがその代表的見解としてあげられるが、親鸞の神祇観に関するほとんどの論考は、この立場として集約できる。

(6) この立場は、二葉憲香「日本における神仏関係――親鸞に至るその歴史――」(『二葉憲香著作集』第八巻、永田文昌堂、二〇〇一年)、藤村研之「親鸞の神祇観をめぐる諸問題」(『仏教史研究』二八、一九九一年)、川本義昭「神祇観をめぐる二、三の異論」(蓮如研究会編『蓮如から親鸞へ』永田文昌堂、二〇〇一年)などに代表される。

(7) 親鸞の神祇観に関する論文は、ここで取り上げたほかにも、杉紫明「親鸞聖人の神祇観」(『六条学報』二三六、一九二〇年)、斉藤唯信「我が真宗の神祇に対する基礎的一考察」(『宗教研究』一〇、一九三五年)、佐々木徹真「親鸞の神祇的呪術信仰批判をめぐりて」(『京都女子大学紀要』一五、一九五一年)、宮崎圓遵「神仏交渉史の一齣――親鸞の神祇批判――」(『仏教史学』三―二、一九五二年)、柏原祐泉「親鸞における神祇観の構造」(大谷大学編『親鸞聖人』真宗大谷派宗務所、一九六一年。のちに同『真宗史仏教史の研究Ⅰ　親鸞・中世編』平楽寺書店、一九九五年に収録)、三木照國「親鸞聖人における神祇不拝の背景」(『伝道院紀要』一一、一九七一年)、三木照國「神祇不拝」、桐山六字「親鸞聖人の神祇観」(『伝道院紀要』一三、一九七二年)、細川行信「親鸞の神祇観」(『日本仏教学会年報』五二、一九八六年)、田代俊孝「親鸞の神祇観――九月二日《念仏の人々の御中へ》の消息をてがかりとして――」(『日本仏教学会年報』五二、一九八六年)などがある。

(8) 竜沢伸明「親鸞の神祇観についての問題点――「神祇不拝」と「神祇護念」との構造について――」(『仏教史研究』一四、一九八〇年)等において評価されている。

(9) 戸頃は、親鸞が神祇に対してとった態度を「神祇不拝」であったと規定するものの、「(「神祇不拝」と「神祇護念」といった概念に関して：筆者補足)一方では拒絶し他方では妥協するような矛盾が、親鸞の場合には神祇観にも現れている。(中略)さきの一神教的信仰として有する非妥協的反神道観が、汎神論的仏教のひとつとして有する妥協的神道観へ移行しているのである。これを押しつめていけば、日蓮などの神仏習合思想と大同小異となる。したがって、専修念仏の主張が崩れて、雑行念仏に堕する危険性は親鸞自身にも内在していた」(前掲註(5)『鎌倉仏教』)と指摘している。

(10) 山折哲雄「親鸞における「内なる天皇制」」(戸頃重基編『天皇制と日本宗教』伝統と現代社、一九七三年)一一三～一一四頁。

(11) 戸頃重基編『天皇制と日本宗教』（伝統と現代社、一九七三年）一三七頁。

(12) 黒田俊雄「荘園制社会と仏教」（『黒田俊雄著作集』第二巻、法藏館、一九九四年）。さらに黒田は同論文において、神祇による呪縛と社会の矛盾に苦悩する者や支配に反発する側からは、当然この支配の呪縛を脱するための論理が求められるようになり、ここに呪術的な雑修・雑行を離れ、一仏を専修専念することにより、荘園制支配を宗教的に下支えするさまざまな神仏の呪縛を克服しようとして、法然・親鸞に代表される専修念仏などの「一向専修」「無碍の一道」が存在したとも定義している。

(13) 『中世政治社会思想史　上』（日本思想大系21〈岩波書店、一九七二年〉）八頁。

(14) 前掲註(13)『中世政治社会思想　上』の石母田正「解説」。

(15) 「誠に仏法・人法の興隆、専ら神の助に依るべきなり」「法は人によって弘まり、人は法によって安し」（『天台座主記』〈『大日本史料』第五編之十〉二〇八頁）。

(16) 黒田は、「専修念仏においては、結局は弥陀一仏にだけ帰依するところから、一見弥陀一仏にしか神格をみとめず、多神観ではないかにさえみえる。しかしながら、それは諸仏・諸神の存在をみとめないのではなく、存在をみとめてはいるが時機を考えて選ばないのである。「選択」といい「専修」というのも、多神観を前提とするがゆえに成立している論理である。専修念仏にしばしばみられた余仏・諸菩薩や神祇に対する誹謗・不拝のはげしい行動も、余の仏・菩薩・諸神が存在すると考えるからこそであって、多神観から脱却していたわけではなかった」（前掲註(12)黒田「荘園制社会と仏教」七頁）として、専修念仏教団の信仰を弥陀一仏の神格化ではなく、他の諸仏・諸神に対する誹謗・不拝から見れば、その存在を認めており、山折と同じく、神祇を否定している信仰ではなかった点を指摘している。

(17) 同右。

(18) 黒田俊雄「鎌倉仏教における一向専修と本地垂迹」（前掲註(3)『日本中世の国家と宗教』）。

(19) 黒田俊雄「日本中世の国家と天皇」（前掲註(3)『日本中世の国家と宗教』）。

（20）佐藤弘夫「中世仏教研究と顕密体制論」（『日本思想史学』三三、二〇〇一年）。
（21）『正像末和讃』（『定親全』第二巻・和讃篇）二二一～二二二頁。
（22）前掲註（18）黒田俊雄「鎌倉仏教における一向専修と本地垂迹」。
（23）『親鸞聖人御消息集』（『定親全』第三巻・書簡篇）一三四～一三六頁。
（24）『教行証文類』「信巻」（『定親全』第一巻）一三八頁。
（25）『一念多念文意』（『定親全』第三巻・和文篇）一三四頁。
（26）『尊号真像銘文』（『定親全』第三巻・和文篇）九八頁。
（27）この点については、川本義昭「神祇観をめぐる二、三の異論」（蓮如研究会編『蓮如から親鸞へ』永田文昌堂、二〇〇一年）で、神祇不拝と神祇護念は同じ意味をもつものとして重要な指摘がなされている。
（28）内藤知康「親鸞の神祇観に就いての一考察」（『龍谷紀要』一五、一九九三年）。この論文で内藤は「親鸞教義の中核は信にあり、その信とは、阿弥陀仏の本願力への全託である。換言すれば、ただ阿弥陀仏のみへの帰依こそが、親鸞教義の核心であるといえよう」という立場から、「宗教的純粋性は独善性・排他性に陥りやすい。宗教的寛容性の陥穽は独善性・排他性・不寛容性である。無節操が寛容と誤認され、独善的・排他的な不寛容が純粋と誤認される場合が往々にして起こりうる。その意味では、宗教的純粋性を保持しつつ、なお排他的な独善性に陥らないことは、非常に難事であると言わねばならない。親鸞によって、弥陀一仏のみへの帰依という教えを受けた念仏者のなかに、排他的な独善性に陥って、諸仏・諸菩薩や神々を軽侮し、誹謗する人々が出現したとしても、何の不思議もないといえよう」と言う。しかし、「礼拝」には「帰命」の表出である「礼拝」と、単なる恭敬を意味する「礼拝」とがあるということになる。「化身土文類」外教釈に於いて親鸞は、神々への不帰依を説示したのであり、引用文に不礼・不拝の語があろうとも、それは帰命の表出である礼・拝を否定するところに親鸞の意図があったと言うことができよう」との見解を示し、「親鸞に於いては、神々への不帰依と不軽侮が、相克することなく、両立していたということができよう」と、不軽侮の理由を、親鸞が恭敬の意味での礼拝を認めていたからだとしている。このような理解は、念仏者はあくまでも阿弥陀仏一仏のみに帰依するのであるから、諸仏・諸菩薩はいうまでもなく、諸神への崇拝、帰敬は否定されるとする林智康〈「親鸞の神祇観」〈『九州龍谷短期大学紀要』三二、一九八六年〉〉の意見や、「神祇の存在価値について否定的・拒絶的な態度とその存在の意義を肯定し、自己の教学のなかへ積極的に受容していこうとする態度の両面がみられることについて、いかに解釈すべきかという問題が残ってくる」〈「親鸞聖人の神祇観」〈『真宗研究』一七、一九七二年〉〉という嬰木義彦と同じく、護念の意義を見誤った見解であり、阿弥陀仏を完全対象化したものである。また内藤は前掲論文中において、「親鸞は、神々に対する軽侮を戒めているが、軽侮・不軽侮は内心でのことであって、外面的には神々にどのような態度をとれば良いのであろうか。この問題について、親鸞の上に具体的な説示はみられない」という意見もあるのだが、このような意見は神祇に帰依しないことを内面の問題としてのみ扱い、親鸞の信仰全体のなかで神祇観をどのように位置づけるかという作業が行われていないということになるのではないだろうか。これは、親鸞を研究する問題意識のなかに、真宗にもとづいた生き方を見いだそうといった発想がないことの表れであろう。神祇に束縛された現実社会を前提として、そのような社会と念仏者がいかに対決するかといった課題を示すことが、神祇に関する親鸞の宣言であるにもかかわらず全く無視している。このような研究には、真宗の質を見いだす視点が欠落していると言わなければならない。

(29) 松本英祥「日本中世の社会状況と親鸞浄土教」〈福嶋寛隆編『日本思想史における国家と宗教』上巻、永田文昌堂、一九九九年〉。
(30) 同右、七七頁。
(31) 『唯信鈔文意』〈『定親全』第三巻・和文篇〉一七一頁。
(32) 『一念多念文意』〈『定親全』第三巻・和文篇〉一四六頁。
(33) 『尊号真像銘文』〈『定親全』第三巻・和文篇〉八七頁。
(34) 『梁塵秘抄』〈岩波文庫、一九三三年〉一七頁。
(35) 『末灯鈔』〈『定親全』第三巻・書簡篇〉五九～六〇頁。
(36) 松本英祥「日本中世の社会状況と親鸞浄土教」〈前掲註(29)『日本思想史における国家と宗教』上巻〉九一頁。
(37) 『興福寺奏状』〈鎌田茂雄・田中久夫校注『鎌倉旧仏教』日本思想大系15〈岩波書店、一九七一年〉〉三一三頁。

(38) 藤村研之「親鸞の神祇観をめぐる諸問題」(『仏教史研究』二八、一九九一年)。
(39) 『定親全』第三巻・書簡篇、五四～五六頁。
(40) 藤村研之「親鸞の信仰と神祇」(日野賢隆先生還暦記念会編『仏教　その文化と歴史――日野賢隆先生還暦記念――』永田文昌堂、一九九六年)。
(41) 『親鸞聖人御消息集』(『定親全』第三巻・書簡篇)一四八頁。
(42) 前掲註(40)藤村論文。
(43) 『教行証文類』「化身土巻」(『定親全』第一巻)三三七頁。
(44) 『教行証文類』「教巻」(『定親全』第一巻)九頁。
(45) 「まことに知んぬ、専修にして雑心なるものは大慶喜心を獲ず。ゆゑに宗師は、かの仏恩を念報することなし。業行をなすといへども心に軽慢を生ず。つねに名利と相応するがゆゑに、人我おのづから覆ひて同行・善知識に親近せざるがゆゑに、楽みて雑縁に近づきて往生の正行を自障障他するがゆゑにといへり。悲しきかな、垢障の凡愚、無際よりこのかた助正間雑し、定散心雑するがゆゑに、出離その期なし。みづから流転輪廻を度るに、微塵劫を超過すれども、仏願力に帰しがたく、大信海に入りがたし。まことに傷嗟すべし、深く悲歎すべし。おほよそ大小聖人、一切善人、本願の嘉号をもつておのれが善根とするがゆゑに、信を生ずることあたはず、仏智を了らず。かの因を建立せることを了知することあたはざるゆゑに、報土に入ることなきなり」(『定親全』第一巻、三〇八～三〇九頁)。
(46) 『教行証文類』「化身土巻」(『定親全』第一巻)三〇九頁。
(47) 設我得仏、十方衆生、発菩提心、修諸功徳、至心発願、欲生我国、臨寿終時、仮令不与大衆囲遶現其人前者、不取正覚(『真宗聖教全書』第一巻〈大八木興文堂、一九四一年〉九～一〇頁)。以下、『真宗聖教全書』〈全五巻、一九四〇～四四年〉からの引用は『真聖全』と略記する。
(48) 設我得仏、十方衆生、聞我名号、係念我国、植諸徳本、至心廻向、欲生我国、不果遂者、不取正覚(『真聖全』第一巻)一〇頁。

(49)『教行証文類』「信巻」（『定親全』第一巻）一二〇頁。
(50) 設我得仏、十方衆生、至心信楽、欲生我国、乃至十念、若不生者、不取正覚、唯除五逆誹謗正法（『真聖全』第一巻）九頁。
(51) このような自覚を持つ主体の成立を、親鸞は『唯信鈔文意』に『五会法事讃』の「不簡多聞持浄戒」を釈するなかで、「かやうのさまぐ\の戒品をたもてるいみじきひとびとも、他力真実の信心をえてのちに真実報土には往生をとぐるなり。みづからの、おのく\の戒善、おのく\の自力の信、自力の善にては実報土には生れずとなり」（『定親全』第三巻・和文篇、一六六頁）と、他力真実の信心を獲なければ、誰ひとりとして真実の報土へ往生することは不可能であると述べており、当然のことながら、他力真実の信心とは自己愛に執着し虚仮なる存在の自己を、虚仮ではない世界に生まれさせようとする心であるから、決して「自力の善」から生じた心ではないことを明示している。
(52)『教行証文類』「信巻」（『定親全』第一巻）一三八頁。
(53)『教行証文類』「化身土巻」（『定親全』第一巻）三五七頁。
(54)『教行証文類』「化身土巻」（『定親全』第一巻）三六〇頁。
(55) 自己は自己の内に、他よりはたらく自己愛の心を否定するはたらきを踏まえることにより、はじめて、これまではすべてのものごとを自己愛のもと無意識的に判断していたことにめざめ、これまで、自己愛を否定的に踏まえるという自覚的な判断基準をもつことなく、自己不存在のまま判断していたことに気づくのである。
(56) 前掲註(37)『興福寺奏状』三一三頁。
(57)『親鸞聖人御消息集』（『定親全』第三巻・書簡篇）一四八～一五一頁。
(58) 前掲註(37)『興福寺奏状』三一五頁。
(59) 竹内理三編『鎌倉遺文』三一三四（古文書編第五巻、東京堂出版、一九七三年）。
(60)『正像末和讃』（『定親全』第二巻・和讃篇）二一一頁。
(61) 親鸞の末法観が問題となり、親鸞の歴史認識が示される重要なところである。親鸞の末法観・歴史認識については、本書第一部第四章を参照。

(62)『正像末和讃』(『定親全』第二巻・和讃篇)二一三頁。

(63)『教行証文類』「信巻」で浄土の大菩提心を繰り返し言葉を換えて説明していることからもわかるように、親鸞は自らの理解する浄土教における菩提心を「真実信心はすなはちこれ金剛心なり。金剛心はすなはちこれ願作仏心なり。願作仏心はすなはちこれ度衆生心なり。度衆生心はすなはちこれ衆生を摂取して安楽浄土に生ぜしむる心なり。この心すなはちこれ大菩提心なり。この心すなはちこれ大慈悲心なり。この心すなはちこれ無量光明慧によりて生ずるがゆゑに。願海平等なるがゆゑに発心等し。発心等しきがゆゑに道等し。道等しきがゆゑに大慈悲等し。大慈悲はこれ仏道の正因なるがゆゑに」(『定親全』第一巻、一三九〜一四〇頁)と、慈悲心であり、これが仏道の真髄であることを強く主張している。

(64)親鸞は『正像末和讃』草稿本で、「浄土の大菩提心」が、「弥陀の悲願を深く信じて、仏にならむとねがふこゝろ」(『定親全』第二巻・和讃篇、一四七頁)である「願作仏心」と、「よろづの有情を仏になさんとおもふこゝろ」(『定親全』第二巻・和讃篇、一四七頁)である「度衆生心」の二つの側面をもつことを詳説する。

第三章　親鸞の救済における神祇不帰依の意義

はじめに

親鸞は神祇に関して、

それもろもろの修多羅に拠りて、真偽を勘決して、外教邪偽の異執を教戒せば、『涅槃経』にのたまはく「仏に帰依せば、終にまたその余の諸々の天神に帰依せざれ」と。〈略出〉『般舟三昧経』にのたまはく、「優婆夷、この三昧を聞きて学ばんと欲せんものは、〈乃至〉みづから仏に帰命し、法に帰命し、比丘僧に帰命せよ。余道に事ふることを得ざれ、天を拝することを得ざれ、鬼神を祠ることを得ざれ、吉良日を視ることを得ざれ」となり。〈以上〉またのたまはく「優婆夷、三昧を学ばんと欲せば、〈乃至〉天を拝し神を祠祀することを得ざれ」となり。(1)

と、仏に帰依するものは神祇に帰依「するな」という態度を明確に表明している。「日本の宗教史を通して大きく流れるのは神仏関係であ(2)」り、本来、異質なもののはずである神と仏とが習合している状態が前提とされる歴史のなかで、親鸞は明確に仏と神との相違性を認知し、仏に帰依することの必然として、神祇には帰依しないと表明しているのである。これまで親鸞の神祇観に関する研究は数多くなされてきたし、(3)前章でも報告した。しかし、中世社会研究が神仏習合論を核として進展している状況のなかで、筆者の理解では不足していると思われる部分があったので、もう一度、親鸞の神祇観を再検証してみることとする。

さて、いわゆる「神仏習合論」に関する研究は、これまでの単に神と仏との関係性を論じる枠を超え、民衆の精神性にまで及ぶ課題として認識されつつあるようである。(4) しかし、仏教史の立場から神と仏との本質的な相違点について明らかにしようとする仕事は、管見の及ぶ限りでは、ごく少数を除いてほとんど見当たらない。(5) 神仏習合を否定的に捉える論考が極めて少ないことは、歴史上に現れた結果の集積だけを分析して、その現象の根底にある民衆の心性にまで立ち入って検証がなされてこなかったことに由来するのであろう。歴史に出現した「習合論」は扱っても仏教者の信仰そのものを明らかにしようとしなければ、やはり表面的な分析に終始することとも共通する課題である。

本章においては、宗教と政治が一体化した中世の歴史状況を前提としつつ、そのなかで親鸞の信仰がどのような主体の成立を伴うものだったのか、さらに、「不帰依」という態度がなぜ生み出されたのかを検証したい。そのために本章では、特に現在、神仏習合論で中心的存在となっている佐藤弘夫の論を手掛かりに、親鸞の信仰における「神祇不帰依」の意義を再検討したい。

佐藤は「鎌倉時代とはまったく状況が違うこの現代社会において、鎌倉時代の社会に向けて発せられた祖師の言葉そのままに神祇不拝を声高に唱えることは、逆にあまりにも安易な姿勢だといわざるをえません(6)」と主張している。はたして、親鸞のとった「神祇不帰依(7)」の立場は、時代が異なると通用しないような概念なのだろうか。だとすると、親鸞の示した信仰は普遍性をもたないものとなってしまう。先に述べたように、親鸞は、神仏習合論が前提となっている中世社会において、「神祇不帰依」を仏教に帰依する必然と理解していた。仏と神とは宗教的性格が相違すると認識し、表現しえた数少ない仏教徒なのである。だとすれば、なぜそのような信仰が成立しえたのかを、現象の部分だけではなく親鸞の信仰の部分にまで研究領域を広げて考えなくてはならないことになるのだ。現代でも見えにくい仏教と神道の性格の相違点を知るうえでも、親鸞の信仰と神祇の関係性を明らかにする作業はやはり意義をもつと考えられる。

よって、まずは現在の中世史研究の中心的分析概念である顕密体制論のなかで、佐藤がいかなる立場にあるかを考え、そのうえで、佐藤の論への疑問点を抽出し親鸞の信仰と照合する形で、親鸞における神祇不帰依の意義を検証していくこととする。

一　中世社会のコスモロジー――佐藤弘夫の論を手掛かりに――

一九七〇年代を中心に、黒田俊雄によって提唱された顕密体制論は、平安中期より南都北嶺に代表される旧仏教の衰退と荒廃が始まり、それに代わって新仏教が台頭したと考えられていた中世宗教社会の構図を一変させた。[8]黒田は「新・旧」で仏教を区別する概念が近世以降に宗派史を基準に形成されたものであるとして、中世社会全体を包括する分析概念としてのその有効性に疑問を投げかけた結果、新たに「顕密体制論」という王法仏法相依論にもとづく分析概念を提唱した。[9]ここで黒田が主張したのは、中世において旧仏教（顕密）寺院は巨大な荘園領主として再生しており、古代以上に強大な勢力をもち、国家護持を祈る「正統」の立場にあったということである。それに対し、新仏教はあくまでも旧仏教に対する「異端」と位置づけられ、体制仏教への批判・改革運動を行ったとされた。[10]

平雅行は、黒田の顕密体制論を遵用し補足することにより、領主と神仏が一体化した結果、年貢・公事納入が同時に神仏への奉仕となって、従順な民衆には現世安穏・極楽往生が約束された。しかし逆に、年貢の未進・対捍や領主への反逆は、神仏への反逆と見なされ、神仏の怨敵に対して仮借ない仏罰神罰が下されたのである。ここでは極楽往生が領主への従順度によって決まるという、来世の恐怖感を梃子とした現世支配が行われている。このように顕密仏教は、中世民衆の内面を見事に包摂し呪縛していた。とすれば、専修念仏など異端思想の歴史的意義も、仏教の民衆解放ではなく、顕密仏教の呪縛からの民衆意識の解放に求めなければならないだろう(11)。

と、中世における支配者と被支配者との宗教意識にもとづいた支配構造を示した。こうした理解のもと、中世の人々にとっての来世が現世の延長にすぎないものであり、浄土教の発達も、現世を否定する思想の登場を意味するのではなく、記紀神話的黄泉国観から仏教的来世観への転換を意味したにすぎなかった、という。そのうえで、「顕密仏教も専修念仏も、民衆に念仏を勧める点は同じ」だが、「顕密仏教の場合、達人宗教と大衆宗教という二重構造をとっており、達人が真の仏法を行ずるのに対し、大衆には簡便化された方便（念仏）を宛てがって仏教への畏敬感情を育てようとした。ところが専修念仏は諸行往生・聖道得悟を不可能と断じて、達人宗教そのものを破砕した(12)」と分析する。さらに、これまで浄土信仰のなかで成立したと考えられてきた悪人や女人の往生に関しても、すでに顕密仏教による民衆支配イデオロギーとして包摂されており、それ自体は、平安末期には通念化していたという。それに対し、法然や親鸞はイデオロギー体制に挑戦した「異端」として位置づけられ、諸行往生を否定して救済の平等性を訴えることで、「顕密体制」的イデオロギーを乗り越えて民衆の内面的権威性を喚起したと主張する。

黒田、平はともに、中世当時の量的に少数であった法然・親鸞ら浄土教者を、顕密体制下における「異端」と捉え、反体制運動として位置づけている。ここで注意しなくてはならないことは、顕密体制論によってなされる「正統・異端」評価の判断は、中世社会における量であり、基本的には権力に認証されていたかどうかに基準がおかれているという点である。宗教と権力が一体化した社会のなかで、仏教諸宗なり仏教者が、権力を中心にどのような位置にいたかということが課題となり、分析されているのである。決して仏教の「正統・異端」が判定されているわけではない。

こうした研究成果を受けて、平の「浄土教の発達とは、現世否定の思想の登場を意味するのではな(13)」いとの主張には、異論がある(14)。だが、ひとまずここでは顕密体制論を批判的に継承し、中世における宗教構造全体を再提示しようとする佐藤弘夫の論を検証し、親鸞の信仰における神祇に関する問題点をあげながら考察していきたい。

佐藤は「神仏習合と神祇不拝(15)」において、「国家と宗教という視点から中世仏教のあり方を考える場合に、顕密体制論のもつ有効性は疑問の余地なく大きい(16)」と、顕密体制による分析方法をいったんは承認しつつも、以下のように顕密体制論への疑問を述べる。

宗教権門を統合し、諸権門と王権を結びつける役割を果たした顕密主義・顕密仏教と同じ論理が、本当に在地の隅々にまで浸透し、中世人の精神世界を規定していたのであろうか。「神仏習合」と「本地垂迹」が、実際に民衆を顕密仏教に糾合する役割を果したのであろうか。（中略）中世の宗教構造全体を描き出そうとするとき、寺社権門レベルで発想された顕密体制論をそのままそこに適応することには慎重でなければならない(17)。

佐藤は、「従来の顕密仏教論が掬い切れなかった、庶民層をも含むより広範な信仰世界を明らかにすることであり、それの対比において「顕密仏教」の内容と特質を改めて確定していく作業(18)」が必要だと主張し、そのような問題意識のもと、身分・階層を超えて中世人に受け容れられていた宗教的文章として「起請文」をあげ、同時代の人々の宗教意識を探ろうとする。(19)その結果、「顕密体制論は権門次元での仏教のありかたをもとに発想された論理であり」、起請文のコスモロジーは「神―仏という区分さえも拒否するさまざまな〈神〉によって構成され」ており、「もっとも基層レベルにおいて大方の中世人に共有されることによって、顕密仏教を育む土壌となるとともに、ひとたび構築された顕密仏教のイデオロギー的・歴史的機能を規定する役割を果たした」ことから、黒田の顕密体制論が捉えた範囲は「中世の宗教世界の一部にすぎない」として、「中世人が共有していたコスモロジーを想定し」「中世宗教をより立体的に捉える必要性があると考えている」と述べる。(20)

さらに、佐藤は基本的な問題として、神・仏のそれぞれの役割を大きく分けて二種類の神仏が考えられていたと指摘する。一つは、この現実とは次元を異にする別世界にある「あの世の仏である」と言い、極楽浄土の阿弥陀仏をその代表とする。そして「もう一つは、「あの世の仏」の化現（垂迹）としてのこの現実世界（娑婆世界）に出現し、賞罰の力を行使することによって人々と「あの世の仏」との橋渡しをする役割をもった存在＝「この世の神仏」である」と分析する。(21)そこには日本の神々をはじめ、堂舎に安置された仏像や聖人・祖師までもが含まれており、神が浄土往生の仲立ちをするという発想はここから出てきたものだったという。(22)

以上のように、佐藤の示す顕密体制下における支配構図は一貫しており、(23)すでに平安後期には民衆に浸透していた浄土願生信仰をベースとしているのだ。そのうえで本地垂迹説に重点をおき、権力が垂迹の神・仏関係を巧妙に取り入れることで自らの権威と垂迹の神・仏の権威とを一体化させており、来世の往生を願う人々が本地の仏へ誘引してもらうために現世の垂迹にひれ伏すと、それはそのまま、在地権力者にひれ伏すこととなる、といった構造である。(24)

ここで佐藤が民衆の精神世界まで踏み込んで問題化しようとする点は、評価されるべきだろう。というのも、中世の全体像が政治に反映した部分のみでなく、民衆の精神的基盤となっている宗教性にまで立ち入ることで、むしろ、宗教と一体化した権力に人々ががんじがらめにされていたことが証明されるはずだからである。すると、そうした多神観を前提とした人々が圧倒的多数を占める状況のなかで、親鸞が神祇に帰依しないと宣言したことの意味が、親鸞の信仰における救済の意義を明らかにしようとするとき、より重要性をもってくる。よって、引き続き佐藤の研究における親鸞の「神祇不拝」に対する評価を見てみたい。

二　親鸞の信における往生の目的

佐藤は、専修念仏の救済の論理について、結果的に顕密仏教からの脱却を意味するものだったとして、以下のように述べている。

本地—垂迹—衆生という同時代のコスモロジーと、垂迹が不可欠の仲介者であることを強調する顕密仏教の救済理論に対し、法然は衆生が垂迹を飛び越えて、直接本地に帰依する論理を提示したといえよう。専修念仏の神祇不拝はその必然的な帰結だった。ただし、それは究極の救済についてのみいえることであり、それ以外の念仏行者守護や現世利益の問題については、垂迹の役割が肯定される場合もあったのである。(25)

法然や親鸞は、此土において弥陀のもとではすべての衆生は平等であり、身分や階層に関わりなくだれもが、弥陀が本願として選取した念仏を称することで救済にあずかることが可能であると説いた。その結果、「このような理念は、絶対的存在としての弥陀一仏に一切の宗教的権威を集中することにより、諸仏諸神の威光を背景として住民に君臨していた寺社権門から、その宗教的権威の光背を剝ぎ取る役目を果たすこととなった[26]」と主張する。このことが同時に、唯一の救い主である弥陀のもとでの平等、という理念を民衆に提供し、社会の底辺におかれていた人々をして一個の自立した人格としての尊厳を自覚させることとなり、人々が既存の階層的な宗教的・世俗的秩序から離脱しようとする際の精神的支柱としての機能を担った、というのである。そのため、末法における諸仏諸神の積極的な存在意義を否定し、弥陀一仏への帰依を訴える法然や親鸞の思想は、そうした重層的な神仏の体系に対する最も先鋭な克服の論理を内包するものとなったと述べる。

平等な救済を説いたという点については承認できたとしても、この佐藤の論には疑問をもたざるをえない。親鸞の弥陀仏への帰依と表現したことの内実が、神祇への帰依と同格の意味で認識され、どちらが自らの来世往生を可能にするものかとの基準にもとづいて選択した結果と前提されているようだ。こうした阿弥陀仏への帰依と神祇への帰依の質的相違の有無については、「他仏他神に対する「排除」と「容認」という二つの立場の併存をどのように解釈し、両者をいかに統一的に理解するかという点に関しては、今日においても見解の分かれるところであるが、そうした問題は本章の直接の課題ではない[27]」と言っていることからもわかるように、研究の課題とされていないのだ。

しかし佐藤が親鸞の信仰構造に関して何も検討していないということではない。佐藤は、親鸞は「阿弥陀仏は単に来世のみの救済者ではな」く、末世の悪人にとって、伝統仏教や諸仏菩薩がすべてその救済力を失ったことを強調すると同時に、念仏による阿弥陀仏への帰依こそが唯一の救いの道であると説くことによって、諸仏諸聖とそれに対するさまざまな信仰の存在価値を根底から否定し、替わって阿弥陀仏ただ一仏が末法の救済主として大きくクローズ・アップされた、と理解している[28]。

基本的に佐藤が想定する「救済」とは、死後の浄土への往生のことだろう。これは「平安時代の後半には浄土信仰は大きな流行をみせていたわけです。（中略）その際に問題になるのは、浄土信仰というのは死後に浄土に往生することを目標にしていることです(29)」といった講演内容からも窺える。もちろん「親鸞の場合、これについてきわめて微妙な問題があることは承知の上ですが、素人と思ってこういういい方をお許し下さい」と述べていることからも、親鸞における往生理解が、来世往生だけではないことも佐藤は承知している。しかし、そうであるならば、親鸞が「金剛の真心を獲得すれば、横に五種八難の道を越え、必ず現生に十種の益を獲」るとするなかで「入正定聚之益」を語ったことなどの意義が問題とされてもよいのではなかろうか。つまり、生きている現在において往生が定まった人間の、往生が定まる前とは異なる生き方があるはずなのである。その生き方が、来世のみに往生を求めている人々と相違するというのであれば、親鸞の救済が来世往生のみに設定されていたと考えることは、基本的に誤っていると言わなければならなくなる。

こうしたことからも、親鸞の信仰における救済の内実を「神祇不拝」という現象のみによってではなく、親鸞の信仰にもとづいて検証しなくては、神祇に対して示される立場の理解が的はずれなものとなってしまうのではないだろうか。親鸞における救済が、死後を待たずして、信を得る現生において決定する、となれば、信を得ることによって神祇への帰依が無化されたということになる。それは単に、死後の往生を決定するものが阿弥陀一仏だから、他の諸天神を頼む必要がない、といった短絡的なものではないはずだからである。

以上のような疑問点を踏まえると、佐藤の論における「神祇不拝」理解は、一見非常に整合性があるように見えるが、さまざまな部分で矛盾点があると言わざるをえない。それは、まず第一に佐藤における親鸞の救済理解は「来世での確実な往生・成仏」だと設定されているのだが、その内容は本当に、中世人の多くが考えていたような実体的な浄土へ行くことであり、来世に限られた問題なのかという点。第二に、親鸞においては、佐藤が考えるように来世への往生を叶えてくれる救済主として阿弥陀仏が設定されていたのかという点。第三に、親鸞の救済として語られる現生正定聚と、いわゆる「神祇不帰依」とは、どのような関係性をもつものであったのか、の三点についてである。以下、こうした点に注意を払いながら、親鸞の信仰における「神祇不帰依」の意義を確認していくこととする。

三　利他志向主体の成立と神祇不帰依の関係性

佐藤弘夫が繰り返し主張するように、親鸞当時の浄土願生者が願う往生は、おおよそ来世浄土への往生であった。しかし、親鸞のそれが完全に来世往生を願うものだったかどうかについては、これまでさまざまな議論がなされてきた[30]。一連の議論のなかで問題とされたのは、ほぼ語句解釈にとどまるものであり、親鸞がいかなる意味をもって「往生」を理解していたか、そもそも親鸞における「往生の目的」とはなんであったのかについては、議論がなされていない。これは、研究者自身の「往生」という用語に対する先入観が無意識のうちに、来世往生という形で確立されていたからだと考えられる。親鸞は中世の人物であるから、当然、当該社会からの歴史的拘束を受ける。それは言語とて同じである。たとえ当時の人々が想像しえないような思想を信仰に立脚して成立させていたとしても、中世社会のなかでの用語を使用して表現するしかない。そのためにも、親鸞の信仰の全体のなかで、それぞれの用語がどのような意味を与えられて表現されているかを考えなければならないはずである。

さて、親鸞における往生の目的は、建保二年（一二一四）東国へ移住するさなか、上野の佐貫で困窮した民衆を目のあたりにしたとき、三部経の千部読誦を始めた理由として記録されていることからもわかるように「衆生利益のため[31]」であった。このとき親鸞は「みずから信じ、人を教えて信ぜしむること、まことの仏恩を報ひたてまつるものと信じながら、名号のほかにはなにごとの不足にて、かならず経を読まんとするや」と思い返して中止している。すでに指摘したとおり[32]、親鸞は一切の衆生を救い尽くしたいと願う本願が廻向されることにより、信が成立した主体は「大悲」の実践を志向しながら生き続けることを、歴史のなかで具現しているのである。また、

仰せ候ふところの往生の業因は、真実信心をうるとき摂取不捨にあづかるとおもへば、かならず〳〵如来の誓願に住すと、悲願にみえたり。「設我得仏、国中人天、不住定聚、必至滅度者、不取正覚」と誓ひたまへり。正定聚に信心の人は住したまへりとおぼしめし候ひなば、行者のはからひのなきゆへに、義なきを義とすと、他力おば申すなり。善とも悪とも、浄とも穢とも、行者のはからひなき身とならせたまひて候へばこそ、義なきを義とすとは申すことにて候へ。十七の願に、「わがなをとなへられむ」と誓ひたまひて、十八の願に、「信心まことならば、もし生れずば仏に成らじ」と誓ひたまへり。十七・十八の悲願みなまことならば、正定聚の願はせむなく候ふべきか。補処の弥勒におなじ位に信心の人はならせたまふゆへに、摂取不捨とは定められて候へ。このゆへに、他力と申すは行者のはからいのちりばかりもいらぬなり。かるがゆへに義なきを義とすと申すなり。このほかにまた申すべきことなし。ただ仏にまかせまいらせたまへと、大師聖人のみことにて候へ[33]。

という、門弟の専信からの往生に関する質問に答える形で書かれた消息にも見られるように、消息や和讃でいく度となく信心の人を「如来とひとし[34]」「弥勒におなじ[35]」と表現している[36]。このことの意義を、単に「信心の行者は、次生において必ず仏になることに決定している[37]」といった来世だけの問題として理解してはならない。ここにあげ

た消息のなかで、親鸞は「信心の人」は「摂取不捨」であるがゆゑに「かならず〳〵如来の誓願に住す」と述べている。これは明らかに現生でのことである。「摂取不捨」を「十方群生海、この行信に帰命すれば摂取して捨てたまはず。ゆゑに阿弥陀仏と名づけたてまつると。これを他力といふ。ここをもつて龍樹大師は「即時入必定」といへり。曇鸞大師は「入正定聚」といへり(38)」と親鸞が述べていることとあわせて考えれば、「他力」に「帰命」した主体は、必ず往生することが定まる＝仏となることが必然となる生き方が始まる、ということであるから、それは、現生においても必ず本願にもとづいた「如来とひとし」い大悲を行じることを願う主体になるということでもある。

この内実については、『正像末和讃』草稿本に、「釈迦弥陀の慈悲よりぞ　願作仏心はえしめたる　信心の智慧にいりてこそ　仏恩報ずる身とはなれ(39)」と記し、その「信心の智慧」の左訓では「弥陀のちかひは智慧にてましますゆゑに、信ずるこころの出でくるは智慧のおこるとしるべし(40)」と説示している。「信」が成立することは、これまでの生き方とは異なり、「智慧」をもった「仏恩報ずる」生き方が始まることだという。さらに、次の和讃では、「智慧の念仏うることは　法蔵願力のなせるなり　信心の智慧なかりせば　いかでか涅槃をさとらまし(41)」と記していることからも、「仏恩報ずる」ことは「信心の智慧」を主体において具現化させることであったと、親鸞は理解していたのである。

親鸞は「信心の智慧」が廻向されることにより、大悲を行ずることを願う主体が成立することを、先にあげた消息のなかでは、「行者のはからひのちりばかりもいらぬ」他力と説示している。では、「如来の慈悲」を知らせる「法蔵願力」を、いかなるものと理解していたのであろうか。これについては親鸞が、

次に欲生といふは、すなはちこれ如来、諸有の群生を招喚したまふの勅命なり。すなはち真実の信楽をもつて

欲生の体とするなり。まことにこれ大小・凡聖、定散自力の廻向にあらず。ゆゑに不廻向と名づくるなり。しかるに微塵界の有情、煩悩海に流転し、生死海に漂没して、真実の廻向心なし、清浄の廻向心なし。このゆゑに如来、一切苦悩の群生海を矜哀して、菩薩の行を行じたまひし時、三業の所修、乃至一念一刹那も、廻向心を首として大悲心を成就することを得たまへるがゆゑに、利他真実の欲生心をもつて諸有海に廻施したまへり。欲生すなはちこれ廻向心なり。これすなはち大悲心なるがゆゑに、疑蓋雑はることなし。(42)

と、「欲生心」を「廻向心」と説示していることに注意しながら理解しなければならない。つまり、親鸞において、そもそも人間は、本来浄土に生まれたい、仏に成りたいとは願わないはずの存在だと理解されていた。なぜなら、浄土に生まれ仏に成るということは、完全なる利他の存在に成るということである。それは自己の楽を願う心を一切持たず、一切の衆生の利益のみを願う存在と成ることである。本来、煩悩具足と表現されるように利己的存在である人間において、そのような、自我を離れた願い＝完全な利他を願うということなど成立するはずがない。しかし、親鸞においては「仏に帰依する」ことによって、煩悩からは成立するはずがない「大慈悲心」が、「欲生心」として成立していたのである。いかに「仏道の正因」(43)であるからといっても、煩悩具足の凡夫である親鸞において、大悲を行ずること＝利他を願う「浄土の大菩提心」が成立するということは、もはや、自力の心とはいえない。つまり、親鸞は「衆生利益のため」といった往生の目的も、「廻向心」と理解していたのである。そうであったがゆえに、

無上菩提心は、すなはちこれ願作仏心なり。願作仏心は、すなはちこれ度衆生心なり。度衆生心は、すなはちこれ衆生を摂取して有仏の国土に生ぜしむる心なり。このゆゑにかの安楽浄土に生ぜんと願ずるものは、かならず無上菩提心を発するなり。もし人無上菩提心を発せずして、ただかの国土の受楽間なきを聞きて、楽のた

めのゆゑに生ぜんと願ぜん、またまさに往生を得ざるべきなり。(44)

と、菩提心が成立することは「願作仏心」「度衆生心」としての「本願力廻向の信」が成立することであり、「智慧」が生じることにより、往生を願うことが自己の「楽のため」の往生を願うものではなくなっていた。つまり、「如来の誓願に住す」ことにより、「衆生を摂取して有仏の国土に生ぜしむる」ことを願う主体となることだった。それは往生の目的が「為楽」ではなく「利他」となっていることの証左なのであった。もちろん、親鸞には「さだめてさきだちて往生し候はんずれば、浄土にてかならず〳〵まちまいらせ候べし(45)」と、往生を来世に設定して語る側面もあるし、筆者もそれを否定するものではない。ただ、親鸞の歴史社会における実践とそれを導き出す信仰との関係性を考えれば、往生を単に来世だけのものとして理解してはいけないということである。したがって、親鸞は、現生において信を獲た主体は、「誓願に住す」る主体であるがゆえに、煩悩を抱えた存在でありながらも「正定聚」であり、「如来とひと」しく、「弥勒におなじ」、大悲を行ずることを願う主体となると理解していたということになるのだ。

しかし、親鸞のうちに成立した信は、単に「如来の慈悲」を実践することを願うだけではない。「如来の慈悲」を実践すれば、必ず「如来の慈悲」とは異なる、「自楽を求め」「わが心自身に貪着する」自我が、消滅することなく生起し続けることも、

二者深心。深心といふは、すなはちこれ深信の心なり。また二種あり。一つには、決定して深く、自身は現にこれ罪悪生死の凡夫、曠劫よりこのかたつねに没し、つねに流転して、出離の縁あることなしと信ず。二つには、決定して深く、かの阿弥陀仏の四十八願は衆生を摂受して、疑なく慮りなく、かの願力に乗じて、さだめて往生を得と信ず。(46)

と認識していた。よって、親鸞において、「信」が成立することは、罪悪性から出離の縁がない煩悩を抱えている身であることを「決定して深く」知ることでもあった。しかし、同時に「願力に乗じて」「さだめて往生を得」ていることも信知していたのである。ここでは、主体の心的な認識の表明といった領域にとどまらず、「如来の慈悲」を自らの願いとして実践するからこそ、歴史社会において「すえとを」(47)らない在りようを自認するに至る、主体の本願にもとづいた大悲の歴史社会における実践を前提としたものだったのである。

佐藤の論では、こうした親鸞の信仰における往生を、単に来世往生の範囲で理解したところに問題があった。つまり、親鸞における救済とは、自己中心的な救いを求めるこころを否定する信が成立することにより、来世での願望充足を願う信仰を離れて、現生において利他を願い、本願にもとづいた大悲を行じようと実践することだったのである。しかしそのことは同時に、「小慈小悲もなき身」であることを、連続的に反省することが約束されたものだった。「小慈小悲もなき身」において「如来とひとし」い願いをもち、「有情利益はきわもな」い実践が成立することが、親鸞の救済の歴史的側面だったと考えなければならないだろう。

四　信成立の必然的社会態度・神祇不帰依

佐藤における親鸞理解のズレは、先に第二の疑問としてあげた阿弥陀仏理解にも現れている。佐藤は、法然や親鸞は人間のもつ限界を徹底して暴露し、人々にそうした現実を直視させることによって自力救済の望みを全面的に放棄させる一方、西方浄土にある阿弥陀一仏を他の仏以上に強力な救済力をもつ絶対的存在として措定し、弥陀と衆生との間に一切の仲介を排除する他力の信仰を唱道していった。その結果、その弥陀の観念は、彼以前の浄土信仰に較べて格段に超越性が強化され、日蓮における釈尊と同様、此土のあらゆる人々の上に君臨する国土の主宰者としての性格が強調されてゆくことになった(48)。

と述べ、親鸞が阿弥陀仏を実体的な救済主として理解していたことを説明している。しかし、すでにいくつかの研究で指摘されているとおり(49)、親鸞の阿弥陀仏理解は、

ちかひのやうは、「無上仏にならしめん」と誓ひたまへるなり。無上仏と申すは、かたちもなくまします。かたちもましまさぬゆへに、自然とは申すなり。かたちましますとしめすときには、無上涅槃とは申さず。かたちもましまさぬやうをしらせんとて、はじめて弥陀仏と申すとぞ、ききならひて候ふ。弥陀仏は自然のやうをしらせんれうなり(50)。

というように、実体として理解されているのではなく、むしろ実体化を否定して、「無上仏にならしめん」はたらきとして「かたちもなくまします」と理解されている。さらに、「証巻」において、天親の語を引用して、

菩薩かくのごとくよく廻向成就したまへるを知れば、すなはちよく三種の菩提門相違の法を遠離するなり。なんらか三種。一つには智慧門によりて、自楽を求めず、わが心自身に貪着するを遠離せるがゆゑにとのたまへり。進むを知りて退くを守るを智といふ。空無我を知るを慧といふ。智によるがゆゑに自楽を求めず、慧によるがゆゑにわが心自身に貪着するを遠離せり(51)。

と述べるごとく、信を獲たものの行道として慧《さと》る大乗菩薩道が、自己の欲望を充たすためではなく、むしろ利己的な欲望を否定的に踏まえ、厭い離れようとし、「空無我を知」り、「わが心自身に貪着するを遠離」しようとする実践が始まるものであったということも、看過されてはならない。親鸞にとって信が成立することは、自我が否定されることであり空無我を慧ることであった。その内容は「無上仏にな」ることを願うことであり「自楽を求めず」

「如来の慈悲」を実践しようと願うことだったのである。阿弥陀仏を表現する場合、実体化を避けようとするこうした格闘は「無碍光仏」「無量光仏」などの「光」と表現することにも現れている。つまり、親鸞において理解された阿弥陀仏は「無上仏にならしめん」「れう」であるから、その内実は、自我を翻して利他を願う主体が成立することを促すはたらきということになる。この点からも、佐藤の理解は一部分を切り取って理解した結果の誤りであることが確認されるのである。[52]

では、そのような「無上仏にならしめん」「れう」により、信にもとづいた利他を願う主体が成立することが、なぜ「終にまたその余の諸々の天神に帰依せざれ」といった神祇に対しての不帰依という態度となるのだろうか。その理由について親鸞は、

知るべし、外道の所有の三昧は、みな見愛我慢の心を離れず、世間の名利恭敬に貪着するがゆゑなり。[53]

と指摘している。信が成立していない人間においては、自力の信を否定する契機が成立していないわけであるから、当然、自己の我執について無反省であるがゆえに、人間が本質的にもっている「見愛我慢の心」を離れることがない。さらに、世間での価値基準に埋没しない信仰を自己のうちに成立させる契機も持ち合わせていないことから、世間での価値基準における善・悪を無批判に受け入れて「世間の名利恭敬に貪着する」こととなるからだというのである。それとは逆に、信が成立し利他を願うようになった主体においては、自己の我執を充足するために神祇に祈るという行為が厭うべきものと認識される。したがって、自己の我執の充足を祈ることをやめた主体においては、神祇の意思に沿わない場合に下される罰も無関係のものとなるということである。よって、神に自らの我執の充足をたのむ必要がなくなった主体は、神祇を畏れる必要がなくなる。

『菩薩戒経』に言はく、「出家の人の法は、国王に向かひて礼拝せず、父母に向かひて礼拝せず、六親に努へ

ず、鬼神を礼せず」と。[54]

や、

『論語』に云はく、「季路、問はく、『鬼神に事へむか』と。子の曰く、『事ふることあたはず、人いづくんぞよく鬼神に事へむや』」と。[55]

という態度表明も、信成立による必然的なものだったのである。それは、往生の目的が自我の充足から利他へと質的に変換することで、これまで呪縛されていた人間の我執を基礎とした価値世界からの解放をも意味していた。自己の我執を充足するための信仰と、それを否定的に踏まえ利他を願う信仰とでは、全く異質な宗教主体が成立するのである。

では、信が成立し利他を願うようになることで、神祇による罰を畏れない主体が成立することは、権力との関係性のなかでは、どのような存在とみなされていくこととなるのであろうか。佐藤はそのことを、

顕密仏教側にとって、専修念仏にみられる神祇不拝の行為は、もっとも深刻な社会問題の一つと受け止められていた。（中略）（それは：筆者補足）垂迹をその存在基盤に組み込んでいた顕密仏教の権威の解体に直結するものであった。神祇不拝や仏像・経巻の破壊が、宗教的次元での問題を超えて、国家支配そのものに対する反逆とみなされた理由はこの点にあったのである。[56]

と、「神祇不拝」の態度がひろまることで、人々の精神世界と日常生活を規定していた垂迹の呪縛を無化する信仰を生み出すこととなった結果、専修念仏が権力からの弾圧の対象とされていたと指摘している。[57]確かに、『興福寺奏状』の「第五背霊神失」[58]や、『停止一向専修記』の「一向専修党類約背神明不当事」などに代表されるように、「吾朝者神国也、以敬神道、為国之勤」[59]と認識されていた状況において、神祇に帰依しない信仰主体が成立すると

いうことは、「乱国土失」とみなされる事態であったことから、専修念仏への弾圧がその信仰内容がゆえに行われたものであることは疑いえない。権力者による支配構造が神祇信仰によって補完されているなかでの神祇への帰依は、国家全体を覆っていた価値体系への無自覚的服従を意味するものである。そこに親鸞らが神祇へ帰依しない態度を表明することは、当然、当該社会を支える価値体系そのものを批判することとなり、権力を認めない立場をとることとなった。よって、他力の信にもとづいた主体が成立することが、必然的に権力者とは異なる信仰に立つことになり、被弾圧の立場となったわけである。

そうした部分だけを見れば、佐藤の分析は的を射たものであるといえよう。しかし、藤村研之がわずかに言及しているように[60]、やはり、結果を集積したものの分析では、親鸞そのものを理解することはできない。彼の生き方を生み出した信仰理解を抜きにして、その全体像を捉えることはできないのである。佐藤が主張する「彼（親鸞：筆者補足）らにとって神祇不拝は目的ではなくて、あくまで自分たちの主張を実現していくための一つのステップにすぎませんでした[61]」という捉え方は、これまで見てきたように、親鸞に限っては明らかに間違いである[62]。親鸞において神祇への不帰依が目的でなかったことはもちろんだが、ステップでもなかった。親鸞の信仰において神祇に帰依しないという態度は、仏に帰依することで往生の目的が利他となることにより生ずる社会的態度だった。親鸞における救済とは、現生において自らの欲望の充足を求めず「如来とひとしい」大悲を行ずることを願う信が成立することにより、神祇の呪縛からの解放までも含むものだったのである。

したがって、冒頭に述べたように、佐藤は、現代社会において神祇不拝を強調することを「あまりにも安易な姿勢だといわざるをえません」と主張しているのだが、この主張も否定されることになる。なぜなら、人間の欲望を基礎にした社会構造は、現代も変化していない。多くの人々は、名利を求め見愛我慢の心に無反省に生きている。

そのような社会において神祇に帰依しないとは、単に神祇を拝まないといった意味ではなく、神祇に帰依する精神世界・価値世界とそれをもとにした権力関係から離れ、「世をいとふ」[63]主体が成立することを意味する。

親鸞は歴史のなかで、その状況に埋没せず、歴史を超えてあらゆる歴史社会に生きる人間にも通ずる思想を浄土教が展開する過程のなかで、真宗信仰を確立していたのである。佐藤の見解は、神祇を拝むか拝まないかといった表面的態度のみの分析によって生じた誤りだったのである。やはり、結果の部分だけでの分析ではなく、親鸞の信仰領域まで立ち入って検討しなければ、歴史に現れた思想全体の理解には至らないということだろう。

おわりに

以上、佐藤弘夫の論に導かれながら確認してきたように、親鸞の信仰は、来世往生信仰が中心の浄土教理解のなかで、往生を来世のみの問題にせず、現生で信が成立した時点において正定聚に定まることで、如来と等しい慈悲の実践を志向する主体の成立を意味するものであった。その内実は、自我が否定され利他を願う主体が成立することにより、「仏道の正因」に立ち戻るものでもあった。

親鸞は、それまで対象的に求められていた慈悲を、他力廻向と表現することによって、煩悩具足の凡夫における利他行の根拠と規定したのである。よって、欲望を来世へ持ち越すことで成就されるといった形態の自我宗教化していた浄土教を、「大乗の至極」として復活させていた。そのなかで、神祇に対する不帰依は、信が成立することが煩悩を基礎として成立している社会価値全体の否定を伴うものであるから、「世をいとふしるし」が成立することでもある。それは、親鸞の浄土教が来世往生の平等性を確保するだけではなく、社会的束縛からの解放をも意味し、さらに踏み込んで仏教を現実の生へと還元し、「生き方」を伴って確立することを意味した。そのことにより、歴史のなかに利他を願う仏教徒として生きるがゆえに神に帰依することを必要としない、神に祈って自らの欲望を充足させることを是としない信仰主体が成立することとなったのである。つまり、親鸞における神祇への態度は、主体のうえで信が歴史社会化した結果としての、不帰依だったのである。

最後に、親鸞の神祇に関して言及しておかなければならない表現の問題として、神祇護念理解がある。すでに河田光夫によって指摘されているように、「まづよろづの仏・菩薩をかろしめまひらせ、よろづの神祇・冥道をあなづりすてたてまつること申すこと、この事ゆめ〳〵なきことなり(64)」の意味は、「禁止」ではなく「否定」である(65)であるから、神祇護念は不帰依の徹底となる(66)。

仏に帰依することで利他が目的となることは、自らの欲望の充足を目的としない生き方が成立することであった。いったん帰依すべきものではないと確信した神祇に、再び自己の欲望充足をたのむようになれば、それは、権力・世間的価値観に再呪縛されることを意味する。信が成立することにより神を畏れない主体が成立したということは、当該時代で無意識のうちに前提とされている価値体系から意識的に抜け出し、世間の名利等を求めなくなる主体が成立することであった。ゆえに、神祇によって護ってもらう必要がなくなるのである。世間の価値体系に支えられる神祇にたのみ、護ってほしいと思うことは、世間の価値体系に再参入することであり、神々を畏れることを意味するのであった。継続的に自己反省をして信仰を確認する作業を要請するものもまた、本願力廻向の信成立のあかしなのである。だから、神祇を護念するものと位置づけず、拝するもの・感謝するものと意味づける捉え方は、親鸞の神祇観をまっとうに理解していないということになる。

したがって、親鸞の示した神祇護念とは、神祇への不帰依を徹底した結果的表現だったのである(67)。これまで見てきたとおり、親鸞の救済における神祇不帰依とは、自我を否定する信が成立することによって志される利他志向主体における、信成立の必然的社会態度だったことがあらためて確認されるのである。このことは、いかなる歴史状況のなかでも、信にもとづいた主体が成立するときには、必然的に神祇による呪縛とそれを支える価値体系を厭う主体の成立を意味することを忘れてはならないのである。

註

（1）『教行証文類』「化身土巻」（『定本親鸞聖人全集』法藏館、二〇〇八年）三三七頁。以下、『定本親鸞聖人全集』全九巻（法藏館、二〇〇八年）の引用に際しては、『定親全』と略記する。

（2）末木文美士『日本宗教史』岩波新書、二〇〇六年。

（3）親鸞の神祇観に関する研究は数多くなされている。詳しくは拙稿「親鸞の宗教的・社会的立場――神祇観を通して――」（『仏教史研究』三九、二〇〇三年）、本書第一部第二章参照。

（4）編集委員会「神仏習合とモダニティ〈編集意図〉」（『宗教研究』八一―二、二〇〇七年）では「従来の研究において神仏分離という事象が問われることがあっても、そもそも神仏習合とは何か、日本文化史において神仏習合はどのように位置づけられるのか、そしてなぜ近代国民国家は神仏習合を排除しようとしたのか、といった根本的な問いかけは棚上げされたままである。（中略）モダニティが排除しようとした神仏習合思想、そして国家レベルでの否定があったにも拘わらず現在でも続く神仏習合への希求、この問題を解決しない限り、日本の宗教研究は民衆から乖離したまま、リアリティなきもので終わってしまうのではないだろうか」（i～ii頁）といった問題提起がされ、論考が発表されている。

（5）そのような研究状況において藤村研之の業績は注目すべきである。藤村研之「親鸞の神祇観をめぐる諸問題」（『仏教史研究』二八、一九九一年）、同「本願寺教団における「神祇不拝」の形成」（『真宗研究』三九、一九九五年）、同「親鸞の信仰と神祇」（日野賢隆先生還暦記念会『仏教　その文化と歴史――日野賢隆先生還暦記念――』永田文昌堂、一九九六年)。
(6)佐藤弘夫「専修念仏と神祇不拝――なぜ念仏は弾圧されたのか――」(『真宗教学研究』二八、二〇〇七年)。
(7)本章では、親鸞の神祇に関する態度を親鸞の表記に従って「神祇不帰依」とするが、先行研究で「神祇不拝」と表記しているものは論者の表記に従ってそのように表記する。
(8)佐藤弘夫「旧仏教と鎌倉新仏教の関係をどうみるか」(『争点日本の歴史』第四巻、新人物往来社、一九九一年)、末木文美士「鎌倉仏教の特質」(『日本の時代史』八、吉川弘文館、二〇〇三年)など参照。
(9)黒田俊雄『日本中世の国家と宗教』(岩波書店、一九七五年)、同『寺社勢力』(岩波新書、一九八〇年)、同『王法と仏法』(法藏館、一九八〇年)などがあげられる。また、同「中世寺社勢力論」(『岩波講座　日本歴史』六、岩波書店、一九七五年)にその論点が要約されている。
(10)いまだ鎌倉時代における旧仏教・新仏教という分類は有効であると考えるので、本章においては、顕密仏教を「旧仏教」、異端とされた仏教集団を「新仏教」と呼ぶ。
(11)平雅行「鎌倉仏教論」(『岩波講座　日本通史』第八巻〈岩波書店、一九九四年〉)二六三頁。黒田の顕密体制論の意義を総合的にまとめたものとしては、平雅行「顕密体制論について」(『黒田俊雄著作集』第二巻、法藏館、一九九四年)参照。
(12)前掲註(11)平「鎌倉仏教論」二九四頁。
(13)同右、二九一頁。
(14)本書第二部第二章「親鸞の信と自然法爾」参照。
(15)佐藤弘夫「神仏習合と神祇不拝」(『日本史研究』五一一、二〇〇五年)。
(16)同右、二三三頁。
(17)同右、二三三頁。
(18)同右、二三三頁。
(19)佐藤は、近年の中世史研究において、かつての仏教中心の立場から神仏習合論へと関心が移動したことの背景を

「神々の占める位置の大きさにもかかわらず、顕密体制論を始めとする従来の研究が神祇の問題を十分に吸収し切れていないという反省がある」（前掲註(15)「神仏習合と神祇不拝」三〇頁）と指摘する。

(20) 同右、三三～三四頁。

(21) 「「神仏習合」論の形成の史的背景」（『宗教研究』八一―二、二〇〇七年）二一三～二一四頁。

(22) 同右、二一四頁。このような主張のもと「中世人の感覚としては、本地―垂迹はインドの仏が神の姿をとって日本に出現したというものではなかった。――この世界の根源には、世俗世界を超越する何らかの究極的存在（「あの世の仏」）が実在する。それは末法辺土に生きる凡夫・悪人には容易に認知できるようなものではなかった。そこで超越的存在はそれらの人々を救うべく、目に見える姿をとって、その眼差しを実感できる形をもってこの世に出現した。それが垂迹（「この世の神仏」）にほかならない」（前掲註(21)「「神仏習合」論の形成の史的背景」二二六頁）と規定している。

(23) 佐藤は「旧仏教が装っていた民衆性のもつ問題点は、諸仏諸行による救済を肯定することによって、支配者―被支配者、僧―俗といった現世的なタテの社会関係を純然たる宗教的次元の救済論のなかにまで持ちこんだ点にあった。法然や親鸞はそうした旧仏教の理念の背後に潜む欺瞞を鋭く見抜き、念仏一行以外のすべての教行を否定することによって救済行の一元化を達成した。その結果、その宗教においてはあらゆる人が身分や地位や権威に関わりなく、仏や法といった普遍的価値の下に平等に位置づけられることになったのである」（『鎌倉仏教』〈第三文明社、一九九四年〉一一二頁）と述べ、また「旧仏教の説く〈融和の論理〉は、複数の教行間に優劣の序列を設け、それを修しての救済に差別を措定することによって、称名念仏などの「易行」を奉持する被支配民衆を、自らの構想する重層的な宗教秩序のなかに取り込み、その最下層に位置づけるという役割を担うものであった」（『神・仏・王権の中世』〈法藏館、一九九八年〉一〇五頁）と指摘している。

(24) 佐藤による中世宗教史研究の成果については、佐藤弘夫『日本中世の国家と仏教』（吉川弘文館、一九八七年）、同『鎌倉仏教』（第三文明社、一九九四年）、前掲註(23)同『神・仏・王権の中世』、同『神国日本』（筑摩書房、二〇〇六年）などを参照。

(25) 前掲註(15)佐藤「神仏習合と神祇不拝」三七頁。
(26) 前掲註(23)佐藤『神・仏・王権の中世』一〇六頁。
(27) 同右、一〇六～一〇七頁。
(28) 前掲註(24)佐藤『鎌倉仏教』参照。そもそも弥陀仏の存在を否定することが、親鸞らにおける信仰の目的ではないので、存在が完全に否定されていない部分が残ることはさしたる問題とはいえないのではないだろうか。
(29) 佐藤弘夫「専修念仏と神祇不拝――なぜ念仏は弾圧されたのか――」(『真宗教学研究』二八、二〇〇七年)一二七頁。
(30) 佐藤は「法然・親鸞については、その後、平雅行氏の詳細な研究(『日本中世の社会と仏教』〈塙書房、一九九二年〉所収の諸論考)が発表され、〈選択〉などというおおまかな図式で彼らを捉えようとした私の見方は、ほとんど研究史上の意義を失うに到った」(前掲註(23)『神・仏・王権の中世』四五五頁)ということも表明しているのだが、その後に発表されている論考などにおいても、親鸞に関する理解は一貫している。よって、本章においては佐藤の各論を一貫した佐藤論として扱った。
(31) この問題に関しては、信楽峻麿監修『親鸞大系　思想篇』第十巻・証Ⅱ(法藏館、一九八九年)に詳しい。
(32) 拙稿「親鸞における信仰と実践――特に信仰の構造における実践の位置について――」(『龍谷史壇』一二一、二〇〇四年)参照(本書第一部第一章「親鸞の信仰の構造と実践の関係」として所収)。
(33) 『善性本御消息集』(『定親全』第三巻・書簡篇)一六二～一六三頁。
(34) 『末灯鈔』(『定親全』第三巻・書簡篇)六九頁。
(35) 同右。
(36) この点に関しては、斎藤信行「『歎異抄』にみられる真宗信仰の変容――特に「如来とひとし」ということを手がかりにして――」(『国史学研究』三九、二〇〇七年)に詳しい。
(37) 『浄土真宗聖典』註釈版・第二版(本願寺出版社、二〇〇四年)補註の「正定聚」(一五六一頁)を参照。
(38) 『教行証文類』「行巻」(『定親全』第一巻)六八頁。

(39)『正像末和讃』（『定親全』第二巻・和讃篇）一四五頁。
(40)同右。
(41)『正像末和讃』（『定親全』第二巻・和讃篇）一四五頁。
(42)『教行証文類』「信巻」（『定親全』第一巻）一二七頁。
(43)『教行証文類』「信巻」（『定親全』第一巻）一四〇頁。
(44)『教行証文類』「信巻」（『定親全』第一巻）一三四頁。
(45)『末灯鈔』（『定親全』第三巻・書簡篇）八九頁。
(46)『教行証文類』「信巻」（『定親全』第一巻）一〇二頁。
(47)『歎異抄』（『定親全』第四巻・言行篇(1)）八頁。
(48)前掲註(23)佐藤『神・仏・王権の中世』四一五〜四一六頁。
(49)藤村研之「親鸞における造悪無碍批判と「自然法爾」」（『仏教史研究』三一、一九九四年）、同「自然法爾と「本覚思想」」（『宗学院論集』六九、一九九七年）。
(50)『末灯鈔』（『定親全』第三巻・書簡篇）七三〜七四頁。
(51)『教行証文類』「証巻」（『定親全』第一巻）二一五〜二一六頁。
(52)山折哲雄も「親鸞のいう「神祇不拝」は必ずしも「神祇否定」を意味するのではないだろう、と思ってきた。親鸞は主体的には神祇不拝の立場に立ったけれども、客観的には神祇を否定するところまで行き着くことはなかったのではないか、と考えてきた。一言で言えば、親鸞は「カミ」を拝むことはみずからに禁じたけれども、「カミ」の存在を否定することはしなかった」（『親鸞をよむ』〈岩波新書、二〇〇七年〉四〇頁）と言い、また「彼（親鸞：筆者補）の念頭には、阿弥陀如来（ホトケ）か神祇（カミ）かといったような二者択一的な思考は、そもそもはじめから存在していなかった。宇宙全体を見渡したとき、その広大な空間のなかに「真仏土」や「化身土」が存在しているように、目を転じさえすれば鬼神や魔の住む別の世界が忽然と姿をあらわしていたのである。（中略）さきに述べた二項対立のイデオロギー的思考に対比していえば、これは多項の同時併存を許容するコスモロジー的思考と呼ぶことができるのではないかと思う」といった見解を述べており、佐藤と同様に弥陀仏を実体化して理解している。もちろん二項対立ではないのだが、多神観でもない。実体仏の一つとして理解してしまうことにより、親鸞が神祇に帰依しないといったことの意味が、コスモロジーなどといった抽象的な概念での理解となったのだろう。実体化による誤解は広範囲に存在していると言わなければならない。

(53)『教行証文類』「化身土巻」(『定親全』第一巻)三六〇頁。

(54)『教行証文類』「化身土巻」(『定親全』第一巻)三五八頁。

(55)『教行証文類』「化身土巻」(『定親全』第一巻)三八〇頁。

(56)前掲註(15)佐藤「神仏習合と神祇不拝」三八頁。

(57)佐藤は『神国日本』(筑摩書房、二〇〇六年)においても「法然の特色は、救済に不可欠の役割を果たすと信じられていた垂迹を、救済の体系から完全に排除した理由を構築した点にあった。法然は念仏を称えることによって、身分や階層に関わりなく、だれもが本地の弥陀の本願に乗じて平等に極楽浄土に往生できることを強調した。人はだれも彼岸の阿弥陀仏と直接縁を結ぶことができるのであり、真の救済のためには、両者の間に介在する宗教的シンボル(垂迹)への帰依は百害あって一利なしとされた。専修念仏の神祇不拝は、こうした救済論の必然的な帰結だったのである。法然の思想には、本来現実の国家や社会のあり方を批判するような政治性は皆無だった。しかしそれは、垂迹の権威を荘園支配のイデオロギー的基盤としていた権門寺社や支配勢力からすれば、当然の支配秩序そのものに対する公然たる反逆以外の何ものでもなかった。垂迹の否定は、とりもなおさず神国思想の否定でもあった。専修念仏が単に伝統仏教界から目の敵にされるだけでなく、国家権力を発動しての弾圧を受けることになった理由は、まさにこの点にあったのだ」(一四六頁)と同様の見解を示し、当初から現在に至るまで理解が一貫していることが確認される。

(58)竹内理三編『鎌倉遺文』一五八六号(古文書編第三巻、東京堂出版、一九七二年)。

(59)竹内理三編『鎌倉遺文』三三三四号(古文書編第五巻、東京堂出版、一九七三年)。

(60)これに対し藤村研之は、「そもそも〈選択〉主義と一仏至上主義が祖師の切り拓いた最も注目すべき思想的達成なのか。佐藤氏はそれをほとんど論証なしに主張するが、果たして本当にそうなのだろうか。だからといって、それが本当に親鸞の信仰そのものを受けいれたことによって生じたものであるか否かを判断するには、より慎重な論議が必要なのではなかろうか。一見同じように見える運動が生じても、目的が相違するようなことは多々ある。（中略）佐藤氏の意見はまさに二葉氏が指摘した「宗教の立場を社会的条件の反映としてのみ考察するという限界」を露呈するものといえまいか。「社会諸条件の反映」のいずれに歴史的意義を見出すかは、それはそれで意味のあることであろうが、そのことが信仰そのものを問題にすることとは直結しないということを十分に理解しなければならないのではないだろうか」と疑問を示し批判している。藤村研之「真宗における「すくい」」（福嶋寛隆編『日本思想史における国家と宗教』上巻、永田文昌堂、一九九九年）参照。

(61)　前掲註(29)佐藤論文。

(62)　佐藤が中世における法然・親鸞らの宗教を描き出す場合、「教理史中心の仏教史学に対する反発があり、教学の歴史ではない鎌倉仏教論を書きたいという願望があった。『鎌倉仏教』はそうした問題意識の延長線上に生まれたもの」（佐藤弘夫『鎌倉仏教』）と言うが、やはり内面における信仰を検証し、その信仰の必然として表現される立場や主張を理解しなければ、整合性のとれないものとなってしまう。教学や信仰を踏まえずに仏教論を書くと、その姿を描きながら取り逃がす結果となってしまうのではないか。その結果「親鸞以降、覚如や存覚の手によって旧仏教との思想面での妥協が進められていた。蓮如はそうした伝統をひとたび清算し、親鸞にみられた阿弥陀一仏至上主義と（選択）にもとづく専修を復活させようとした。ここに唯一至上として、弥陀が再び姿をあらわすことになったのである」といった結論となったのであろう。しかし、この論に沿って考えてみると、権益拡大に利用したとすれば、宗教利用であり、権力者が宗教を利用したことと同じ内実をもったものだったということになる。また、蓮如の信仰が親鸞から離れていないということであれば、親鸞も宗教利用によって民衆を解放することが目的だったということになりはしないだろうか。いずれも親鸞の信からは発想だにされない内容であることはいうまでもないだろう。ただし、この問題は多岐にわたるので、今後論を改めて検討することとしたい。

(63)　『末灯鈔』（『定親全』第三巻・書簡篇）一一二頁。

(64)『親鸞聖人御消息集』(『定親全』第三巻・書簡篇）一三四頁。
(65) 河田光夫「念仏弾圧事件と親鸞」(『親鸞の思想形成』〈『河田光夫著作集』第三巻、明石書店、一九九五年、初出一九六七年〉）参照。
(66) この点に関しては斎藤信行「親鸞の信仰とその歴史性（下）」(『仏教史研究』四二、二〇〇六年）が指摘しているとおりであり、河田の見解をそのまま認めるわけではないが、「禁止」の否定といった部分に関して認めるものである。
(67) 川本義昭「真宗神祇論ノート――親鸞の神祇観＝「神祇不拝」の構造とその変容――」(福嶋寛隆編『日本思想史における国家と宗教』上巻〈永田文昌堂、一九九九年〉参照)。

第四章　親鸞の歴史観における信の意義

はじめに

　時代の混沌に世界中すべての人が巻き込まれていくなかで、時代を超えて親鸞の思想が注目を集めるのは何故なのだろうか。戦後、広く中世の民衆とともに歩んだ親鸞像へと解放されたはずの親鸞研究の成果は、信仰の内実と実践の関係がわずかながら問題とされつつも、(1)本質的な課題として取り上げられることがないままに現在を迎えている。これまでの研究成果を継承しながら進展しているとは到底考えられない現在の親鸞研究をめぐる問題は、今後の重要な課題としてあげられるのだが、(2)その前提として親鸞の信にもとづいた歴史観を明らかにしておかなければならないだろう。なぜなら、親鸞の信にもとづいた歴史観がいかなるものであったかを知ることは、そのまま、信が人間にどのような価値基準を成立させ、現実状況のなかでいかなる立場をもたらすものであるかを知ることとなるからである。

　そこで本章では、親鸞の末法観を問題の中心として取り上げ、親鸞が自らの生きる歴史社会をどのように認識していたのかといった意味での歴史観を明らかにしていきたい。

一　親鸞の歴史観研究の変遷

親鸞の歴史観に関する研究においては、これまで千五百年説と二千年説の相違理由についてばかりが注目されてきたのだが[3]、本来は、なぜ千五百年説と二千年説の二説が語られたのかという点ではなく、どのような立場からそれぞれの説が提示されたのか、という点に着目されるべきなのではなかろうか。いずれの説の立場も、親鸞自身が現実を末法と認識していたとする点では共通している。親鸞においては、かつて柏原祐泉が指摘したような[4]、「純教法的立場」とか「歴史的立場」とかといった立場の相違を意識しておらず、むしろ、千五百年説に立っても二千年説に立っても、現状が末法であることに変わりがないことを強調する立場に立っていたと考えなければならない。教法の具体化は教法の歴史化と不可分であり、それは必ず史上の人格やその集合体である教団の成立をもって歴史社会のなかで具現する。いかなる宗教も、歴史上の主体の営みを通してしか、その姿を現すことはない。

筆者はすでに、歴史社会のほかに宗教的世界があると想定されていること自体に問題があることを、方法論の誤りとして指摘してきた[5]。本章では、そこからさらに踏み込んで、親鸞の信仰そのものの基本ラインとなる信成立に伴う価値基準が、具体的にはどのようなものであったかを、親鸞の信と歴史観との関係性を問題とすることで明らかにしたいと考えているのである。

これまで親鸞の歴史観についての研究は、主に親鸞における末法観の研究として扱われてきた。末法観を扱った研究において課題となったものをおおまかにまとめてみると、

一、親鸞の『教行証文類』における正像千五百年説と、建長七年（一二五五）の『皇太子聖徳奉讃』や正嘉元年

（一二五七）および二年の『正像末和讃』における正像二千年説の二説を使用する理由についての研究(6)
二、『教行証文類』「化身土巻」中の『末法灯明記』引用の理由についての研究(7)
三、親鸞の末法観と三願転入・悪人の自覚の関係性についての研究(8)
四、親鸞の末法観は旧仏教批判の立場に立って行われたものであり、当該社会における親鸞の時代認識を律令仏教批判として示したとする研究(9)

の、四項目に分類することができる。とはいうものの、歴史観に関する研究は、一九七〇年代までは隆盛を見せたが、現在では特に注目されているとはいえない状況にある。そのなかで昨今は、二の『末法灯明記』引用の意図についての考察が注目されている。藤場俊基はこの点に着目し、「親鸞がこの書をこの位置に配置する必然性はどこにあるのか、親鸞の最も大切なメッセージはどの言葉に託されているのか、それはどんな意味なのか、親鸞がどのような問題意識のなかで何を課題として『末法灯明記』を引用したのかを、『教行証文類』の前後の文脈に沿って考案(10)」したいとする問題関心から、

承元の弾圧という事件を通して否応なく直面することになった自己存在の根拠への問い、すなわち仏弟子を名告ることの根拠と世俗権力の関係を問う問題意識が、親鸞の『末法灯明記』への着目の原点にある

といった、『教行証文類』への『末法灯明記』引用の意図に、世俗のなかで仏弟子であることの意義を指摘する。こうした信仰と権力とをめぐる関係性の問題化は、今後の研究において注目すべき視点の一つだといえる。三・四は、ともに先にあげた「化身土巻」で三願転入の文のすぐ後に、既成教団批判の文章が配置されていることに注目するものだが、宗学的観点から親鸞の末法観は自身の罪悪感にもとづいて導き出されたと結論するものが多い(11)。しかし、いずれの課題にしても議論が継続的に積み重ねられてきておらず、決定的な結論には至っていないのが現状

である。

また、歴史観・末法観いずれにしても、信仰からの必然性の有無にまで立ち入って検証している論考が見受けられない。さらに、これらの研究に共通する問題としてあげられるのは、親鸞の末法観を中世社会を覆っていた終末論的な末法観を克服する論理を提示したものとして評価する研究である。たとえば、古くは数江教一が、

末法思想は仏教思想においてきわめて独特な頽落史観である。末法はすべてのものを呑みつくし、押し流してゆく抗いがたき濁流のごときものと考えられていた。しかもこの濁流は底のない破滅の淵へ向かって一方的に落ち下ってゆくのみである。（中略）鎌倉新仏教の形成は絶望的な末法観の克服されてゆく過程にほかならないが、法然と親鸞の宗教において、末法の絶望を浄土の救済に転換せしめたものは、末法の内在化、すなわち法滅尽の危機意識を内面的な罪責観と結びつけることであったといってよい。それによって深刻な社会不安におびえていた人々の心は、内面的な罪責の問題に目を向けることを教えられ、末法の衆生なるが故にこそ、返って弥陀の救済にあずかることができるのだという愛の宗教が確立してくる。(12)

と指摘しており(13)、さらに近年の研究においても、市川浩史が、

正法千年・像法千年の説によると一〇五二（永承七）年が入末法の年と考えられていたので、その時期を分水嶺として人々の末法に伴う危機意識が徐々に喚起されてゆき、危機がまだ具体的なタイムテーブルに載らない早いころは宗教意識であった末法の意識が社会的な危機の段階にまで進展していった。そして、そうした危機が仏教の側から提起されたにもかかわらず、案外われわれに看過されていることで重要な事実がある。それは末法および末法に起因する危機の意識が仏教の三時説に説く時間論に由来するものの、仏教のなかには本来その「克服」あるいはそこからの「回復」策は準備されていなかったということである。(14)

と指摘したうえで、「法然や親鸞といった人々は末法の劣機にふさわしい法としての専修念仏を発見し、（中略）あまつさえ末法という一見逆境に見える時ゆえに増し与えられた仏の慈悲のありかを探ったのである」といった結論を導き出しているのであるが、いずれも、親鸞が末法を厭い克服すべきものと認識し、その論理としての末法観を成立させたと論じている点では、共通した認識が根底にあることが確認できるのである。

こうした議論において欠落している視点をいくつか指摘することで、問題を限定してみよう。

まず一つ目の問題点として、親鸞は自らが生きる状況への認識として、現実を末法と見たのであるが、実は親鸞が現実を末法と認識する根拠を問う視点が欠落しているのである。これまでの研究においては、「現実にあった状態がどのようなものだったか」といった視点しかなかった結果、親鸞が存在した時代において末法意識が民衆レベルにまで深く浸透していたから、本人も同様の末法意識をもっていたという、表面的な状況論のみを判断材料として分析されている。親鸞独自の立場が、「なぜ、どのような根拠に立つがゆえに、現実を末法と認識したか」といった視点からの研究が提示されていないのである。いずれの論にしても、親鸞の存在した時代状況そのものが頽落史観的な末法観に覆われていたことを前提とし、それを受容していたうちの一人として親鸞が存在したという認識にもとづいて、研究が出発している。本来、自らの生きる時代がどのような時代か、といった歴史社会認識に関する問題は、極めて主観的な問題のはずである。たとえば、現在が末法であると、どのように多くの人々に言われていたとしても、末法認識の基準が独自に成立している場合には現在を末法と認識しない、ということも考えられるからである。

そうすると、ここで浮かび上がってくる二つ目の問題点は、親鸞は、これまでの研究で自明の前提とされてきているような時代の劣化思想としての歴史観を末法観としてもっていたのだろうか、という疑問である。親鸞において、自らが存在している時代より以前の「かつて」なる正法時代を懐古し、憧憬を抱くような思想があっただろうか。この場合、仮に親鸞が現在を劣化した時代と捉えていたと考えるならば、劣化する以前の時代をどのようなことが可能だったから非末法と認識していたのかが問題となるであろう。さらに、それはそのまま、正法の時代にはどのような主体が成立していたから正法と言えたのかといったことが、あわせて解明すべき問題として設定されてくるのである。すると、親鸞がどのように歴史社会を見ていたかという問題は、そのまま、真宗がいかなる歴史社会認識を主体に成立させるのかという問題だということになる。また、そのような認識をさせる信仰とはいかなるものだったか、もあわせて問い直す問題として設定されることになるのだ。

最後に三つ目の問題点として、これまで末法観として研究されたものには、時間の流れのなかで捉えるいわば縦軸的な歴史意識としての末法観と、当該社会での時代認識として捉える横軸的な歴史意識としての末法観が並存しており、整理されないまま議論が展開されていることが指摘できる。親鸞が当該状況を末法と認識した根拠を明確にする作業がなされていないがゆえに、時代の劣化思想としての末法観と未分別のままに議論が展開されているという状況は、これまで指摘した三つの問題に共通する課題である。

こうした視点を踏まえ、本章においては、親鸞の歴史観を通して親鸞の信と歴史との関係構造を考察することで、親鸞の信仰の歴史的意義を明らかにしていきたい。

二　信による救済の意義

現実を末法と認識するためには、その根拠となる正法が設定され、その正法で成立していた事態が不成立となった場合に非正法の時代だと認識されるはずである。一般的に正法とは、教・行・証が成立する時代、像法とは証が成立せず教・行が成立する時代、末法とは行・証は成立せず教だけが残る時代だと考えられている。[15] 親鸞も、『正像末和讃』で、

釈迦如来かくれまし〳〵て　二千余年になりたまふ　正像の二時はをはりにき　如来の遺弟悲泣せよ
末法五濁の有情の　行証かなはぬときなれば　釈迦の遺法こと〴〵く　竜宮にいりたまひにき[16]

と述べているように、基本的には正・像・末の三時による時代区分を踏襲していたものと考えられる。そして、親鸞自身が存在する時代を「正像の二時はをはりにき」「末法五濁」だと認識していることも、すでに周知されていることである。ここで注意しなければならないことは、先に一つ目の問題点として指摘したように、親鸞が正・像・末という時代区分を受容し現実を末法と見ていたことは確認されるのだが、それは、当該社会における民衆まで浸透していた終末論的な末法観とは異なっていたのではないかという点である。なぜなら、親鸞は同じく『正像末和讃』の冒頭で、

弥陀の本願信ずべし　本願信ずるひとはみな　摂取不捨の利益にて　無上覚おばさとるなり[17]

と、弥陀の本願を信ずる人は「無上覚おばさとる」存在だとの認識を表明しているのである。そのうえで、『教行証文類』の最終段階において、

窃かにおもんみれば、聖道の諸教は行証久しく廃れ、浄土の真宗は証道いま盛んなり。しかるに諸寺の釈門、教に昏くして真仮の門戸を知らず、洛都の儒林、行に迷ひて邪正の道路を弁ふることなし。[18]

という聖道門批判を展開している。「聖道の諸教」が「行証久しく廃れ」ている時代においても、「浄土の真宗は証道いま盛んなり」と述べている点は、親鸞が末法観＝時代の劣化思想・衰退史観という図式を全く保持していな

かったということを証明するものとなるのではないか。当然、末法であるとの認識は成立しているのだが、それがそのまま時代の劣化だと受け容れていることにはならないのである。先の和讃における認識とあわせて考えてみても、末法の世においても「浄土の真宗」にもとづいて生きようとする人々は、「無上覚おばさとる」ことができるので「証道いま盛ん」と認識していたと考えられる。

では、親鸞の信仰構造において、どのような事態が「証」と認識されていたのだろうか。正法で成立する「証」とはどのような事象が起こることを意味すると考えていたかを確認することで、親鸞が悟りの内実をどのようなものと認識していたのかを追及してみたい。

この問題設定を行った場合、「証」と認識されているものの内実の根拠が、釈迦の悟りや救済におかれていたことは容易に想定できる。つまり、親鸞において末法ではない状況としてはどういった時代が想定されていたか、ということを考えることにより、仏教での悟りとその実践がいかなる内容を伴うものだと理解されていたかを知ることができるのではないだろうか。よって、彼が釈迦の救済活動をどのようなものと認識していたのかを、以下で考察してみたい。

親鸞は釈迦について『教行証文類』「総序」において、

浄邦縁熟して、調達、闍世をして逆害を興ぜしむ。浄業機彰れて、釈迦、韋提をして安養を選ばしめたまへり。これすなはち権化の仁斉しく苦悩の群萠を救済し、世雄の悲まさしく逆謗闡提を恵まんと欲す。ゆゑに知んぬ、円融至徳の嘉号は悪を転じて徳を成す正智、難信金剛の信楽は疑を除き証を獲しむる真理なりと。(19)

と語り、また『浄土和讃』では、

弥陀・釈迦方便して　阿難・目連・富楼那・韋提　達多・闍王・頻婆娑羅　耆婆・月光・行雨等

大聖おのおのもろともに　凡愚底下のつみびとを　逆悪もらさぬ誓願に　方便引入せしめけり
釈迦韋提方便して　浄土の機縁熟すれば　雨行大臣証として　闍王逆悪興ぜしむ
定散諸機各別の　自力の三心ひるがへし　如来利他の信心に　通入せむとねがふべし[20]

と述べている。ここで親鸞は、釈迦を他の人々に「安養を選ばしめ」「逆謗闡提を恵まん」存在として認識していることが確認される。さらに、同時代に生きていた人々に関しては、釈迦の教化によって救済された存在だと位置づけている。また、「正信偈」や『歎異抄』にもあるように[21]、弥陀の本願を述べた後に釈迦出世の理由を記述していることからも、親鸞は仏教の中心が弥陀の本願にあると理解したのであるが、同時に釈迦を弥陀の本願を説くためにこの世に現れた仏と理解していたということになるのであろう。ということは、正法の時代においては、弥陀法を悟った人間に教化されることで、周囲に存在する多くの人々が悟りに至っていたと理解していたということになる。そうであれば、釈迦によって救われた存在がどのような状態になったことを、「自力の三心ひるがへし　如来利他の信心に　通入」した結果として語っているかを考えると、おのずと救済の内実が理解されるということなのである。

その救済の典型例としてあげられているのが、『教行証文類』「信巻」に引用される『涅槃経』におけるアジャセの物語である。父王を逆害し、母を幽閉させたことを罪と自覚し、自らもその罪責の念から病に伏すアジャセが、釈迦の教化により救済される過程において、以下のようなやりとりが描かれている。

世尊、われ世間を見るに、伊蘭子より伊蘭樹を生ず、伊蘭より栴檀樹を生ずるをば見ず。われいまはじめて伊蘭子より栴檀樹を生ずるを見る。伊蘭子はわが身これなり。栴檀樹はすなはちこれわが心、無根の信なり。無根とは、われはじめて如来を恭敬せんことを知らず、法・僧を信ぜず、これを無根と名づく。世尊、われもし如来世尊に遇はずは、まさに無量阿僧祇劫において、大地獄にありて無量の苦を受くべし。われいま仏を見たてまつる。ここをもつて仏の得たまふところの功徳を見たてまつり、衆生の煩悩悪心を破壊せしむと。仏ののたまはく、大王、善いかな善いかな、われいまなんぢかならずよく衆生の悪心を破壊することを知れりと。世尊、もしわれあきらかによく衆生のもろもろの悪心を破壊せば、われつねに阿鼻地獄にありて、無量劫のうちにもろもろの衆生のために苦悩を受けしむとも、もつて苦とせずと。その時に、摩伽陀国の無量の人民、ことごとく阿耨多羅三藐三菩提心を発しき。(22)

ここで親鸞は、父王を殺して地獄に堕ちることを恐れていたアジャセの説話によって釈迦における「証」とはどのようなものであったかをあげることで、「無根の信」と表現される信が成立するとは、いかなる主体が成立することであるのかを示している。そのうえで、重罪を犯すことによって地獄に堕ちることを恐れているアジャセが、「世尊、もしわれあきらかによく衆生のもろもろの悪心を破壊せば、われつねに阿鼻地獄にありて、無量劫のうちにもろもろの衆生のために苦悩を受けしむとも、もつて苦とせず」と述べるに至ったことに、注目しなければならない。これは、自我に執着して自分自身の堕地獄の恐れしか考えられなかった存在が、その恐怖心から解き放たれ、一切衆生の悪心が翻り破られることを願う存在へと廻心したことを示すエピソードとして、引用しているのである。それに対し、釈迦は「善いかな善いかな」と、アジャセが一切衆生の悪心を破る道を知ったことを認めている。このことは、「阿闍世とはすなはちこれ煩悩等を具足せるものなり。（中略）すなはちこれ一切いまだ阿耨多羅三藐三菩提心を発せざるものなり(23)」と記されているように、アジャセが悪心に苦しむ衆生の代表として描かれ、そのような衆生の悪心が転回された結果として、自我を超えて利他行を志す主体が成立することを示しているのである。この『涅槃経』のアジャセにおける「無根の信」成立の過程をまとめると、

①　堕地獄への恐れ
↓
②　自らの罪業への反省
↓
③　衆生の悪心を破壊することへの希求

といった経過をたどっていることが確認される。信の成立とは、自己の煩悩を肯定し苦悩する立場から転回し、利他行を志向することで自我を超える主体が成立することが、アジャセを通して示されているのである。このエピソード引用の意味は、親鸞における「信」「証」の理解にもとづいて展開されていると考えられる。つまり、親鸞の救済理解＝「証」の一側面としては、人間の執着が破壊され「信」が成立することにより利他行を志向する主体が成立すること、と認識されていたのである。当然親鸞は、『仏説無量寿経』や『涅槃経』も、ともに正法の時代に釈迦が説いたものだと信じている。それらの経典のなかで中心にあるものは、大乗菩薩道であり、人を度すことが自らの救いとなる願いであることに着目していたのであろう。そして、逆悪を犯した人間が救われるとはどのようなことであるかを示すテキストとして『涅槃経』を理解し、「信巻（末）」に引用した。そうだとすれば、親鸞は利他行の実践を志向する主体の成立と不可分なものとして仏教を理解し、その仏教理解を根拠として現実状況を見た場合、まさしく末法だと認識しえたとは考えられないだろうか。

なるほど親鸞は、信心について説明をするときに、

大慶喜心はすなはちこれ真実信心なり。真実信心はすなはちこれ金剛心なり。金剛心はすなはちこれ願作仏心

なり。願作仏心はすなはちこれ度衆生心なり。度衆生心はすなはちこれ衆生を摂取して安楽浄土に生ぜしむる心なり。この心すなはちこれ大菩提心なり。この心すなはちこれ大慈悲心なり。この心すなはちこれ無量光明慧によりて生ずるがゆゑに。願海平等なるがゆゑに発心等し、発心等しきがゆゑに道等し、道等しきがゆゑに大慈悲等し、大慈悲はこれ仏道の正因なるがゆゑに(24)

と、仏になりたいと願う心（願作仏心）はそのまま、全てのいのちあるものを救いたいと願う心（度衆生心）であり、最終的には「大慈悲心」であると述べ、本来自己中心的でしかない人間が大慈悲を実践する根拠として認識されていたことが確認される。(25)さらに、そのことを「仏道の正因」と結論づけている。(26)信とは、人間に大慈悲の実践を志向させるはたらきであったがゆえに、同時に、それを完全に実践しえない存在性への徹底した反省を「罪悪深重」として生じさせるものだったのである。(27)

以上のことから、親鸞における「信」の成立とは、衆生が自我にもとづいて展開する悪心を反省して翻し、「仏道の正因」である「大慈悲」の実践を志向することで、他の衆生の悪心をすべて破壊することを望む主体が成立すること、と理解されていたと言えるのである。

では次に、そうした「信」が、具体的状況のなかで主体にどのような判断を成立させるのかを検討してみよう。

三　権威主義否定の根拠としての信

歴史の具体的な状況のなかで「信」がどのような主体を成立させ、どのような判断を導き出すのかを検討する場合、『歎異抄』に記載されている、親鸞が、法然の信心も自らの信心も同じものだと言ったことから論争が起きたという親鸞の吉水時代の説話が最も参考になると考えられる。『御伝鈔』にも同じエピソードが掲載されているのだが、『御伝鈔』は、覚如が自らの地位を確保するために、親鸞を神格化し高貴な出自としたことなどから、史料としての信憑性を疑う研究が提出されている。(28) また、『歎異抄』にしても、親鸞の言行録であり親鸞が直接書いたものではないことから、親鸞の言葉としてそのまま引用することには注意を要するとの意見もあるのだが、(29) この信心をめぐる争いは、初期真宗教団の門弟にとって重要視されていたエピソードの一つだと考えられる。それは、親鸞の理解した信心とは何か、を端的に示すものだからである。法然没後、法然が「一所に群会すべからざるものなり」(30) と言っていることからか、法然門下においては、さまざまな争論が起き、「四門徒五義」(31) といわれるように分派していった。こうした覇権争いのなかで、親鸞の信心が法然と同一であると言ったという物語は、親鸞が法然の教えを正統に継承したことを主張する場合の有力な証拠として用いられていたのかもしれない。(32) いずれにしても、信憑性に問題が残るとしてもそれ以上に、親鸞における「信」が具体的状況においていかなる判断を成立させるものであるかを知る手掛かりとして重要だと考えられるのである。

よって、少々長くなるがこのエピソードの全体を知るために、親鸞の吉水時代の信心に関する論争の部分を引用する。

故聖人の御物語に、法然聖人の御とき、御弟子そのかずおはしけるなかに、おなじく御信心のひともすくなくおはしけるにこそ、親鸞御同朋の御なかにして御相論のことさふらひけり。そのゆへは、善信が信心も聖人の御信心も一つなりと仰せのさふらひければ、勢観房・念仏房なんどまふす御同朋達、もてのほかにあらそひたまひて、いかでか聖人の御信心に善信房の信心、一つにはあるべきぞ、とさふらひければ、聖人の御智慧才覚ひろくおはしますに一つならんとまふさばこそひがごとならめ、往生の信心においては、またくことなることなし、たゞ一つなりと御返答ありけれども、なほいかでかその義あらんといふ疑難ありければ、詮ずるところ、聖人の御まへにて自他の是非をさだむべきにて、この子細をまふしあげければ、法然聖人のおほせには、源空が信心も如来よりたまはりたる信心なり。善信房の信心も、如来よりたまはらせたまひたる信心なり、さればたゞ一つなり、別の信心にておはしまさんひとは、源空がまひらんずる浄土へは、よもまひらせたまひ候はじと仰せ候ひしかば、当時の一向専修のひと〴〵のなかにも、親鸞の御信心に一つならぬ御こともさふらふらんとおぼへさふらふ。いづれも〳〵くりごとにてさふらへども、かきつけさふらふなり。(33)

同エピソードを掲載する『御伝鈔』第七段に登場する、正信房(34)とは法名を湛空といい、右京区嵯峨二尊院に住み二尊院中興の祖とされている。安元二年（一一七六）生まれで親鸞より三歳年少だが、早くより法然に帰依し常随の弟子となっていたので、法然流罪のときにも配所へ供したといわれている。また、勢観房源智(35)は知恩院の第二世となった人物であり、念仏房(36)はもとは比叡山の学者で親鸞より十六歳年長の人物である。

この説話をめぐっては、これまで、

信心という最も肝心な問題については、こんな聖道門的な理解しかできていなかったとは、実に意外としか言いようがありません。聖人（親鸞）もおそらくこの論争に当たってそういう驚きと感慨をもたれたのではないでしょうか。(37)

と、『御伝鈔』の著者、覚如の思惑どおり、親鸞のみが法然の信仰を正統に理解しえた人物であるといった発想のもとに、これまで理解されてきた。さらに、そうした理解を基本として、

「如来よりたまはりたる信心」という確かな体験は、念仏者の相互がよく共通するところの実体験であって、そこにこそ「如衆水入海一味」という、同行、同朋の一味なる実感が生まれてくることとなります。(38)

といった、親鸞に同朋意識が成立していたあかしとなる物語だとする理解も多く提示されている。いずれにしても、「他力の信」に着目し、他力であるがゆえに師の法然と同じ信だということを重要視する理解を示しているのである。当然、「他力」の意味を十分に理解していないと、勢観房や念仏房らのように、師匠である法然と同じ「信」であるわけがないといった理解が成立することになる。だが、ここでもう一つ注目すべきことと考えられるのが、法然と同じ「信」を主張した親鸞の「信」理解の現実状況での判断基準が何かを、ここで読み取ることができる点である。

親鸞は自分よりも長く法然のもとに学んでいる先輩たちの前で、その先輩たちが、とても自らの「信」と師法然の「信」が同じとは言えないと主張するなかで、「たまはりたる信」を根拠に、法然と同じ「信」であると主張している。このことは、親鸞にとって「信」が成立するということは、いかなる権威にもゆるがず、おもねらず、「信心の智慧」[39]にもとづいた状況判断主体が成立することを示しているのである。つまり、「信」が成立するということは、その主体が生きる具体的状況のなかにおいて「権威主義否定」という基準が成立することを確認できるのである。逆に、正信房などはそうした「信」の意義を理解しえていなかったから、師法然と自らの「信」が同じだとの判断ができなかったのである。つまり、自我を根拠とする一切の権威主義的な発想を否定し、法然の「信」と自らの「信」が同じだという理解を成立させる根拠が「信」だ、ということができるのである。確かに親鸞は、「化身土巻（末）」において、

夫れ諸の修多羅によつて、真偽を勘決し、外教邪偽の異執を教誡せば、涅槃経に言く、仏に帰依せば、終に更た其余諸天神に帰依せざれと。[40]

と述べ、仏に帰依するものは外道に帰依するな、と、さまざまな書物を引きながら語っている。さらに、その理由

を、

知るべし、外道の所有の三昧は、みな見愛我慢の心を離れず、世間の名利恭敬に貪着するがゆゑなり。(41)

と説明している。仏に帰依する者は天神地祇に帰依する必要がなくなる。それは、天神地祇への信仰が、人間の「見愛我慢」の心から生じ、その結果「世間の名利恭敬」に執着して、おのれが欲望を満たすことを反省することなく生きているからだ、と親鸞は言うのだ。これは、人間そのものが自我的でしかなく、それを充足するために執着の延長線上で成立させたものが神祇信仰であることを、明確に指摘しているのである。また同時に、仏教に依らなければ、親鸞自らの内発的なものとしては、執着を反省する基準が成立するはずがない、といった自覚も併存していたことが確認される。こうした根拠から成立していた「権威主義の否定」といった現実的な価値判断の基準が、「信」の歴史具体的に展開した生き方の一つといえるのである。

先に指摘したように、親鸞において「信」が成立するとは、衆生の自我にもとづいて展開する悪心を反省し翻して、「仏道の正因」である「大慈悲」の実践を志向して、他の衆生の悪心をすべて破壊することを望む主体が成立することと理解されていた。これは、主体の上に「自我の否定」と「利他の志向」が同時に成立を意味するものであったのだが、さらに、具体的な現実判断の基準として「権威主義の否定」が伴うものであることが確認されるのである。よって、親鸞と同質の「信」が成立しているか否かの基準の一つとして「権威主義否定の契機成立の可否」をあげることが可能となる。親鸞はこのような「他力の信」を根拠として生きることで、必然的に現実が末法であるとの認識が成立したと考えなければならないのである。

すると、教化者意識を強烈に示した蓮如は(42)、その基準に当ててみると自らの内なる「権威主義否定」の契機が成立していないことから、いくら「たまはりたる信」を強調してみても、親鸞と同じ信心理解だったとはいえないことも、ここであわせて確認しておきたい(43)。また最後に、これまで検討してきた課題を抱えながら、親鸞がどのような事態を末法と認識していたかを考察してみたい。

四　親鸞の末法認識

親鸞が「信」にもとづいて歴史社会を見た場合、どのような認識が成立していたのであろうか。確認してきたように、親鸞には、利他を志向し、権威主義を否定する判断基準を伴った主体が、「たまわりたる信」に立脚した「真の仏弟子」である、という認識が成立していた。そうすると、本章第一節で提示した二つの疑問については、おおよその解決への糸口が見いだされてくることとなりそうである。

疑問とは、親鸞においては末法意識が広く蔓延していたから、外発的に末法意識が成立していたのか、という問題と、親鸞が時代の劣化思想のような意識をもって現実を末法と認識していたのか、といった問題であった。そのような問題を正確に解決するためにも、ここで親鸞の末法認識を確認しておきたい。親鸞は、信に立ち現実の社会を見たとき、

五濁増のしるしには　この世の道俗こと〴〵く　外儀は仏教のすがたにて　内心外道を帰敬せり
かなしきかなや道俗の　良時・吉日えらばしめ　天神・地祇をあがめつゝ　卜占祭祀つとめとす
僧ぞ法師のその御名は　たふときことゝきゝしかど　提婆五邪の法にて　いやしきものになづけたり
外道・梵士・尼乾志に　こゝろはかはらぬものとして　如来の法衣をつねにきて　一切鬼神をあがむめり
かなしきかなやこのごろの　和国の道俗みなともに　仏教の威儀をもとゝして　天地の鬼神を尊敬す

五濁邪悪のしるしには　僧ぞ法師といふ御名を　奴婢・僕使になづけてぞ　いやしきものとさだめたる(44)と、総じて、仏教徒が仏教を信仰しているようでありながら、その内実が神祇信仰でしかないことや、それに気づかずに「仏教」として崇敬していることを、悲歎とともに強烈に批判している。これは、仏教本来の目的である利他を呼び起こす「信」が、権威主義の否定の契機となることなどを踏まえると、必然的に生じてくる認識だといえるだろう。さらに、

末法悪世のかなしみは　南都北嶺の仏法者の　輿かく僧達力者法師　高位をもてなす名としたり
仏法あなづるしるしには　比丘・比丘尼を奴婢として　法師・僧徒のたふとさも　僕従もの、名としたり(45)

と、南都北嶺の「ゆ、しき学生(46)」たちが、自らの権力の道具としてしか仏教を理解しておらず、権力の奴隷となっていることに全く無反省の様子を指摘している。そして最後に、「愚禿がかなしみなげきにして述懐」した後に、「この世の本寺本山のいみじき僧とまふすも法師とまふすもうきことなり」と明確に結論を述べているのである(47)。まさに親鸞が、「釈迦の教法ましませど　修すべき有情のなきゆへに　さとりうるもの末法に　一人もあらじとときたまふ(48)」と指摘するとおり、釈迦の教法はあっても、それがどのような主体を成立させるのかを理解する衆生が一切存在せず、権威と権力を恣にする既成仏教集団の在り方自体が、末法の象徴として認識されていたのである。仏教の基本は慈悲を行じることを志向する主体が成立することであったが、仏教徒であると自認する人々の間でさえそれが理解されていない時代だった。にもかかわらず、自らこそを聖・善だと言い張る既成仏教集団の仏教の在り方を見れば、当然非仏教的なものであり、悟りの内実を理解していないものであると言わざるをえなかったのである。そして、そのような自称仏教者が仏教を理解していない事実そのものを指して、親鸞は末法と認識していたと言えるのである。

だから、既成仏教の人々とそれを信奉する人々をして「念仏」や「仏のちかひ」に「こゝろざしのおはしまさぬ」(49)と言ったり、念仏集団への弾圧に際して性信を信じず善鸞に惑わされた人々に対して「信のさだまらず」(50)というような発言がなされていたのである。

これまで、親鸞の末法観と信の関係性を考える場合の典型的な理解として、

親鸞のいう末法思想は道綽の末法思想を法然等の指示において、しかも当時の歴史的、社会的状況を背景にして受容せられたのであろうが、それは単に歴史的時間的なものにとどまることなく、それらを超えた人間の絶対否定ともいうべき立場への背景としての意味を持つものであった。（中略）親鸞の教学が、末法思想をその基礎的立場のうえに受容しつつ、極悪人観の立場をより強く打ち出していったことは明らかであるが、それが法然伝統の浄土一宗念仏一行専修義を承け、その他力実践道を積極的に展開していった。(51)

というような、親鸞が自らの罪業を強く認識し、それを根拠に末法と理解したという見解がある。こうした親鸞の末法観に関する見解には、二重の間違いがあると指摘しなくてはならない。まず一つ目は、周囲の人々が末法だと言っているから親鸞が現実を末法と認識したのではないという点。二つ目は、「極悪人観」が先立って末法と認識したのではなく、利他行を志す根拠が「信」としてすべての衆生に与えられているにもかかわらず、完全に実行できない自らの存在性への反省として「悪」が語られているという視座が欠落しているという点である。

これらの見解においては、親鸞の歴史観と人間観が同時に成立する構造が意識されておらず、なぜこのような認識が成立したのかといった、構造そのものへの問いが発せられていない。こうした研究における親鸞の末法観に対する間違った見解は、そもそも、「信」そのものが親鸞の具体的な生き方や歴史性と連関して理解されていないから生じるものであったということが指摘できるのである。

おわりに

以上のことを踏まえて結論すれば、まず一つ目の問題点に関しては、親鸞における末法意識は決して外発的なものとして成立したのではないという答えが導き出される。親鸞の理解した「信」は、アジャセに見られるように、他の存在のために一切の苦を受けても苦としない、利他主体の成立を意味するものだった。つまり、そのような世俗での価値観と異なる価値観が「信」を根拠として成立していたから、仏教の本来的な利他的主体の成立を一切志向しない現実の既成教団を中心とする現実を見て、まさに末法だと認識した、ということになるのである。決して、自らのおかれた時代が末法だとされていたから、それを克服するための論理として「他力廻向の信」という理解を成立させたのではない。つまり、親鸞の末法観は、状況を克服するためなどの理由で受け容れた受動的な末法観ではなく、信にもとづいて社会を見るときに成立する主体的な末法観であったと指摘できるのである。

次に二つ目の問題点である、時代の劣化思想的な末法観が成立していたのかということに関しては、三つ目の問題点であった、時間的流れのなかで考える縦軸的な歴史認識と、当該社会での状況認識として捉える横軸的な歴史認識とが整理されていないこととあわせて考えてみたい。これまで見てきたように、親鸞においては時代の劣化思想的な末法意識は成立していなかった。むしろ、「信」に立ち現実に向かったときに、突きつけられた現実を理解した結果として成立した現実認識が、末法という認識だったといえるのである。すると、正法の世から一定の年月を経ることで時代が劣化してきた結果として現在が末法だ、といった認識はもっていなかったということになる。つまり、「信」にもとづいて現実の歴史社会を見れば、必然的に現実が末法と認識されてくるということである。つまり、これまで混濁して議論されてきた、時間的縦軸と空間的・状況的横軸をともに束ねてその交差する「現在」に立って、現実を判断する主体が成立していたということができるのである。それは、正法とされる「かつて」がよかったというような発想ではなく、正法でしか成立しないはずの真の仏弟子が、自らの生きる現在において成立することによる歴史社会認識が、親鸞における末法観だったということになるのだ。

これまで重ねて確認してきたように、「信」は「自我を否定」し「利他を志向」する主体を歴史社会に成立させるべく廻向されているものであった。その「信」に立って現実に向き合うと、必然的に「権威主義の否定」を中心とした状況判断が要請されてくるものでもあった。すると、そのようなことが全く意識されておらず、民衆を収奪の対象としかみなさない権力と結びついて国家護持をその生業とする既成仏教教団は、親鸞の目には当然、似非仏教教団と映ることとなり、批判の対象として認識されたのである。よって、「信」は時間軸と状況を超えて、主体に本来の仏教が目指すべき生き方をめざめさせ導くものだと、親鸞には理解されていたのである。

そうした親鸞によって示された、歴史状況に埋没しない主体を成立させる「信」の意義が、現在に至っても、まっとうに継承されていないといえるのではないだろうか。むしろ、親鸞が批判した既成教団と同じ立場に立ち、自己安楽のための浄土往生に終始することで歴史批判すら不可能な状況になっているとすれば、その罪は計り知れないものだと反省しなければならないであろう。

註

（1）二葉憲香『親鸞の研究――親鸞における信と歴史――』（百華苑、一九六二年）、福嶋寛隆『歴史のなかの真宗――自律から従属へ――』（永田文昌堂、二〇〇九年）など。

（2）近年の東西本願寺を中心とした親鸞論での中心的役割を果たしている今井雅晴の親鸞像がなぜ受け入れられ、なにを目的とされているかなどについては、今後論を改め検討する必要があると考えている。

（3）たとえば、「『教行証文類』「化身土巻」で仏滅年代算定の基点としてあげられた元仁元年（一二二四）の年紀に関連して、その著作動機に、朝廷や鎌倉幕府の念仏弾圧に対する悲歎などの、政治的、社会的な要因をもとめる見解があり、それに対し筆者は先に、『教行証文類』は終始、純教法的な立場から記述されていることを主張した。その主張の基本的な根拠は、『教行証文類』をはじめ『浄土和讃』（初稿本）・『高僧和讃』（初稿本）の正像末三時観が正像千五百年説をとり、『浄土和讃』（再稿本）・『皇太子聖徳奉賛讃』（七十五首）・『正像末和讃』などは正像二千年説をとるという末法観の重層性に着目し、建長七年（一二五五、八十三歳）頃を境として、著述の上に純教法的立場から歴史的立場へと展開を示すということの考察にもとづいていた」（柏原祐泉「親鸞における社会観の構造」〈『真宗史・仏教史の研究』第三巻、法藏館、一九九七年〉）。

（4）柏原祐泉「親鸞における末法観の構造」（同『真宗史仏教史の研究Ⅰ　親鸞・中世編』平楽寺書店、一九九五年）。

（5）本書序章を参照のこと。

（6）区分論に関しては、元仁元年を覚信尼の生年に勘決して特別な意味を考えるものとして、中沢見明『史上の親鸞』（文献書院、一九二二年）などがあり、また法然の十三回忌に相当する年に意味を求めるものに、住田知見『教行証文類御自釈管窺』（尾張国講習会内御自釈管窺刊行会、一九三一年）、細川行信「教行証文類に記載の「元仁元年」について」（『高田学報』四五、一九五九年）などがある。

（7）殿内恒「『末法灯明記』の意義についての一考察――親鸞の引用態度を中心に――」（『真宗学』一一一・一一二合併号、二〇〇五年）、藤場俊基「『末法灯明記』の引用と親鸞（前・後）」（『親鸞教学』七〇・七一、一九九七・九八年）。

（8）松原祐善「三願転入と末法史観」（『真宗研究』六、一九六一年）、数江教一『日本の末法思想』（弘文堂、一九六一年）、菊藤明道「親鸞の教学と末法思想」（『真宗研究会紀要』三、一九七一年）、白川晴顕「親鸞教学における末法思想の意義――二種深心との関連において――」（『中央仏教学院紀要』二、一九八五年）、徳永道雄「親鸞聖人における末法観の伝道的立場」（『龍谷大学論集』四四四、一九九四年）、高田信良「「教行証」と「教行証文類」と

「正像末」」（『龍谷紀要』二二―一、二〇〇〇年）など。

(9) 宮崎圓遵「親鸞の立場と『教行証文類』の撰述」（宮崎圓遵著作集編集委員会編『宮崎圓遵著作集第一巻　親鸞の研究（上）』思文閣出版、一九八六年、初出一九五四年）、小川貫弌「真筆の草本『顕化身土文類』」（『真宗研究』二、一九五六年）、高山貞美「親鸞とその時代をめぐって――弾圧と異解を超えて――」（『人間学紀要』三三、二〇〇三年）、森剛史「親鸞の無戒思想――末法の仏者とは――」（『真宗研究』五〇、二〇〇六年）など。

(10) 前掲註(7)藤場「『末法灯明記』の引用と親鸞（前）」。

(11) たとえば、徳永一道「「新しい真俗二諦」の構築か「信心の社会性」の確立か」（浄土真宗本願寺派勧学寮編『浄土真宗と社会――真俗二諦をめぐる諸問題――』永田文昌堂、二〇〇八年）では、「もともと正像末の三時思想が現実の歴史に根拠をおいてのものでないことは極めて明瞭なことで、末法思想はただ人間のつくる歴史世界に対する一つの不信の表明ではないのかと思える。それは宗祖の末法観に明瞭に現れているといえよう。例えばいわゆる正像末の三時思想において、末法時の始まりが仏滅後千五百年か二千年かは断定できないし、同時に三時思想とはまったく異質の五の五百年説もあることからしても、そのことはいえるであろう。これは宗祖においても十分にいえることで、三時思想も末法時の始まりもまことに曖昧なままで依用されているし、さらにまた宗祖の末法観の根拠が三時思想や五の五百年説にあるのではなく、むしろ人間の根源的な罪悪性にあることを考慮すれば、このことはより明確になると思われる」と指摘されている。

(12) 前掲註(8)数江『日本の末法思想』。

(13) さらに、井上光貞も「摂関政治の成熟と天台浄土教の興起」（『新訂日本浄土教成立史の研究』山川出版社、一九七五年）において、「末法思想こそ、厭世観や無常観に重層しつゝ、しかも浄土教の発達をさらに促進せしめたのであるが、この思想が藤原時代に入って貴族の精神生活に影響を及ぼし、就中、あたかも藤原後期のなかごろ永承のころから一そう深刻になってきたのは、既に説かれているごとく、歴史の現実そのものが、経典に説かれるごとき末法の様相を展開してきたからに他ならないであろう。武士や僧兵の横暴、天災や飢饉の頻発はそのまゝに末法の世のあらわれとして、人々の脳中に刻みつけられたのである。たゞこゝに一言したいのは、このような末法の自覚を以てひとり貴族階級のみに結びつけ、その没落観だけによって解釈する考え方は狭きにすぐるという点である。（中略）後に親鸞・法然・日蓮などが、末法におびえる民衆に対し、それぞれの信仰を高唱した所以もまた、ここにあると思うのである。思うに末法思想とは、古代的支配体制の崩壊がもたらしたさまざまな兆候を予兆とし、階級・身分の如何を問わず自覚されてきた社会観ともいうべきものであろう」（一一〇〜一一一頁）と、数江と同様に、退廃的末法観を克服する論理として親鸞らの末法観が提示されていったとの見方をしている。こうした見方は広く一般的な見方として定着しているようである。

(14) 市川浩史『日本中世の歴史意識――三国・末法・日本――』（法藏館、二〇〇五年）。

(15) 『岩波仏教辞典（第二版）』（岩波書店、一九八九年）の「正像末」の項を参照。

(16) 『正像末和讃』（『定本親鸞聖人全集』第二巻・和讃篇〈法藏館、二〇〇八年〉一五九頁）。以下、『定本親鸞聖人全集』全九巻（法藏館、二〇〇八年）の引用に際しては、『定親全』と略記する。

(17) 同右、一五八頁。

(18) 『教行証文類』「化身土巻」（『定親全』第一巻）三八〇頁。

(19) 『教行証文類』「総序」（『定親全』第一巻）五頁。

(20) 『浄土和讃』（『定親全』第二巻・和讃篇）四八〜五〇頁。

(21) 「正信偈」では、はじめに阿弥陀如来が説かれた理由を法蔵神話とともに説明し、その後に釈迦が弥陀法を説く存在として紹介されている。こうした弥陀法を説く存在としての釈迦、といった位置づけは、親鸞においては終始一貫しているといえるだろう。

(22) 『教行証文類』「信巻」（『定親全』第一巻）一七四〜一七五頁。

(23) 『教行証文類』「信巻」（『定親全』第一巻）一七六頁。

(24) 『教行証文類』「信巻」（『定親全』第一巻）一三九頁。

(25) この慈悲を宗教の中心とする考え方について、竹内芳郎「現代世界における日本仏教の課題」（同『ポスト＝モダンと天皇教の現在――現代文明崩壊期に臨んで――』筑摩書房、一九八四年）に重要な提言があるので引用しておきたい。『歴史学研究』は日本の「人民の歴史学」を作ることを綱領に掲げている学問運動の機関誌だが、それにしては、日本の歴史のなかで抹殺することのできない史学上の仕事をした無官「布衣」の歴史家が、どのような史眼を持って歴史を見たか、彼の歴史意識は私たちにそもそも「普遍宗教」なるものの人類史的登場は、未曾有の乱戦、大量虐殺のうちに原始部族共同体および初期古代国家共同体が崩壊してゆくさなか、一切の共同体社会の庇護を奪われて裸形のまま血の海に放り出された無力な個人に救いの手をさしのべようと、それ以前の私のいわゆる「原始宗教」ならびに「国家宗教」と鋭く対立しつつ形成されてきたものであって、その最も主要な特徴は、したがってまず第一に、その無力で悲惨な裸の個人が一切の社会的・国家的役割を剝ぎとられた裸の姿のままで無上の価値を有するという、いわば一切価値の顚倒を成就したこと、第二に、そうした価値顚倒を可能にすべく、いままで無上とされていた王権をもふくめて現世の一切の権威・栄誉・権力を相対化し、これを批判しうるだけの、私のいわゆる「超越性原理」を確立したことだ、と思います。この二つの特徴は、私の知るかぎり、世界のあらゆる普遍宗教に共通して認められるところでして、これを欠いてはそもそも普遍宗教とは言えない。普遍宗教の最も代表的なものの一つたるわが仏教も、むろんこの特徴を鮮烈に示している、と断じてさしつかえありますまい」。

(26) このことについては、正像末和讃において、「南無阿弥陀仏の廻向の　恩徳広大不思議にて　往相廻向の利益には　還相廻向に回入せり」「往相廻向の大慈より　還相廻向の大悲をう　如来の廻向なかりせば　浄土の菩提はいかゞせん」(『定親全』第二巻・和讃篇、一八三〜一八四頁)と述べているように、慈悲心が主体に廻向されることによって成立し、浄土の菩提を求めるようになる、との認識を示している。

(27) 拙稿「親鸞の信仰と実践――特に信仰の構造における実践の位置について――」(『龍谷史壇』一二一、二〇〇四年)、本書第一部第一章参照。

(28) 古くは、前掲註(6)中沢『史上の親鸞』の時点から、このような指摘はされている。

(29) 斎藤信行「真宗史上における『歎異抄』の位置」(『龍谷大学大学院文学研究科紀要』二九、二〇〇七年)参照。

(30) 「没後二箇条事」(石井教道・大橋俊雄編『昭和新修法然上人全集』平楽寺書店、一九五五年)七八三頁。

(31) 信空をリーダーとする白川門徒、親鸞が所属した大谷門徒、正信房湛空の嵯峨門徒、勢観房源智の紫野門徒、の多念義、の五義。

四門徒。覚明房長西の九品寺義、聖光房弁長の鎮西義、善恵房証空の西山義、成覚房幸西の一念義、長楽寺隆寛の
（32）平松令三『親鸞』（吉川弘文館、一九九八年）。
（33）『歎異抄』（『定親全』第四巻・言行篇(1)）三四～三六頁。
（34）法然入滅の中陰三七日供養には施主となり、火葬の後には遺骨を分け、二尊院の墓地に宝塔を建てて、ここを京都の専修念仏の根拠地として活躍した。
（35）寿永二年（一一八三）生まれ。親鸞より十歳年少。嬰児のとき父平師盛が源平の合戦で戦死したので、源氏の探索を逃れて流浪した結果、十三歳の時に法然に預けられ、常随の弟子となった。法然の臨終時には、「一枚起請文」を授けられ、本尊や大谷の坊舎も譲り受けている。のちに大谷の墓堂に法然の遺骨を安置して、寺院として整備した。
（36）法然に出会い、専修念仏に帰依し比叡山を出て隠遁し、晩年、嵯峨の往生院（今の祇王寺）に住んだ。建長三年（一二五一）、九十五歳で没。
（37）平松令三『聖典セミナー親鸞聖人絵伝』（本願寺出版社、一九九七年）。
（38）信楽峻麿『信楽峻麿著作集五　歎異抄講義Ⅱ』（法藏館、二〇〇八年）は、さらに加えて「真宗信心の特性としての、信楽における覚醒、めざめ体験、真心における値遇、であい体験の構造にもとづいてこそいわれたものにほかなりません」と、主体的な理解を試みているが、原理的理解が不明なままである。結局は「如来よりたまはりたる信心」にもとづけば、念仏者相互が平等であることへまなざしが向くので、そのことにより、同座に座ったという発想にとどまり、信と社会との関係などに関しては不明確なままで終わっている。
（39）『正像末和讃』草稿本で、親鸞は「信心の智慧」を「弥陀のちかひは智慧にてましますゆゑに、信ずるこころの出でくるは智慧のおこるとしるべし」と左訓している（『定親全』第二巻・和讃篇、一四五頁）。
（40）『教行証文類』「化身土巻」（『定親全』第一巻）三二七頁。
（41）同右、三六〇頁。

(42) 拙稿「蓮如の救済理解と神祇」(『武田龍精博士退職記念論集　科学時代における人間と宗教』法藏館、二〇一〇年)。
(43) しかも、蓮如の場合は他力の信を「安心」として押さえた。親鸞の「信」から自己安楽を追求する形での「安心」といった線は成立するはずがない。こうした「信」理解がこれまでなされてこなかった結果として、親鸞の救済の現実的意義や、「信」の実践性などが説かれず、死後の往生浄土ばかりに焦点が当てられる教学が成立してしまっているのではないだろうか。
(44)『正像末和讃』(頁。
(45) 同右、二一五～二一六頁。
(46)『歎異抄』(『定親全』第四巻・言行篇(1))五頁。
(47)『正像末和讃』(『定親全』第二巻・和讃篇)二一六～二一七頁。
(48)『正像末和讃』(『定親全』第二巻・和讃篇)一八六頁。
(49)『末灯鈔』(『定親全』第三巻・書簡篇)一〇九頁。
(50)『親鸞聖人御消息集』(『定親全』第三巻・書簡篇)一五〇頁。
(51) 前掲註(8)菊藤「親鸞の教学と末法史観」。

第二部——親鸞における信と実践

第一章　親鸞における伝道という実践の具体的把握
――「非僧非俗」を手掛かりにして――

はじめに

真宗において、親鸞の信にもとづいた実践論が、なぜ、これまで整備されてきていないのであろうか(1)。この問題は、過去の真宗に関する研究において、親鸞の信にもとづいた生き方を他の人へ伝える伝道という実践が具体的に考察されてこなかったことに起因すると考えられる。そこで、親鸞における伝道実践がどのようなものであったかを考える場合、親鸞が歴史社会のなかでいかなる立場に立ち、念仏者としての営みを展開していたのか、を明らかにしなくてはならない。なぜなら、親鸞は自らの人生をかける教えとして浄土真宗を「大乗のなかの至極」(2)と選び取った。その選び取った教えにもとづいて営みを行う親鸞の信仰の姿が、どのようなものであったかという歴史的事実を考慮することを抜きにしては、歴史社会での親鸞自身における伝道実践の実態を知ることはできない。信仰とは人間の日々の生活そのもののうえに現れてくる営みを基礎づけるものである。ゆえに、信仰生活と日々の営み(3)が別個に考えられることがあってはならない。人は自らが大切だと考える価値基準により生活が規定されている。この大切だと考えるものが宗教である場合は、教えの受け止めようが自らの生活の上に営みとして現れてくる。この営みが信仰の姿であり、実践なのである。つまり、いかなる形をとろうとも、人が人として生活する限り営みは行われるものであり、そこには必ず実践が伴っている。よって、真宗における実践の在り方を考えることは、念仏者がどのような営み（生活）を志すかという問題を考えることとなるのだ。

そこで問題となるのは真宗における実践の内実である。戦時中のごとく我が命を君主に捧げるといった実践もあれば[4]、自己の尊厳を求めて生きるといった実践もある。

本質的な実践論を考えるならば、親鸞の教え（親鸞浄土教）から導き出される実践の内実が、本来いかなる方向性をもつものかを具体的に明確化させなければならない。何故なら、真宗における実践の基礎理論構築や踏まえるべき方向性の確認作業がなされないまま、社会の風潮に押し流される形で問題に取り組むことにより、本来真宗が求める関わり方とは全く反対の姿勢で取り組んでしまうことも考えられるからである。極端な言い方をすれば、戦時教学など過去の営為はその積み重ねであり、反省すべき点であるとも言えよう。

そこで、本章においては、まず親鸞の真宗理解から導き出される実践の内実が、本来いかなるものだったのかを、親鸞の「非僧非俗[5]」の宣言がもった宗教的・社会的意義を検証することによって明らかにしたい。このことは歴史社会における真宗の宗教的立場（信仰の立場）のもつ方向性を、親鸞の生き方そのものと、それを取り囲む状況との関係から社会的立場として導き出す必要がある。それにより、親鸞の生き方のなかで発揮された浄土真宗の宗教性が明らかになると考える。

のちに本章第二節において詳しく論証するが、親鸞が「非僧非俗」という言葉で示した自身の立場は、しばしば親鸞の内観として理解され、「僧」「俗」の対立概念を超えた中道思想とする解釈が行われてきた。これを検証し展開させるべく、第三節では親鸞の実践を当時の社会状況のなかで検討することによって、「非僧非俗」の立場が社会に対してどのような意味をもち、どのような影響を及ぼしたかを明らかにする。これらの作業により、親鸞の「非僧非俗」という宣言が単なる内観に止まるものではなく、歴史社会における真宗の信仰にもとづいた実践を営む主体の立場表明であることが具体的に確認されるはずである。

親鸞における具体的な「非僧非俗」としての立場の宗教的・社会的意義を考究することは、そのまま親鸞の信にもとづいた伝道実践の基本的な方向性を明らかにすることとなるだろう。本章では親鸞の歴史社会における「非僧非俗」性の実践を明らかにすることによって、親鸞における伝道実践の基本的立場とその方向性を明らかにしていく。

一　「非僧非俗」の構造と意義

1　「非僧非俗」の内実

親鸞における営みは念仏の教えにもとづくものであり、その信仰生活（営み）は伝道という実践そのものであった。ゆえに、親鸞の伝道実践を知ることは、念仏者が歴史社会上に出現した在りようを知ることであり、念仏者でありたいと願う人々に対して、念仏の教えにもとづいて生きることへの決定的な方向づけを示すものとなるはずである。親鸞自身によって念仏者のあるべき姿が語られている『歎異抄』第七条では、

念仏者は無碍の一道なり。そのいはれいかんとならば、信心の行者には、天神・地祇も敬伏し、魔界・外道も障碍することなし。罪悪も業報を感ずることあたはず、諸善もおよぶことなきゆへなりと云々(6)

と、信によって生み出される念仏者の生き方が、「無碍の一道」という信仰の姿をとると教示している。

では、「無碍の一道」を歩む念仏者の生き方とは具体的にはどのようなものだったのだろうか。その念仏の教えに生きる具体的在りようを、当時の社会に対して親鸞自身が示した念仏者による宗教的・社会的立場の宣言こそ

が、「非僧非俗」の宣言なのである。ということは、親鸞の言う「非僧非俗」性がいかなるものであったかが明らかになることは、そのまま歴史社会において誕生する念仏者の姿、信心に立脚した人間の姿がどのようなものであるかが明らかになることとなる。そして、親鸞は自らが「非僧非俗」という立場をとりながら、他の同朋の者たちにも「非僧非俗」的立場の確立を勧めていたことが、晩年の消息の内容などから窺える。

これらのことより、親鸞における「非僧非俗」が歴史社会においていかなる立場を確保するものであり、念仏者において「非僧非俗」性がどのように確立されるものかを知ることは、親鸞の伝道実践を正しく理解することにつながると考えられる。また、「非僧非俗」を通して親鸞の伝道実践を理解することは、真宗における伝道実践の在るべき方向を明らかにする作業であり、現代において伝道を考える場合にも重要な課題だといえる。(7)

こうした理由から、親鸞における伝道実践の全体性を明らかにするためにも、まずその「非僧非俗」の内実がどう説示されているのかを考察していきたい。

親鸞は「非僧非俗」の言葉を、『教行証文類』「後序」に承元の念仏弾圧と関連して、

ひそかにおもんみれば、聖道の諸教は行証久しく廃れ、浄土の真宗は証道いま盛んなり。しかるに諸寺の釈門、教にくらくして真仮の門戸を知らず、洛都の儒林、行に惑ひて邪正の道路を弁ふることなし。ここをもって興福寺の学徒、太上天皇後鳥羽の院と号す、諱尊成今上　土御門の院と号す、諱為仁聖暦、承元丁卯の歳、仲春上旬の候に奏達す。主上臣下、法に背き義に違し、忿りを成し怨みを結ぶ。これによりて、真宗興隆の大祖源空法師ならびに門徒数輩、罪科を考へず、猥りがはしく死罪に坐す。あるいは僧儀を改めて姓名を賜うて遠流に処す。予はその一つなり。しかればすでに僧に非ず俗に非ず。この故に禿の字を以て姓とす。空師ならびに弟子等、諸方の辺州に坐して五年の居所を経たりき。(8)

と述べている。死罪四名を含むこの弾圧は、当時の法然を中心とする専修念仏教団に壊滅的打撃を与えた。もちろん、念仏は禁止された。「猥りがはしく死罪に」処した天皇以下の権力者（主上臣下）に対する親鸞の憤りが窺える箇所である。この親鸞の憤りは何ゆえ引き起こされなければならなかったのだろうか。

鎌倉時代の宗教統制は基本的には古代、律令国家の定めた『僧尼令』(9)にもとづくものであったので、「僧」になるということは、いわゆる国家仏教を支える国家機構の一員になることを意味していた。「俗」なる立場は、通俗的な人間の欲望をまるごと充足させようとする立場で、「教にくらく」、「邪正の道路を弁」えない人々のことである。(10)これに対し、親鸞は意図的にそうした立場を拒否して、「非僧非俗」の立場の宣言を行ったのである。そうした意味では、親鸞のこの宣言は、律令国家による僧尼規定（僧尼の奴隷化）を自覚的に拒否し、そこから離脱せざるをえない宗教的・社会的立場の樹立にほかならなかった。

では、親鸞にとって「非僧非俗」の立場を成立させる根拠は、何だったのであろうか。以下、親鸞に憤りの自覚を引き起こし、僧尼規定を拒否させた根拠を検証しつつ、親鸞における「非僧非俗」の構造を明らかにしていくこととする。

親鸞における「僧に非ず俗に非ず」という立場はいつ成立したのだろうか。この立場は、言うまでもなく「行証久しく廃れ」た「聖道の諸教」に立つものではなく、「証道いま盛ん」である「浄土の真宗」の教えに立脚している。つまり、念仏の教えに立つ親鸞においては明らかに、これまでの主流としてあった聖道門の仏道が「教にくらくして真仮の門戸を知ら」ないものであると認識されていたのである。このような認識が成立していく過程として、同じく「後序」に「愚禿釈の鸞、建仁辛酉の暦、雑行を棄てて本願に帰す」(11)と述べられているが、仏の本願に帰した時点で原理的には成立していたと考えられる。

2 「非僧非俗」を成立させる根拠

親鸞にとって「本願に帰す」とはどのようなことであったのか。親鸞は、真宗を他のさまざまな仏教と比較していくなかで、

横超は本願を憶念して自力の心を離る、是を横超他力と名付くるなり。これすなはち専のなかの専、頓のなかの頓、真のなかの真、乗のなかの一乗なり。これすなはち真宗なり。(12)

と、他の教法との比較のうえで横超と表現して真宗の教えがいかに優れたものかを示している。では、どの部分が他の仏教より優れていると理解していたのであろうか。この文によると、「本願を憶念して自力の心を離る」ことが可能になることは他力によるものであり、「本願を憶念」することは「自力の心を離る」ことであるから、このことが他のいかなる教えよりも優れた教えであり真宗の肝要だとされている。この自力の心を離れるということについては、自己の入信について語る文中において、

凡そ大小の聖人、一切善人、本願の嘉号を以て己が善根とするが故に、信を生ずること能はず、仏智を了らず。彼の因を建立せることを了知すること能はざるが故に、報土に入ることなきなり。是を以て愚禿釈の鸞、論主の解義を仰ぎ、宗師の勧化に依て、久しく万行諸善の仮門を出でて、永く双樹林下の往生をはなる。善本徳本の真門に廻入して、偏へに難思往生の心を発しき。然るに今、特に方便の真門を出でて選択の願海に転入せり。(13)

と、これまでどこまでもこだわらずにはいられなかった「本願の嘉号を以て己が善根とする」ような「方便の真門」から脱出することによって、「選択の願海に転入」することができたと告白する。これは本願力廻向の信の世界に自らが転入したことを意味している。転入したということは、これまで「本願の嘉号を以て己が善根とする」

ような「方便の真門」なる立場がいかに「自力の心を離」れ難き立場であったかを知ったということである。[14] これまで、本願の嘉号を修しながら、わが身の往生を固く信じてきたのである。しかし、信の世界に転入することで、その「本願の嘉号を己が善根とする」といった行為が全面的に否定され無意味となること、すなわち、その行業が真実の行、如来の行としての大行と知らされ、それに即して求めるところの自我の完全否定と利他へのめざめが自己において全的に現成してきた時に初めて信が成立することを、自らの体験のうえより表白しているのである。

つまり親鸞において「本願に帰す」ということは「自力の心を離」れることであり、「自力といふは、わがみをたのみ、わがこゝろをたのむ、わがちからをはげみ、わがさま〴〵の善根をたのむひとなり[15]」といった「我」およびび「わがもの」を立てる立場がすべて翻ることであった。この翻り難き「我」を我の内において翻させるものは、「本願力廻向の信[16]」として、弥陀の本願力廻向にもとづく信のはたらきであるというのである。

この理解からすると、「非僧非俗」と表現された立場は、本願に帰した念仏者を成立させる信の歴史的現実における顕現だと言えるのである。言うまでもなく、真宗における信とは抽象的に存在するのではなく、念仏者を通して「非僧非俗」として歴史的現実に具現するものであり、言い換えるならば、真宗の教えにもとづいた営みを為す念仏者としての信に立脚した主体の成立を促すものである。ゆえに、主体のうえに成立した信の内実いかんによって、その歴史的現実における具体化としての「非僧非俗」の在りようは、決定的に規定されると考えねばならない。

つまり、「非僧非俗」という立場に立つ主体を生み出すものは、その主体の内面に成立した信心以外の何ものでもないのである。この信と「非僧非俗」との内面的な不可分の関係からして、信心が変質するならば、それに伴って本来的な「非僧非俗」性は必然的に失われてくるであろうし、反対に「非僧非俗」性の喪失という事態は信心の変質を告げているのである。信のはたらきが人間にとってどのようなものであるかの理解が、主体自身の「非僧非俗」性を決定づけるものであるし、親鸞における「非僧非俗」という立場は、確固たる信によって裏付けされた人間の姿が歴史社会において具現した立場だったのである。ここに、親鸞における伝道実践の全体を知ろうとする場合の主眼に「非僧非俗」をおいた意義があるのだ。

それでは、親鸞において「非僧非俗」を規定する信とはいったいどのようなものとして理解されていたのであろうか。親鸞は『教行証文類』「信巻」に「涅槃の真因は唯信心を以てす[17]」と示すように、釈迦教説の本意、仏道の究極はただひとえに信心を信仰主体のうえにおいて確立させてゆくことであった。ここに親鸞における「唯以信心」すなわち、「唯信」の主張の意趣がある。このことは『唯信鈔文意』において、

唯はたゞこのことひとつといふ、ふたつならぶことをきらふことばなり。また唯はひとりといふこゝろなり。信はうたがひなきこゝろなり。すなはちこれ真実の信心なり。虚仮はなれたるこゝろなり、虚はむなしといふ、仮はかりなるといふことなり。虚は実ならぬをいふ、仮は真ならぬをいふなり。本願他力をたのみて自力をはなれたる、これを唯信といふ。[18]

と述べている。信楽峻麿が指摘したように唯には「ひとつ」と「ひとり」の二義があると語っている。[19] はじめの「ひとつ」の語については、「念と声とはひとつこゝろなり[20]」に見られるような同一の意味で使用されるものと、「如実修行相応は信心ひとつにさだめたり[21]」の時に使用されるような専一の意味で使用されるものとが見受けられる。ここで使用されている「ひとつ」とは、その内の専一のほうを意味するものであり、『一念多念文意』に、「専はもはらといふ、一といふなり、もはらといふは余善他仏にうつるこゝろなきをいふなり[22]」と説くように、信が定まった者は、自らの生きる基軸が明確になることで惑うことがなくなり、一向専一な生き方が始まるということで

ある。その時にはすでに「余善他仏にうつるこゝろ」がなくなっており、それは先にあげた『唯信鈔文意』に見られる「信はうたがひなきこゝろ」との自覚との同時成立を示している。

これは、釈尊の教法、先師高僧方の教語を自らの生き方を示す教えと心に定めて帰依することであり、「うたがひなきこゝろ」をもつようになった時には念仏者の生きる態度としては無碍の一道を歩む身に定まるということである。そのような生き方を促すはたらきこそが「虚仮はなれたるこゝろ」である信心であり、主体により唯一つの本物として信心が選びとられた結果が、唯信であると言える。また、その唯一つという選びさえも、実は自分の行為ではなく信のはたらきによって成立するものであることも、見落とされてはならない。

さらに注目すべき点は、「本願他力をたのみて自力をはなれたる、これを唯信といふ」というように、唯信の立場に立つ主体は「自力をはなれたる」者でなくてはならず、それが可能となるところは「本願他力」によってしかないと明言している点である。ここでも、信が自力に執着する心を翻す本願のはたらきとしてあることを述べているのは、親鸞が自力への執着から離れることがいかに難しいことであるかを痛感していたとともに、そのことなしには信が成立することは不可能であるとの、自らの体験にもとづく自覚より導き出された、念仏者に対する教示として受け取ってよいだろう。

親鸞は「信巻」字訓釈にも、信心について「真実の心にして虚仮雑ることなし、正直の心にして邪偽雑ることなし」(23)と述べ、これまで見てきたものと同様に、信心は全く虚仮の交わらざる真実の心であることを強調している。この信心を真実であり、虚仮ならざるものとして強く主張しなければならない理由は、親鸞が真実を追い求めていたからであろう。真実を必死に求めるからこそ、自らの虚仮性が重大な問題となり、転じて真実の非虚仮なる相を如実に知ることとなった。だから、親鸞が真実という場合には、単に信心だけを意味するようなものとして語

られてはおらず、「信巻」至心釈下に『涅槃経』の文を引いて、

真実と言ふは即ちこれ如来なり、如来は即ちこれ真実なり。真実は即ち虚空なり、虚空は即ちこれ真実なり。真実は即ちこれ仏性なり、仏性は即ちこれ真実なり。(24)

と述べているところに明らかなように、如来・虚空・仏性までが真実という言葉で語られている。(25) 親鸞における信とは、帰するところ如来であり、仏性であり、法性であり、法身であるというわけである。これらのすべてが真実だと押さえられている。このようなことから見ると、親鸞においては、真実は人間の側で一切語られることがなく、すべてが仏の側、仏を表現する場合においてのみ語られていることがわかるのである。

では、このように仏の側においてのみ真実が語られていることは、いったい何を意味するのであろうか。「信巻」三心釈下を見れば、人間の姿がいかに真実から遠いものかということを重ねて語る締めくくりとして、

一切凡小、一切時の中に貪愛の心常に能く善心を汚し、瞋憎の心常に能く法財を焼く。急作急修して頭燃を炙ふが如くすれども、衆て雑毒雑修の善と名く、また虚仮諂偽の行と名く、真実の業と名けざるなり。(26)

と述べている。人間は、本来的に貪りの心や瞋り憎しみの心が常にはたらくのみならず、せっかく起こってきた善心も汚し法財をも焼いてしまう存在であるから、いかに一瞬を惜しみ、全生命をかけて真実の行業をなそうとしても、そのすべてが雑毒の善、虚仮の行でしかありえず、人間の自力の上では一切真実というものが成立しない。しかも、善も行も相対的なものでしかなく、絶対の善、真実の行とは言えないと、人間の行為に対する絶対の価値基準を否定しているのである。人間はともすると善行を志し、他を慈しむ場合もある。そのような時も、自らの煩悩の所作によってすべてが嘘の混じった行為となってしまうことの虚しさを熟知していたがゆえに発せられた言葉だと言えよう。また、親鸞自身の罪悪なる相を深く痛み、その内容を吐露している『正像末和讃』では、

浄土真宗に帰すれども　真実の心はありがたし　虚仮不実のわが身にて　清浄の心もさらになし[27]

悪性さらにやめがたし　こゝろは蛇蝎のごとくなり　修善も雑毒なるゆへに　虚仮の行とぞなづけたる[28]

と述べ、「わが身」「この身」は浄土真宗に帰しても、虚仮不実・無慚無愧として、悪性をやめようとしてもやめられぬ存在として規定される。ここでも明らかなように、やはり人間のうえでは真実が成立するものとして語られることはなく、深く「虚仮不実のわが身」ということを思い知らされてきていることを表白している。どこまで行っても出口と灯りのない真っ暗なトンネルのように我執によって閉ざされた自己の内面を、知れば知るだけ悲歎の言葉でしか心情表現できず、自力の立場に立つ限りその閉鎖された世界からの脱出の糸口を発見することができないことを深く信知しているのである。

では、完全なる真実などもちえないと規定される人間において、間違うことのない絶対の真実の判定基準というものはあるのだろうか。これについて親鸞は『歎異抄』に、

聖人のおほせには、善悪のふたつ惣じてもつて存知せざるなり。そのゆへは、如来の御こゝろによしとおぼしめすほどにしりとほしたらばこそ、よきをしりたるにてもあらめ、如来のあしとおぼしめすほどにしりとほしたらばこそ、よきをしりたるにてもあらめ、如来のあしとおぼしめすほどにしりとほしたらばこそ、あしさをしりたるにてもあらめど。[29]

と明確に答えている。絶対の「真実・価値」たる如来のみが、善悪の判定の基準となることができるというのだ。如来が、善を善として、悪を悪として教える唯一のはたらきであった。人間はあくまでも煩悩具足の凡夫であって「そらごとたはごとまことあることなき[30]」世界の存在であり、「たゞ念仏のみ」がまことである。このように自己の存在が徹底して虚仮なる存在であることを深く知るに至るとともに、そのような自己に善悪の判断をもたらすもの

がただ阿弥陀如来の本願のみであることを深く知ることが真実信心のはたらきの内実だったのである。

このことを示してあるのが、「信巻」において善導の『往生礼讃偈』の文を借りて述べる「二種深信」の体験告白である。

深心は即ち是れ真実の信心なり。自身は是れ煩悩を具足せる凡夫、善根薄少にして三界に流転して火宅を出でずと信知す。今弥陀の本弘誓願は、名号を称すること下至十声聞等に及ぶまで、定んで往生を得しむと信知して、一念に至るに及ぶまで、疑心あること無し。かるが故に深心と名づく。(31)

自己に対する信知と如来に対する信知とを語ることは、基本的には、真実の信心とはこのように自己の罪業性と如来の大悲性が、一つのこととして自己において「信知」されてくるという構造をもつことを示している。この「信知」において自己の在りようがその根元において無明であり、煩悩具足の存在にほかならないと知らされてきたのである。(32)自己自身が無明の存在であり、煩悩具足で善根が薄い、と深く信知することは、常に自己ならざる他者、自己を超越した真実からのはたらきかけとの値遇を通してしか、成立しない。

言い換えるならば、無明の闇を知らせる信のはたらきを受け、その信が人間のうえにおいて決定した時に信心は人間のうえに成立するのであり、これまでの闇のなかのみに身をおく存在から抜け出て、自らの存在性を相対化して判断可能なる信の主体となって歴史社会のうえに出現するのである。

信心のはたらきによって自己のうちに知らされてくる自己は、どこまでも真実なき身であり、善悪の判断が難しく、自力の世界にとどまり、常に否定されるべき自力によってしかすべての行為を行うことができない存在だった。まさにわが身は限りなく不実・不善の身なのである。しかしそのような、不実・不善の身がわが身を不実・不善であると知ることは、信心のはたらきによって初めて可能となることを「二種深信」の告白を通して見てきたが、それと同時に、先に確認したように、信心は、自力の執着心を離れさせようとするはたらきとして人間に届いてきているものであった。

3　「非僧非俗」の根拠

これは信心が、ただ単に無明なる自己の在りようを知らせるのみならず、その無明なる自己を翻すような具体的な行動を引き起こさせるはたらきとして成立することを示している。親鸞はこのことについて、念仏者が「往生ねがふしるし」と「世をいとふしるし」という具体的「しるし」を持たなければならないと述べる。

としごろ念仏して往生ねがふしるしには、もとあしかりしわがこゝろをおもひかへして、とも同朋にもねんごろにこゝろのおはしましあはゞこそ、世をいとふしるしにてもさふらはめとこそおぼえさふらへ(33)

親鸞の説く念仏の教えにおいては、「往生ねがふしるし」として「もとあしかりしわがこゝろをおもひかへ」すという自己改革が起こるというのだ。煩悩に狂わされて止悪しようとしても止悪不可能なわが身であることを信知させられるのは、すでに本願に摂取されているからにほかならない。だからこそ放逸無慚な造悪に対してはこれをやめようとするなどの、自己規定をもつことで、「念仏して往生ねがふしるし」や「世をいとふしるし」といった念仏者の具体的なしるしがあると教示するのである。こうした念仏者としての具体的なしるしを保持することは、自己一人のうえに向けられてとどまるのではなく、同じように他の人のうえにも平等に向けられることが要請されてくる。よって、「世をいとふしるし」とは、自己改革を求める願いとともに起こりくる社会改革を求める願いであることを知ることができる。

親鸞はそのような内容をもつ信心の根拠を、「信心といふはすなはち、本願力廻向の信心なり(34)」と「本願力廻向」によることを示している。親鸞にとって、本願のはたらきとして廻向される信心は、歴史社会において「もとあしかりしわがこゝろをおもひかへ」すことができ、自己改革と社会改革を願う人間主体を成立させるものとして、理解されていたのである。つまり、これまで我執に閉ざされ自己中心的だった人間が、我執を翻すことにより利他行を志す主体として生まれ変わるのである。ここに、「本願力廻向の信」が、「非僧非俗」を歴史社会上に成立させる根拠であることを確認することができる。ここで志される利他行とは、完全なる利他を行ずるということではなく、

真実信心すなはちこれ金剛心なり。金剛心すなはちこれ願作仏心なり。願作仏心すなはちこれ度衆生心なり。度衆生心はすなはちこれ衆生を摂取して安楽浄土に生ぜしむる心なり。この心すなはちこれ大菩提心なり。(35)

と、信心の性格をいくつも重ねて、丁寧に述べるなかで「よろづの衆生を仏になさむとおもふこゝろ」(36)である、「大菩提心」によって引き起こされる願いをもつことを意味した。それを親鸞は、「弥陀の悲願を深く信じて、仏にならむとねがふこゝろ」(37)である「願作仏心」と、「よろづの有情を仏になさんとおもふこゝろ」(38)である「度衆生心」であると説示する。つまり親鸞において「大菩提心」たる信心は、自らの往生を願う人間を「願作仏心」により成立させると同時に、その心は他のすべての人々の往生を願う「度衆生心」を持つ主体を成立させるものとして理解されていたのである。このすべての人々を仏にしたいと願う「願作仏心」こそ、罪悪の人間をして利他を志す主体となさしめるはたらきであると言える。このはたらきにより、罪悪の身を抱えつつ利他的行為を願い、行じる身となると親鸞は理解していたのである。

この自己の真実相を知らせ、自力的在りようを翻させる信の根拠である本願力の廻向について、親鸞は「教巻」冒頭に、

　謹んで浄土真宗を按ずるに二種の廻向あり。一には往相、二には還相なり。往相の廻向について、真実の教行信証あり。(39)

と示している。利他を願う主体を成立させる信の根拠である「本願力廻向」に「二種」あるという。しかも、親鸞が「謹んで」「按」じたところ、「二種の廻向」により「浄土真宗」は構成されるというのだ。では、親鸞において「本願力廻向」である、往相・還相の廻向が信心として自身に届くとは、いかなる内実を伴うものとして理解されていたのであろうか。(40)

「廻向」は、先に見てきたように、存在すべての虚仮性を徹底して信知することによって親鸞の上に顕現していた。無明を知らせる信として至り届けられていたのである。信の成立は、自身が廻向のはたらきにより往相性の立場にあることを示すものであり、これまで絶対化していた自我充足の世界が翻されることによって新たに切り拓かれた世界に、我執を離れる願いをもって立ち還るという経験を意味していた。我執を離れたいと願うということは、利他行を行じたいという願いと同時に成立する。虚仮の身を抱えながらも「常行大悲」を行ずることを志すことにより、自身が還相性を伴った立場に立つこととなる。もちろん、完全なる還相廻向としての利他行は、虚仮の身であるがゆえに行じることは不可能である。しかし、「二種の廻向」により、「もとあしかりしわがこゝろをおもひかへ」し、我執を翻すことを志向するようになると同時に、自身や世間の虚仮性を知るがゆえに、我執により造り出されている歴史社会のすべてを絶対化しない立場に立ち、すべての人が念仏の教えに帰することを願う「非僧非俗」的主体が成立することとなる。世間を「非僧非俗」的価値基準をもって生きていく主体が成立することによって、「念仏して往生ねがふしるし」が「世をいとふしるし」として念仏者の上に成立することとなるのである。

煩悩具足のままで「不断煩悩得涅槃」させるものが信心であった。その信心が成立した主体が、歴史社会における自らの立場を表明したものが「非僧非俗」の宣言であり、「非僧非俗」の立場は、本願力廻向によって導き出された、歴史的に具現する念仏者の姿を示すものなのであった。

以上述べてきたことより、「非僧非俗」が本願力廻向の信によって促され規定された、行者＝念仏者の歴史的現実における在りようを示すものであることを確認した。親鸞が「愚禿釈親鸞」と自著することは、信心という宗教的きょうきによって導き出された社会的立場である「非僧非俗」としての自己認識を宣言したものであった。

次に先達による「非僧非俗」についての見解を考察してみよう。

二　「非僧非俗」に対する従来の理解と問題点

1　親鸞による卑謙の称であり姿形の上で捉える理解

まず最初に語彙を求める場合に参考とする辞典においては、「非僧非俗」はどのように解説されているのであろうか。ここに示されている見解は、真宗を学ぶ者の基礎となる捉え方であろう。それだけに、独自性を示してはいないため、そこからは従来の真宗におけるおおまかな理解を知ることが可能である。これまでの理解を代表する見解として『真宗大辞典』を見ると、

宗祖聖人が左遷の後自ら卑謙して僧に非ず俗に非ずとして愚禿の字を用ひ給ふた。化土巻の跋には、『爾れば已に僧に非ず俗に非ず、是の故に禿の字を以て姓と為す』とあり(41)として、『改邪鈔』第三章の説をあげ指し示すとともに、「愚禿をみよ」とあるので参照してみると、

宗祖親鸞聖人の自称。承元元年（一二〇七）聖人三十五歳にして流刑に処せられ、越後に左遷されたる以後終

生之を用ひて愚禿親鸞と称した。教行信証にしばしば見ゆる如くである。（中略）されば流刑に処せられた時僧の儀を改められて俗名を賜はり、公禁を守りて剃髪せないから、これ僧にはあらず、而も猶ほ法服を着けて読経し普通の俗人の如く結髪するに至らないから是れ俗にもあらず、かくの如く僧にも非ず俗にも非ざる形をなしたる事縁に依て禿と称し、且つ顕禿でないことを表はして愚禿と称するに至つたのである。(42)

とある。この解説によれば、「非僧非俗」は親鸞が「自ら卑謙して」いる言葉であり、流罪に関して朝廷の側より俗名を付けられ、与えられた罰によって僧侶としての剃髪をしないので僧侶ではなく、それでも法衣を身につけて読経を行い、普通の俗人のように髪を結うことがないから俗でもない。そして、格好が僧侶でもなく俗人でもないことより、姓を禿と称したが、謙虚にも賢い禿ではなく、自らの愚かさを強調するために愚禿と言ったという。姿形のみを追って述べてあり、「非僧非俗」の理解が形式上のものであり、内面的な要素は、ただ卑謙しているにすぎない、ということになる。つまり、親鸞は歴史的事実である専修念仏弾圧を契機として姿形を変え、僧でもなく俗でもないような外見をしていたので「非僧非俗」と言われたということになっている。ここでは、親鸞における信心理解などとは全く無関係なものとして「非僧非俗」が捉えられていることがわかる。

これに類似した意見は、伝統宗学者といわれる人々の残した講義録の「非僧非俗」についての解釈にも見うけられる。伝統宗学者とは、主に近世後期に活躍した真宗学者の総称である。このような先達の講義録が現在も多く残っており、真宗研究において参考とされている。いずれも熱心に微細な部分まで研究が成されていたことを、その残された文面より窺うことができる。しかし、これらの研究がいくら蓄積されているとはいえ、これらの先行研究に埋没してしまい自らの問題意識をもつことなく、研究者自身の真宗理解の構築を求めていく努力を怠っては、自らが真宗を学ぶことの意味を放棄してしまうことにつながる危険性さえはらんでいると言える。とはいえ、先達の行った研究を十分に参考にし、自らの研究に活かすことは、非常に重要な意味をもつ。よって次に、いわゆる伝統宗学者の中から、現在でも参考にされる機会が多く真宗研究の基本的底流を成していると考えられる、いくつかの意見を参考にして、論を進めていくこととする。

まず、能行説を樹立した石泉派の祖であり、その説が今日に至っても高い評価を受ける石泉僧叡（一七六一～一八二六）の解釈を見てみよう。

非僧非俗といふ、故に禿と名乗る。これ勅免の時、これを書いて奏聞をし給ふに、陛下侍臣感心ある由伝文に云々。その禿を姓とする由といふ。非僧非俗が形名で出来るなり。形を云へば剃髪の身分で非俗。名前は藤井善信なり。それで非僧なり。文字は涅槃経ノ三ノ金剛心品より取る。如来滅後飢饉の時糊口の為に発心する人を禿人と云ふとあり。又同経文に、禁戒を破て守護せぬ者を禿居士と云ふとあり。其言を取りて、この時分の形名の自分に名く。出家した処は非俗。ときに持戒も無き処では非僧なり。当時にあつては、その通りなるに、この期過ぎて捨てたまはず。生涯御名乗り在つた。あれで見れば、我ら凡夫の号を付るやうな、臨時の思ひつきでは無し。(43)

と「非僧非俗」なる言葉の典拠を『涅槃経』第三巻、金剛心品に求め、「非僧非俗」は形から来るものであると先に定義したあと、形から言えば出家して剃髪の身分となったから「非俗」、名から言えば還俗させられて藤井善信であるから無戒者のゆえに「非僧」と解釈している。親鸞流罪後の姿形のうえに、文字を配当したにすぎない見解である。僧叡の解釈は、先に示した理解同様に姿形にのみ注目する形式的解釈に終わっていると言わざるをえない。ただ、「流刑の身分と御定まりなされた初めより、別意を寄せる。その別意の趣は、上にも段々言ふた通り、弘願真宗の機前の心持ちを標するなり(44)」として、流罪の時より別意が生まれ、その意味は真宗を広く人々に伝えることを深く自覚したことであるとしている。このことは「非僧非俗」の自覚が何らかの仏道実践の意図を指し示すようにもとれる。しかし、「非僧非俗」の立場が成立した意義や背景を含めて考慮されているとは言い難い。「非僧非俗」の立場は、それ自身がすでに伝道実践の意味合いをもつものである。その立場をとることは必然的に弾圧を避け難い状況に追い込まれることであり、執拗なる弾圧を通して宣言されたことを考えなければならないはずである。

次に、行信論の権威者として名高かった松島善譲（一八〇七〜一八八六）の説を見てみることとする。松島は、

形はなお剃髪して袈裟衣を著るがゆえに俗に非ず。名は俗名をつけられたるが故に僧に非ず。形と名とにて非僧非俗となす。(45)

とだけ述べて、「非僧非俗」の解釈を終えている。その後に、石泉僧叡に同じく禿の姓を名乗ったことに関して述べるなかで、

金剛心品の上にていえば、餓死を免れるために頭を剃りたるが故に俗に非ず。また禁戒を持せざれば僧に非ず。このところにては流刑に寄せて刑名の非僧非俗をあらわす。(46)

と、濁悪の世に国土が荒れ果ててひどい飢餓が起こることから糊口のために出家するものが禿人であるなどと『涅槃経』に書かれてあるから「非僧非俗」と名乗ったというのである。また、流刑に際しての名乗りでもあるという。流罪と関連させて「非僧非俗」が捉えられようとしていることを窺うことはできるが、実際の流罪がいかなる背景のもと、いかなる意味をもって行われたかは考慮に入れられていない。この点でも、僧叡の見解と大差なく「非僧非俗」が理解されているものと見受けられる。

また、浄満院円月（一八一八〜一八九二）の説にしても、僧鎔（一七二三〜一七八三）の説にしても、興隆（一七五九〜一

八四二）が、

鬚髪を制せざるが故に僧に非ず。又尋常は僧衣を著して僧業を修す。世俗に同じからずがゆえに俗に非ず(47)

と説いているのと同じく、僧叡の説と大同小異であって、ここで求めている「非僧非俗」の立場を示唆するものがあまり認められないようである。ただ、そのようななかにあって、易行院法海（一七六八～一八三四）が「肉食妻帯の思し召しもありとしるべし(48)」と肉食妻帯に言及していることは、親鸞の具体的な仏教者としての実践の姿を指し示そうとする視点が窺えることから注目してよいだろう。

しかし、これらの意見はすべて「非僧非俗」の宣言を内面的に自らを謙遜して述べていると理解していることは事実である。そのことは、すべての理解が、「非僧非俗」の内実よりも「禿」の解釈に重点を置いたものとなっていることからも裏付けられる。しかも、『涅槃経』の出拠をもとに、経文の内容と流罪地における親鸞の姿形と合わせて理解されている。これでは、親鸞の生き方において何ゆえ「非僧非俗」の宣言を行わなくてはならなかったかが明らかにならないばかりか、今求めるところの、浄土真宗の教えのなかで「非僧非俗」がどのような意味をもつものかを知ることはできないようである。ただ単に親鸞がそう言ったのだという事実確認だけを行うならば、のちの念仏者は「非僧非俗」など全く問題にする必要がなくなってしまう。そうなると、親鸞の「非僧非俗」を宣言した意図に背いてしまうおそれが出てくる。慎重に「非僧非俗」の宣言の具体性と方向性を検証していくためにも、さらにさまざまな角度からの理解を参考に論を進めていくこととする。

2　親鸞の内面と歴史社会を切り離して捉える理解

姿形を中心に捉えていく理解のなかにあって、「非僧非俗」の把握が非常に具体的であり興味を引かれるのが、覚如の理解である。覚如は、親鸞が「非僧非俗」の具体的な手本を教信沙弥に見いだしていることを指摘している。

つねの御持言にはわれはこれ賀古の教信沙弥　この沙弥の様禅林の永観の『十因』にみへたり　の定なりと云々。しかれば縡を専修念仏停廃のときの左遷の勅宣によせまし〳〵て、御位署には愚禿の字をのせらる。これすなはち僧にあらず、俗にあらざる儀を表して教信沙弥のごとくなるべしと云々(49)。

教信沙弥とは『真宗大辞典』によれば、

教信はもと興福寺の学匠にして、（中略）厭離穢土欣求浄土の志深く、終に本寺をでて跡を眩まして身に灰を塗り、（中略）草庵を結びてこれに住し髪を剃らず爪をも切らず、袈裟及び法衣も着せず、又西方に礼せず本尊を安置せず、妻を帯して里人に雇使せられ、或いは田畑を耕作し、或いは旅人の荷物を運びて衣食し、常に弥陀仏名を称えてやまなかった。人称して阿弥陀丸と呼んだ。（中略）没後葬るの資金なく家に委棄して野犬の食らうにまかせた(50)。

という人物とされている(51)。「本尊」を安置せず「妻帯」して生産に従事し、常に「弥陀仏名」を称えてやむことなく、死後その死体を「家に委棄して野犬の食らうにまかせた」という生き方が、「某親鸞閉眼せば賀茂河にいれてうをにあたふべし(52)」と『改邪鈔』に親鸞の言葉として伝えられていることからも、教信沙弥の生き方に親鸞が強く惹かれていたことは事実であろう。このように、覚如の「非僧非俗」理解においては外面からの判断に重心をおいて具体的姿を捉えようとして述べられている。しかし、ここでは姿形からの判断を行っているだけであり、内面との関連は、

顕密の諸宗大小乗の教・法になを超過せる弥陀他力の宗旨を心底にたくはへて、外相にはその徳をかくしまし

ます。[53]

と述べられ、内には大変優れた弥陀の教えを信じつつ、外に対しては賢くないように振る舞うことと理解されている。これは、世間においては王法に従うという覚如自身の真宗理解にもとづくものであろう。このような理解の仕方は『愚禿鈔』の示唆を受けたものであろうが、これでは「非僧非俗」が、親鸞を取り巻く社会状況のなかで述べられたものだという事実が判断の材料とはされていないと言えよう。弾圧が親鸞に大きな影響を与えたことは免れようもない事実であるから、そのことへの考慮なくして、信仰と生活との関わりは問題にしえない。覚如の理解も、具体的な姿を示すものの、第一節であげた理解と内実があまり変わらないことになる。

『愚禿鈔』に「非僧非俗」の内実を見いだそうとするこれらの意見に追随するものとして、村上速水の理解があげられる。村上は「非僧非俗」という語句について、

今や親鸞は国家の認める僧ではなくなった。といって、彼を罰した国家権力者（俗）の側にくみする者ではもちろんなかった。僧でもなく俗でもない。彼はその心情を表明して「愚禿」と名乗った。[54]

と、「非僧非俗」の宣言を親鸞と弾圧を行う国家との関係に触れて論じつつ、「愚禿」の解釈に移り、

いわば仏の慈光に映し出された自己の赤裸々な姿を表明したのがこの名告であり、非僧非俗とは阿弥陀仏の救いには僧と俗、在家と出家との区別なく、ひとしく同朋であることを意味しているものともうけとられる。まさに仏の大悲におさめとられたものの慚愧と感謝の交流する心情の表明であった。[55]

というように、結局のところ「非僧非俗」が仏の救いにおける在家と出家との超越性を説いて人間の内では慚愧と感謝の意味をもつものと理解する。「非僧非俗」を心情の問題として観念化させることで、問題を人間の内面に押し込めてしまうことは、「非僧非俗」的生き方を導き出す道を閉ざしてしまう。それは、「非僧非俗」の宣言が発揮

したであろう歴史社会における意義を無視してしまうことにならないだろうか。もし「禿」の姓に「非僧非俗」の意義を見ようとするならば、そのような自覚をもたらす根拠を見いだして、その内面と歴史社会との具体的な関係を視野に入れて理解しなければならない。そのうえで、仏のはたらきがはかり知れないものであり、念仏者が歴史社会において禿人として身を慎ましくして生きていく、ということなら賛同できるが、そこに止まっているのだとしたら、親鸞自身は伝道実践という行動性を持つ必要がなく、社会のなかで自らがいかに生きるかを真剣に問う姿勢があまり積極的に示されてないことになる。

つまり、覚如の意見も村上の意見も、「非僧非俗」が歴史社会のなかでの事象であることがほとんど考慮に入れられていないと言わねばならないであろう。だから、現実的な具体性が必然的に欠如してくるのである。本章で求めるところは歴史社会における念仏者の具体的な姿であるから、このような捉え方を超えるものとして「非僧非俗」の理解を確立していかなければならない。

以上のような「非僧非俗」を内面から見ていく視点とは立場を異にして、社会状況などの外面からのみ照準を合わせる見方もある。その例として、松野純孝は「非僧非俗」が承元の弾圧に強く影響を受けてのことであるとして、自身の見解を以下のように述べる。

いわば他律的な契機に触発されながら、しかも文字どおり「非僧非俗」の体験を愚直にすすめていったところに、「非僧非俗」の体験が深まり、やがてこのことばが、彼独自の主体的言葉となっていったと思われる。とにかく、こうして承元の弾圧が親鸞を「非僧」に追い込み、「禿」の生活を余儀なくさせた一面のあったところに、彼を妻帯生活に踏み込ませる一つの原因のあったことはこれを想像するに難くない(56)。

松野によれば、親鸞の「非僧非俗」は「他律的契機に触発」されたものであり、結婚も、親鸞の信仰にもとづいた自覚的選択によるものではなく、状況に従って行われたとの意味あいを主張しているが、これには安易に賛成し難いものがある。外部からの影響のみで「非僧非俗」の宣言がなされたというのであれば、親鸞の社会的主体は外的な状況に常に左右されていたということになり、ある意味「世間通途」的な生き方をしていたと捉えられかねない。松野は「非僧非俗」を、信仰の問題としてではなく体験として捉えている。これでは「非僧非俗」の立場は明らかにならない。松野の理解で根本的に欠けているのは、「非僧非俗」という立場の宣言をした親鸞の内的要因を見いだしていないことである。

このように、「非僧非俗」の起因を外的要因に重きを置くことで、内的要因を欠きながらもそれを親鸞の信仰全体と把握している見解は、松野だけではなく、佐藤正英にもいえることである。佐藤は、

非僧非俗であることは、朝廷によって「僧儀を改め」られることなしにはありえない。いいかえれば隠遁者たる親鸞を朝廷が官僧と認めていること、つまり朝廷にとって僧侶であると認めていることなしにはありえない。非僧非俗であるとは、世俗世界における官僧という身分を剥奪されたことと不可分である。（中略）非僧非俗という措辞は、他による規定ではなく、なによりも自身の意識による己の把捉だからである。逆にいえば、親鸞は、流罪になるまでは自身の意識において官僧だったのである。(57)

と、「非僧非俗」の宣言が自身の意識にもとづく己の把捉であり、それは「世俗世界における官僧という身分を剥奪されたことと不可分である」と規定するごとく、外的要因によってさらされている自らの状況を、自身の意識から現実把握したものと述べる。内的要因に導かれての外的要因によりもたらされた現実把握であるというのだから一見、実に的確で問題がないように思える。しかし、弾圧を受けて念仏をやめれば「非僧非俗」とならずにすむのに、親鸞は念仏者であることを貫いたので、「非僧非俗」が成立したのである。佐藤の理解においては成立した

「非僧非俗」の背景となる信仰の在りようが問題となっておらず、この宣言の示す宗教的意義を検証していないといえる。これは、佐藤がこの宣言を親鸞「自身の意識による己の把捉」であるとしながら、そのような親鸞の意識をもたらす根拠を求めることなく、現実に起こった事象のみを扱ったからであろう。(58) 親鸞の信仰を探ろうとする場合、必ずその信仰を支える根拠である他力の信の内実を導き出さなくては、親鸞の信仰の姿全体を把握することはできない。信仰を導き出すことは信仰の発揮する倫理性を知ることになる。「非僧非俗」が信心に根拠づけられた社会的立場であることを考慮せずに親鸞における倫理性を導き出したとしても、社会の影響により宣言を行ったという理解しか成立しない。信心が確立された主体による歴史社会的状況下での必然的行動選択に倫理性を見いだす視点が必要なのである。(59)

3　親鸞の信心にもとづく生き方と社会との関係の上で捉える立場

「非僧非俗」について、信心に立脚した主体と、営みが展開される歴史社会との関係に注目する見解は、非常に重要なものである。そのような見解はさまざまな分野から提示されているが、より具体的な「非僧非俗」を、歴史上に現れた信心に立脚した主体としての親鸞に即して求めていくこととする。

宗教哲学を専門とする石田慶和は、「「俗」の唯中に「聖」なる生き方を見出した」人物として親鸞を評価する。石田は親鸞の述べる「非僧非俗」について、

「非僧非俗」は「信」の世界のおのずからなる実現に外ならない。言いかえれば、在俗の生活の唯中に、「信楽」が開発し、「大信心」が開闡することそのことが、「非僧非俗」を可能ならしめる根拠である。(60)

と、信心にその根拠を明確に求め、在俗のなかにおいての信心に立脚した主体の成立が「非僧非俗」性の成立であ

るとしている。そのうえで石田は、

この言葉は、ただ単にこうした客観的条件に迫られて、発撥的に、あるいはやむを得ずとられた態度を表明するにとどまるものではなく、親鸞の思想と実践が必然的にもたらした根本的立場をあらわしているように思われる。その意味では、外的事件に触発されてはいても、むしろ彼の内的な必然性に従って成立したものといわねばならない。すなわち、「非僧非俗」とは、比叡山を下りて法然門下に参じ、念仏の教えを「うけたまはり定めた」親鸞が、六年にわたる研鑽の後に自らの歩む道として選びとった生き方に外ならないのである。[61]

と述べる。ここで、注目されるべき点は「非僧非俗」の立場が「内的な必然性に従って成立したもの」とするところであろう。「非僧非俗」の宣言は弾圧を契機にして発表された立場宣言ではあるが、「非僧非俗」を決定づける根拠は「内的」要因としての信心であり、信心に立脚した親鸞の思想上、弾圧に際して宣言せざるをえなかった社会的立場だと述べている。つまり、親鸞においてのゆるがざる信心によって判断された立場であると言っているのだ。これは、今までの意見のように信心を内面の問題、弾圧を外面の問題と短絡的に片づけてしまうことのできないものとして捉えていることから、非常に重要な意見であると言える。しかし、まだ歴史社会における立場の具体性を示すことに欠けており、「非僧非俗」理解としては不十分だと言わざるをえない。そこで、信心と社会との関係に言及するほかの見解を見てみよう。

真宗学において、「その方法論において、何よりも先ず、かかる歴史的視座を導入して、真宗の原点としての親鸞の信心、思想そのものに的確に回帰し、そこに自己の立脚点を設定するとき、はじめてまことの真宗学が形成されてくるということを銘記すべきであ[62]」るという立場から、新たな分野を切り拓いた信楽峻麿は、「非僧非俗」について、信心によって開けてくる真実を志す世界と、同じく信心により開けてくる罪悪の世界との関係に注目し

て、

「非真非俗」とも置換されうる言葉で、親鸞の生涯を貫く念仏生活の基本的姿勢を表すものとも理解できるであろう。（中略）すなわち、その非真非俗における非真とは出世の否定としての世俗を意味している。また非俗とは、世俗の否定としての出世を意味している。

と述べ、さらに、

親鸞におけるこの非真非俗とは、そういう世俗にありながら世俗に沈んでいることへの悲痛と、しかもまた、つねにそれを超脱して出世に生きようとする志願との鋭い矛盾的交錯を表象し、そしてまた、そういう世俗をすててひたすらに出世を志向し続けてゆく、ただいちずなる生き方を意味している。それは世俗にしか生きられないものが、その世俗の中にたたずみながら、しかもまた念仏申すことを通して、その世俗を虚仮なるものとして見すえ、それに向かって鋭く対峙し、それを相対化し否定し続けてゆくという、たゆみない念仏の実践の中で、その念々においてかろうじて成り立ってゆく、きわめて厳しい選びの世界であった(63)。

と主張する。信楽は「非僧非俗」を「非真非俗」とも言いうるとして、俗の中においてひたすらに真なるものを求めていく念仏者の姿であると規定する。そして、その姿が世俗のなかにおいて念仏申すことを通して到達しうる、世間を虚仮と見据えるまなざしに至り、社会と念仏者とが緊張関係に入っていく、というのだ。このような念仏者の姿勢を支える根底にあるものを唯信の選びとしており、信心を根底とした念仏者の姿勢が打ち出されていると言える。自らの暗さにめざめる自己であるからこそ真実なる世界を目指し、真実なる世界をこの世において目指すからこそ闇の深さを再自覚する。しかしそれでも、真実なる方向を目指してたゆみのない歩みを進めるのが念仏者のあるべき姿であり、「非僧非俗」として示された。信心によるめざめで明らかになった真実と俗との関係に悩む自己存在として、「非真非俗」という世界があると述べるのである。

ここでも先の石田の意見と同様に、信心と社会との関係が真実と在俗とのあいだにおいて緊張関係をもって論じられており、非常に重要視されるべき意見だと言える。真実が発揮される場が在俗のこの歴史社会をおいてほかにないことを示す意見である。しかし、この段階でも、歴史社会においての「非僧非俗」的在り方が抽象的な表現を脱しておらず、親鸞における信心にもとづいた在り方が歴史社会の中でどのようなものであったかをより具体的に探っていく必要があるように思われる。

戦後の親鸞研究において、歴史社会における親鸞思想の全体を検討することで親鸞の信仰の総体を明らかにした二葉憲香の見解を見てみよう。二葉は「親鸞の超時代的な宗教の立場が還相する歴史的現実において時代社会・思想といかに対決して彼の宗教生活を形成していったか[64]」という基本的問題意識にもとづき、親鸞の社会的立場を「非僧非俗」に求めて論を展開している。親鸞の「律令教団から念仏教団」への転入は「単なる宗教的展開ではあり得」ず、「古い権力機構の支配する社会からの離脱」と、権力と「対立する立場」への転入を意味するとし、その延長線上に法然教団への転入以後の親鸞の立場を位置づけていく。この転入した立場こそが、弾圧をきっかけとして発した「非僧非俗」の宣言であるというのだ。このような見解のもと、二葉は「非僧非俗」を以下のように分析する。

親鸞は、国家が認める意味において僧ではなくなった。従って彼は、国家の認める僧侶の階級に属するものではなくなった。（中略）朝家が僧として容認しなかった親鸞は、「末代の旨際」において僧であった[65]。「非僧」は「政権が「みだりがわしく」僧の儀を改めた」からにほかならず、僧儀は「国家権力に対する絶対服従、持戒による祈願の有効な遂行を内容」としているので、そのことからの離脱を指すという。しかし、末法の自覚に視点を据えて「末代の旨際」において「僧」であったとする。「俗」については、親鸞が「今の時の道俗おのれが分を思量せよ」といっている時、「俗」として指摘せられるものの中には、ひとを弾圧し得る権力をにぎる人々が有力にふくまれている（中略）「俗」とはそのようなもの、権力の座にあり、また権力を追求してやまない人間を意味するものであると考えても大過ないであろう。「俗にあらず」ということは、権力をもち、或はそれを追い求めて「法に背き義に違う」人々の群に属しないということの宣言として見るとき、私は、それを親鸞にふさわしい宣言として読むことができるように思う(66)。

と規定する。権力者などが自らの欲望のままに生きていく在り方を自覚的に否定しようとするところに、「非俗」が成立するというのだ。そして、

僧にあらず俗にあらざる親鸞の社会的あり方は、権力の側に立つ律令的僧でもなく、権力・支配の名利を追求する俗でもなく、支配することも支配せられることをも欲せぬ庶民的なあり方を指向するものといわれるであろう(67)。

というように、具体的には、自らの置かれている状況を的確に把握し、状況を造り出す社会全体を支配する仕組みそのものを人間の欲望のなすものであると考え、そのような枠組みから離れ、自らも権力を求めず、好んで近づいていかないような在り方を指すものであると言う。こうした二葉の信の立場から展開された社会観では、全く自由で平等な社会の展望が開けることが前提とされているのだろう。

そして、その立場の根拠についても、

親鸞にとって、非僧非俗の社会的なあり方は、念仏の帰結であったということができよう(68)。

というように、どこまでも念仏の教えにもとづいて生きることと結びついており、「非僧非俗」はその帰結である

と結論する。二葉にとっての念仏の教えは信心と離れたものとは理解されておらず、常にわが身を規定する信心によって歴史社会の唯中に成立する念仏者としての親鸞に視点を当てて分析されている。つまり、信心に立脚した主体における歴史社会での宗教的立場の宣言こそが「非僧非俗」であるということである。そしてこの「非僧非俗」という宗教的立場が、そのまま社会的立場でもあった。

これまで見てきたことからもわかるとおり、この親鸞の「非僧非俗」の宣言は、親鸞の内面において行動を根拠づける信心と、親鸞が行動を繰り広げる歴史社会とを分断することなく、信心に根拠づけられた、歴史社会での具体的立場の宣言であったことを、外して捉えてはならないのである。もしこの点を欠落させて理解するようであれば、「非僧非俗」はおろか、親鸞における信仰そのものが、その内面の問題ということで完結してしまい、なんの実践も導き出さない教えとして理解されることとなる。これでは、親鸞が自身の身命を賭して示した浄土真宗の本質を見失ってしまうこととなるだろう。仮に、これまでの理解が内面の往生浄土の問題のみの解決で完結するようなものであったとするならば、早急に、「非僧非俗」性を信と社会との関係の上から的確に把握し直し、親鸞の信仰を正確に理解することが求められるのではないだろうか。そのような反省を踏まえつつ、次に「非僧非俗」なる主体の目指す具体的社会像がいかなるものだったかを考察していくこととする。

三　親鸞の「非僧非俗」の立場から導き出される伝道実践

1　親鸞の歴史社会認識

親鸞における「僧」と「俗」それぞれの在りようを考察していく場合、それを親鸞の歴史社会認識および具体的立場と離して考えることはできない(69)。本願力廻向の信心によって自らの虚仮性を知った親鸞自身が営みを行う歴史社会の諸状況のなかで、念仏者としてとりうる立場が「非僧非俗」としての宣言であったことから考えても、親鸞の歴史社会認識と、そのなかでの僧・俗の把握を、厳密に押さえなくてはならない。

親鸞の「非僧非俗」の宣言が行われているのは、先に見たように『教行証文類』の「化身土巻」においてである。この宣言は、国家仏教と国家・政治を批判するなかで、その文意と「しかれば」という接続詞によってつながれている。したがって、その批判の立場と無関係に解釈することは許されないし、また仏教の単なる教理内で解釈しうるものでもなく、歴史的現実との関わりにおいて理解しなければならない。では、かかる「非僧非俗」的立場から導き出された親鸞における現実の歴史社会認識とはいかなるものであったのだろうか。

鎌倉時代の宗教統制は、基本的には古代律令を継承するものであり、「僧」とは、まず第一に国家の認可を受けたうえで国家の認める寺院において出家得度した者であった。その「僧」は専ら寺院にあって持戒修行に励み、いたずらに民衆と交わってはならなかった。また国家公認の寺院は、仏法王法相依の理念から国家体制の安全と発展に寄与することが義務づけられ、その祈願を行う場所であったので、「僧」になるということは、いわゆる国家仏教を支える一員、宗教的国家公務員となることを意味したのである。そのような「僧」なる立場の者たちが、親鸞の所属する専修念仏教団に対して執拗に弾圧を繰り返すこととなるのであるが、その起因となったものを、親鸞は「化身土巻」後序で述べているように『興福寺奏状』(70)とみている。この奏状は元久二年（一二〇五）十月に解脱房貞慶が八宗同心のもと起草したとされるもので、法然による浄土宗独立の失(71)九箇条をあげて専修念仏教団を弾劾している。

この奏状のなかで、当時の神祇社会に対する専修念仏教団の態度を示すものとして「五、霊神に背く失(72)」があげられている。ここでは、権化垂迹の神明の本地は皆大聖であるという本地垂迹説より立論し、専修念仏の神祇不帰依の態度を論難している。さらに、顕密仏教が神祇を本地垂迹関係として教義に組み入れ、利用することで国民を統治する国家権力と癒着し、教権護持のため、専修念仏教団に神祇軽侮の名目で論難を加えていることが確認できる。この奏状によって、本来の仏教の精神からかけ離れた顕密仏教教団の利己主義的体質と、腐敗しきった顕密仏教教団と結託することによって、民衆の心を妖しき霊力により呪縛して支配することに仏教を利用する権力者側の本質的立場も確認できる。

こうした状況を踏まえることで、国家に与する「僧」とは立場を異にする、親鸞の「非僧非俗」的立場から見いだされる一貫した歴史社会認識を確認することができる。親鸞において歴史社会は、非仏教的な神祇社会として認識されており(73)、自身の基本的立場を、「化身土巻」に諸経論を引証して明らかにしている。

それもろもろの修多羅によりて、真偽を勘決して、外教邪偽の異執を教誡せば、『涅槃経』にのたまはく、仏に帰依せば、つひにまたその余のもろもろの天神に帰依せざれと(74)。

と、仏教に帰依する者は、邪偽異執たる余道に仕えたり、諸天鬼神を祭祀して吉日良辰を択んだりすることから遠離して、神祇不帰依という念仏者としての立場を確立をせよと、強く打ち出しているのである。また、「化身土

巻」に『大乗起信論』を引いて、

まさに勤めて正念にして、取らず着せずして、すなはちよくこのもろもろの業障を遠離すべし。知るべし外道の所有の三昧は、みな見愛我慢の心を離れず、世間の名利恭敬に貪着するがゆえなりと。(75)

と、神祇崇拝の立場は見愛我慢の心すなわち自力我執の心を遠離していないということにより、仮偽の簡別によって否定されるものであった。このような自力への執着を徹底的に否定していく立場に立つがゆえに、『唯信鈔文意』に、『五会法事讃』の「不簡多聞持浄戒」を釈する下に、

かやうのさま〴〵の戒品をたもてるいみじきひと〴〵も、他力真実の信心をえてのちに真実報土には往生をとぐるなり。みずからのをの〳〵の戒善、をの〳〵の自力の信、自力の善にては真実報土にはむまれずとなり(76)

と、他力の金剛心を領受しなければ真実の報土には何人たりとも往生不可能であることを、懇切に述べるのである。よって、自力否定の契機を一切もちえず我執充満に終始する神祇社会を否定する立場は、人間の欲望充足を基本とする呪術依存の否定をも意味するものである。親鸞の目に映った社会状況は、朝廷・幕府の統治下すべてが神の国だった。仏教を信奉するかのように見える国家をはじめ、その統治を受ける民衆までもが、実は礼拝の対象が神から仏へすり替わっているのみであり、信奉の内容は神祇へのそれと何ら変わりのないものと、親鸞は捉えたのである。

親鸞はこのような社会状況を、晩年に著した『正像末和讃』のなかで、的確に把握し、悲歎をもって述べる。

五濁増のしるしには　この世の道俗こと〴〵く　外儀は仏教のすがたにて　内心外道を帰敬せり(77)

かなしきかなや道俗の　良時吉日えらばしめ　天神地祇をあがめつゝ　卜占祭祀つとめとす(78)

外道・梵士・尼乾志に　こゝろはかはらぬものとして　如来の法衣をつねにきて　一切鬼神をあがむめり(79)

かなしきかなやこのごろの　和国の道俗みなともに　仏教の威儀をもと、して　天地の鬼神を尊敬す(80)

世の中が濁りきっているしるしとして、すべての民衆が仏教の姿をした神々に欲望をさらけ出し、我欲の充足をこいねがいつつ、日の吉凶を占う。そのようなことを、民衆のみではなく仏教者といわれる者が率先して行う。挙げ句の果てには仏教者がこぞって仏と同じように神々を拝む。親鸞は、顕密仏教教団が権力と結託した結果、自らを支配の手段へと転落させてしまっていることを見徹している。過酷な支配にあえぐ民衆に背を向け抑圧の側にまわっている仏教がいかにその正統を主張しても、その内実が外道にほかならないこと、仏教者が権力者と結託し、彼らの信奉を得ているようでありながら全くそうではないことも、見抜いていた。

以上のような宗教状況把握のもとに、親鸞は、当時の仏教教団が仏教を標榜しながらその本来的立場を逸脱し、時の権力者と癒着して神祇を崇拝している現実相を、

末法悪世のかなしみは　南都・北嶺の仏法者の　輿かく僧達力者法師　高位をもてなす名としたり(81)

と、悲しみをもって痛烈に批判し、神祇を被った権力にすり寄らない神祇不帰依の立場こそ仏教本来の立場であることを主張しているのである。このような認識は、浄土教における歴史観である末法観を自らの体感をもとに示したものであろう。親鸞の「非僧非俗」の立場より導き出される視点から見れば、神祇で粉飾し我執を翻すことなく権力と一体化して仏教の本来性を求めない国家仏教とは、必然的に一線を画すこととなった。

2　親鸞の歴史社会に対する具体的立場

親鸞における批判的な歴史社会把握が成立することは、信心に立脚した「非僧非俗」の立場が確立されるのと同時とみなさなければならない。先にも述べたとおり、親鸞はおのれの煩悩の深さ、虚仮不実さを「浄土真宗に帰す

れども　真実の心はありがたし　虚仮不実のわが身にて　清浄の心もさらになし[82]」などと、ほかの何よりも深く信知し嘆いている。このような人間の虚仮性の自覚により、一切虚仮なる人間の営みが造り出す娑婆世界も、「煩悩具足の凡夫、火宅無常の世界は、よろづのこと、みなもつてそらごとたはごと、まことあることなき[83]」世界であると、師法然の言葉を借りて規定できたのである。

親鸞は本願力廻向の信により、自己は我執存在なるがゆえに一切作善ならざることにめざめさせられた。彼自身の虚仮認識にもとづいて展開される新たなる視座が、自己の内観からいったん社会に転じられた時、新たに信にもとづく念仏者としての歴史社会認識を開くことができた。それにより、神祇に呪縛された国家の在りようと、それに搾取され、自立することを許されない人民の姿を如実に知ることとなった。現実を見抜いた親鸞は、目前に苦しむ人を放って、国家仏教の「僧」と共に搾取の道具である神を拝む立場には、どうしても入ることができなかったのだ。いわば「錯倒の拒否」をしたわけである。

当時の社会において神祇を拝まないということは、ただ単に拝まないという個人的態度に収まりきらないほどの極めて主体的な立場を確立することとなった。神祇に包括することで仏教徒としての本質的な判断を成立させない国家仏教体制に真っ向から対立する立場となるのである。もちろん、この立場は反対するためにとるといった立場ではなく、念仏の教えに純粋に生きようとすればするほどとらざるをえない立場であったことは言うまでもないことである。親鸞が信に立脚し、念仏者でありたいという願いから生み出される営みが、権力者の維持しようとする価値観とそれに支えられた秩序を着実に突き崩しつつあった。これは信が責任ある判断によって営みを行う主体的立場を確立することを意味している。

親鸞は、信に立脚することによって自らが権力と対峙することを、弾圧を通して痛感するとともに弾圧をもって服従させ従わぬものは排除しようとする権力の実体を知ることとなった。しかし親鸞は、弾圧を避けるために念仏者としての態度を放棄するのではなく、より神祇や権力の否定を徹底して、自らの信仰態度を「非僧非俗」の立場として確立し生き通す。そのような立場を確保することを抜きにして、親鸞の念仏者としての社会的立場である「非僧非俗」は成り立たない。信仰より導き出される宗教的立場の違いが、各々の宗教にもとづく社会的立場と分かち難く結合していることを、ここに確認できる。

では、なぜ信に立脚する親鸞が、権力や世俗的価値を否定する立場に立つこととなったのであろうか。信に立脚するということは、現実社会において、願海に転入し本願に帰する身となることである。では、願海に転入し本願に帰するとはいかなることであろうか。

親鸞は「化身土巻」の「三願転入」のすぐ前の文において次のように語っている。

まことに知んぬ。専修にして而も雑心なるものは、大慶喜心を獲ず、かるが故に宗師は、かの仏恩を念報することなし、業行をなすといへども心に軽慢を生ず、常に名利と相応するが故に、人我自ら覆ふて同行善知識に親近せざるが故に、楽しみて雑縁にちかづきて往生の正行を自障障他するが故にといへり。(84)

親鸞にとって、「方便の真門」から出て、選択の「願海」に転入することは、すなわち、「業行をなすといへども心に軽慢を生」じ「名利と相応」し「人我自ら覆ふ」ことによって、「本願の嘉号をおのれが善根とする」状態からの離脱である。つまり、「本願の嘉号をおのれが善根とする」ことからの離脱は、本願の嘉号をもっておのれが善根としないことでなくてはならない。それはまた、「名利と相応」せず、「人我自ら覆」わない立場の獲得でなくてはならない。すでに第一節で述べたように、自力の徹底否定の立場をもって「名利と相応」するような歴史的・社会的な立場から離脱して、おのれがおのれにあらざる世界に転入することを意味するものである。これは、すべて本願力廻向のはたらきによるのだが、転入して終わるのではなく、必ず、自らの営みを繰り広げる歴史社会のなかで「名利と相応」しない生き方を志すようになるのである。

親鸞により「まことあることなき」世界であると規定される歴史社会は、必ず権力者によって統治されるものである。権力は常に自己の利益のみを追求して省みることを知らない我執性に立脚している。念仏の立場はそのような我執性を翻していくところに成立するものであるから、「名利と相応」するような立場は一切成立しようがないのである。むしろ、すべての人が尊重しなければならないとされている社会体制や道徳も、結局は権力者の利益を守るものであるから、それに随順していくことは、自らも我執的権力を支えることになる。

親鸞は念仏者であり続ける以上、このような我執的権力を支える立場に与することはできなかったのである。そしてまた、権力に与しないことは、それと強固に癒着する国家仏教にも与しないことを意味するのである。そのような立場に立つからこそ、仏教の本質を失い自我そのものである権力と共闘して専修念仏教団を弾圧した国家仏教の人々を「教に昏くして真仮の門戸を知らず」、「行に迷ひて邪正の道路を弁ふることなし」と言いきり、さらに「五濁邪悪のしるしには　僧ぞ法師といふ御名を　奴婢僕使になづけてぞ　いやしきものとさだめたる[85]」と、この世が五濁の世であるあかしとして、仏教が仏教としてのはたらきをなさずに、本来仏教の教えにもとづいた人に名付けるべきである「僧」や「法師」という名を、国家は自分たちのしもべと成り下がってくれる国家仏教側の「僧」に名付けて、それをさえも人民統治の手段として利用していることを指摘する。「僧」は権力者によって「奴婢僕使」として扱われているのだ。それに気づかず好んで名利である「僧」であり続けることを欲する者を「いやしきものとさだめ」てかかる、権力者の周到な仏教利用を、親鸞は見抜いている。それと同時に、民族宗教と一体化して本質を見失い、権力と癒着し自身を保護する国家仏教側の「僧」や「法師」の我執におぼれた在りように、五濁の世、末法を見いだし、認識していたことは、彼の叡山時代を伝える記録からも明らかであるといってよい。

このような自己の我執に迷妄なる「僧」を「いやしきもの」と定見する親鸞の立場は、地位や名声を求めたり、権力にすり寄って我執の充足を求めていくような「俗」にまみれきった「僧」とは、全く逆の方向を目指す「非僧非俗」の立場だったのである。つまり、権力的世界や我執による繫縛のために、仏教者といわれる人までもが自己の存在性に迷妄となるのが「俗」的在りようである。そのような「俗」にとどまり執拗に弾圧を繰り返す権力者や、それに類する、いまだ我執を翻さざる者、すなわち世俗的価値基準の絶対化のもとに骨抜き状態であるにもかかわらず、それを省みない「僧」と「俗」に、親鸞は、

しからば、穢悪濁世の群生、末代の旨際を知らず、僧尼の威儀を毀る。今の時の道俗おのれが分を思量せよ。(86)

と訓告する。世俗的価値との訣別は、親鸞が念仏者として歴史社会の中で認識した「非僧非俗」なる立場の確立であり、この世における世俗原理にもとづかない生き方の本質であったといえよう。この立場が確立した時点で、神祇は、念仏者を縛ることが不可能となり、念仏者を支配する道具として何の有用性も発揮しえなくなる。このことにより、念仏者は新たな非権力的な人間関係の構築を志していくこととなる。

3　親鸞の伝道実践により確立される念仏者の姿

では、その「非僧非俗」の立場から志向される人間関係とはいかなるものであったのであろうか。これを、親鸞が関東の門弟たちに消息で説き示した念仏者の具体的在りようから見ていくこととする。

先に、非権力的な人間関係の構築と述べたが、その内実として権力に対して二種の態度を求めている。まず第一の指示は、決して弾圧者と妥協してはならないということであった。弾圧者の本性については、

詮ずるところは、そらごとをまふし、ひがごとにふれて、念仏のひと〴〵におほせられつけて、念仏をとゞめんと、ところの領家・地頭・名主のおんはからひどものさふらふらんこと、よく〳〵やうあるべきことなり。そのゆへは、釈迦如来のみことには、念仏するひとをそしるものをば、「名無眼人」ととき、「名無耳人」とおほせおかれたることにさふらふ。善導和尚は、「五濁増時多疑謗、道俗相嫌不用聞、見有修行起瞋毒、方便破壊競生怨」とたしかに釈しおかせたまひたり。この世のならひにて念仏をさまたげんひとは、そのところの領家・地頭・名主のやうあることにてこそさふらはめ、とかくまふすべきにあらず。念仏せんひと〴〵は、かのさまたげをなさんひとをばあはれみをなし、不便におもふて、念仏をもねんごろにまふして、さまたげなさんを、たすけさせたまふべしとこそ、ふるきひとはまふされさふらひしか。よく〳〵御たづねあるべきことなり(87)。

と述べている。荘園領主や幕府の御家人、地方の豪族などは皆、農民を支配する者であった。彼らは支配のうえで不都合な者を権力により悪と決めて弾圧するのである。したがって、仮に念仏者たちが権力者側の要求を受容するような態度でいたなら、支配の秩序に従うこととなり、弾圧は中止されて安泰を保つことができるのだ。もちろん、神祇を崇拝することも受け入れていくこととなる。しかし親鸞は「余のひとを強縁として念仏をひろめよとまふすこと、ゆめ〳〵まふしたることさふらはず(88)」と説示している。権力者を頼って念仏を弘めてはならないというのだ。たとえ、念仏を続けることによりその地に住めなくなるような事態に至ったとしても、権力者と妥協せずに、「いづれのところにてもうつらせたまひさふらふておはしますやうに御はからひさふらふべし(89)」という、極めて厳しい要請であった。

親鸞は、権力と一体化して念仏を弘めても、その内実は形式上にすぎず、念仏の真実性は失われることを熟知していたのである。権力と結託すれば自らの立場が保全されることとなり、非常に生活しやすい環境を得ることができる。しかし、その環境と引き替えに自らの人間性を権力に差し出し、統治のための駒とされることを受け入れ、自らの手で個の尊厳を抹殺することとなるのだ。仮に、念仏を弘めるためと言って権力と結託するようなことになれば、自律的主体の根拠となるべき念仏の教えが、従属の根拠としての念仏に成り下がるのである。であるからこそ、その地を離れると罪になることを熟知していながら、厳しい状況のなかでも念仏者としての態度を守ることを強く求めるのである。よって、親鸞にとって弾圧は、いまさら驚くべきことではなく、「よくよくやうあるべきこと」であると経験上承知していたのである。弾圧を受けることにより念仏の道の正当性を確認していったと言っても過言ではないだろう。

さらに、親鸞は二つ目の態度として、弾圧を行う人々に対して憐れみの情をもち、彼らが念仏の真実性にめざめるようにと願うことを指示する。弾圧を被る念仏者は現象的には不幸であるが、本当の意味で不幸なのは弾圧者の方だというのだ。なぜならば、彼らは真実が見えない人であり、聞こえない届かない人だからであるという。いかに相手が危害を加えてくる者であろうと、やがて真実の信にめざめ、同信の友となる可能性を見いだしているのである。親鸞の考える念仏者のとるべき「非僧非俗」的立場は、念仏の教えにより我執を翻すことをすべての人に促す立場であるから、対権力の場合は、欲におぼれている権力と結託することなく、念仏の教えによってかえって自らの我執にめざめるように、すべての者へ説き続けるのであった。

弾圧者と結託せず、かえっていとおしむこの立場は、念仏者のあるべき姿として、親鸞には一貫して自覚されていた。法然の命日に行っている念仏集会の在り方に対して、

聖人の二十五日の御念仏も、詮ずるところは、かやうの邪見のものをたすけん料にこそ、まふしあはせたまへ

とまふすことにさふらへば、よく〳〵念仏そしらんひとをたすかれとおぼしめして、念仏しあはせたまふべくさふらふ[90]。

と、念仏を取り違えて権力者と結託するような人々や、念仏弾圧を行う幕府および在地権力者たちが、救われることを念じるべきだと述べている。

親鸞は、弾圧によって念仏教団を崩壊させるものは、外ではなく内にあることを指摘する。それは、

領家・地頭・名主のひがごとすればとて、百姓をまどはすことはさふらはぬぞかし。仏法をばやぶるひとなし、仏法者のやぶるにたとへたるには、獅子の身中のむしのしゝむらをくらふがごとしとさふらへば、念仏者をば仏法者のやぶりさまたげさふらふなり。よく〳〵こゝろへたまふべし[91]。

と、「獅子の身中のむし」が「しゝむらをくらふ」との比喩を用いて、弾圧が効果を発揮するのは念仏者が弾圧を避けるためにこれまでの態度を覆し、「非僧非俗」的立場を放棄して権力の言いなりになる時だとの見解を示している。弾圧がいかに厳しいものであろうとも、信にもとづく主体が成立していれば、念仏者にとって大した問題ではない。かえって問題となるのは、念仏者の内に動揺が起こり弾圧を避けようとする時である、というのだ。親鸞は、弾圧を成立させるのは念仏者の側であるとして、そのようなことがないようにと指示する。

善鸞を義絶した後に関東の門弟である真浄房に宛てた手紙の中においても、

慈信房が申すことによりて、ひと〴〵の日頃の信のたぢろきあふておはしまし候ふも、詮ずるところは、ひと〴〵の信心のまことならぬことのあらはれて候ふ。よきことにて候ふ。それをひと〴〵は、これより申したるやうにおぼしめしあふて候ふこそ、あさましく候へ[92]。

と、善鸞の説く「きはまれるひがごと」によって、多くの人々の信がたじろいだのは、信がまことでなかったこと

の現れであるとして、そのことが明らかになってよかったと言いきる。親鸞は、善鸞によって惑わされた念仏者を被害者であるとは考えていなかったのである。信に立脚した念仏者はその生き方において、自己の煩悩に甘えていくような態度にはならないこと、「俗」に取り込まれることを極力避けるゆるぎない主体が確立されると親鸞が理解していたことを知ることができる。歴史社会のなかにそのような主体が成立することは、「世をいとふ」「非僧非俗」的な主体が成立することであって、親鸞の伝道は、それ以外には、在りようがなかったのである。

では、そのような自立した責任主体の求める、権力を志向しない人々とは、いかなるものであったのだろうか。

親鸞が『教行証文類』「証巻」等に引用した『論註』下に、

彼の安楽国土は、これ阿弥陀如来正覚浄華の化生するところに非ざることなし。同一に念仏して別の道なきが故に遠く通ずるにそれ四海の内皆兄弟とするなり。眷属無量なり、焉んぞ思議すべきや。(93)

とある文よりすれば、同一信心によって四海兄弟とする立場関係であった。この立場を親鸞が身証した言葉として『歎異抄』第六条の次の一節がある。

親鸞は弟子一人ももたずさふらう。そのゆえは、わがはからひにてひとに念仏をまふさせさふらはゞこそ、弟子にてもさふらはめ。ひとへに弥陀の御もよほしにあづかて念仏まふしさふらうひとを、わが弟子とまふすこと、きはめたる荒涼のことなり。(94)

「わが弟子」という意識は、上下関係の所有または支配の意識であり、人間の人格を差別し踏みにじった意識につながるものである。それは一切衆生を平等にみる念仏の教えの道からはずれた意識であったから、親鸞は書状において門弟たちをしばしば「同行」「同朋」と呼び、自らが人師となることを避けていた。この文より、「御同朋・御同行」と示したのは蓮如であるが、「御同朋」という言葉には、「他力の信心うるひとを　うやまひおほきによろ

こべば　すなはちわが親友ぞと　教主世尊はほめたまふ」[95]という親鸞のよろこびが含まれていることを看過してはならない。いかなる状況になろうとも、他力の信心を獲る人こそが真の仏弟子であることを体感する親鸞だからこそ発せられた言葉である。この和讃が、『仏説無量寿経』下の「往覲偈」に「聞法能不忘、見敬得大慶、則我善親友」[96]と、釈迦によって信心の人が親しき善友であるとほめられていることを踏まえて讃述されたことは、周知のとおりである。親鸞が自らの門弟に深い尊敬の念を払い、そういった思いを念仏者同士が持ち合って、互いが敬愛の念で結ばれていたことが示されている。たとえ実質的にすべての門弟がそうなっていなかったにしろ、親鸞の理解した信に立脚した念仏の教えにより志向される人間関係は、尊卑・賢愚・男女・老少などの世俗的関係を超えているものであった。それは、自らを卑下したり、さげすんだりする人間の集まりではなく、自らの生命存在において、徹底した内省により赫奕たる尊厳性を自覚し自立した、主体的人間の集まりであったのである。そのような人は、他の人に対しても同じように、人間としての尊厳性や人格そのものを冒瀆することなく生きるがゆえに、信に立脚した生活を送ることで、人生のすべてが伝道ともいいうる生き方が実践されていたのである。

おわりに

本章において、親鸞の具体的な伝道実践がいかなるものであったかを「非僧非俗」の立場ということを通して検証してきた。まず、第一節で、親鸞自身の歴史社会における信仰の立場を表明した「非僧非俗」が「世をいとふ」生き方を志すものであり、その生き方は弥陀の本願力廻向の信によるはたらきによって衆生のうえに導き出されることを確認した。また第二節では、従来の研究において「非僧非俗」がいかに理解されてきたかを確認した。そのうえで、親鸞においての本来的な「非僧非俗」の立場が信心に立脚した人間の立場であり、その人間の生き方は歴史社会と離して考えることはできず、むしろ歴史社会での人間の営みのうえにのみ現れるものであることを指摘し、具体的姿をとることを示した。最後に第三節にて、「非僧非俗」の立場を宣言した親鸞が歴史社会をどのように捉えたかを神祇に対する態度より考察し、それと対立的な構図へと入っていかざるをえなかった立場が、世俗的価値に囚われず、非権力的であるがゆえに成立することを明らかにした。このことにより、親鸞の「非僧非俗」的立場から導き出される伝道実践は、信心に立脚することによって権力など世俗価値を志向しない、深い内省と互いを尊敬し合う念仏者が、信にもとづき智慧にめざめ慈悲を志す実践を展開することであったことを指摘した。

以上の考察より、本願力廻向の信を根拠とした「非僧非俗」的なる主体的人間を生み出すことこそが、親鸞の伝道実践における根本命題であったことを具体的に明らかにすることができた。つまり、親鸞の伝道実践が信により導かれた念仏の教えによって、世俗的な価値判断を「いとふ」主体を歴史上に誕生させることであり、非権力的であり続けることを志向し、互いを尊敬し連帯していく「非俗」的集団が同朋教団を成立させ、支え合うことであった。そして、それ自体が政治的・社会的意義を有することであった。

親鸞においては、自立した人々の連帯を求めていく伝道実践が即座に仏恩を報ずることにほかならなかったのである。なぜなら、親鸞における「本願力廻向の信」によって「常行大悲」(97)を展開していく「衆生利益」としての伝道実践とは、煩悩具足の身であるにもかかわらず他のすべての人々に対して念仏の教えを徹底させたいと願う利他的実践であり、それが可能となっていること自体が「不可思議」なること以外の何ものでもなかったのである。そのような信にもとづく伝道を通して自立的な主体や集団を誕生させていくことは、まさに具体的、社会的な宗教の実践であり、権力から常に弾圧をもって不当に処罰される厳しい歴史社会において、親鸞により独自に創造されたものだった。親鸞の念仏の教えは、全存在をかけた報恩行として繰り出された伝道実践そのものだったといえるのだ。

このことは、親鸞が、浄土真宗における伝道実践がいかなるものかを示していることのみならず、信のはたらきによって誕生する念仏者の具体的生き方までをも強烈に、かつ鮮やかに啓示している事実である。これが見失われる時は、親鸞の教えが踏みにじられた時であることは間違いない[98]。

註

（1）田辺元『哲学入門』（筑摩書房、一九六八年）において、「真宗仏教の教理とキリスト教の教義とを比較するに、共に信仰のみによって救われるとする大悲恩寵の宗教たる限り、相通ずる所のあることは否定せられないけれども、倫理の当為、立法の権威を欠く前者には、後者の如き現実性が乏しいことを指摘したのは、確かに当たっているといわなければなりません」（六〇一頁）と指摘されていることから考えてみても、明確な実践論を示すことが、浄土真宗を自らの宗教として教えを学ぶ人々に対して五十年来求められ続けている問題であることがわかる。

（2）『末灯鈔』（『定本親鸞聖人全集』第三巻・書簡篇〈法藏館、二〇〇八年〉）六二頁。以下、『定本親鸞聖人全集』全九巻（法藏館、二〇〇八年）の引用に際しては、『定親全』と略記する。

（3）歴史社会とは、人間が営みを行う場そのものを指す言葉であり、現実社会とも置換しうる。

（4）「凡そ皇国に生を受けしもの、誰か天恩に浴せざらん。恩を知り徳に報ゆるは仏祖の垂訓にして、またこれ祖先の遺風なり。各々その業務を恪守し、奉公の誠を尽くさば、やがて忠君の本義に相契ふべし。殊に国家の事変に際し、進んで身命を鋒鏑におとし、一死君国に殉ぜんは誠に義勇の極みと謂つべし。一家同族の人々には、さこそ哀悼の悲しみ深かるべしと覚ゆれども、畏くも上聞に達し、代々に伝はる忠節の誉れを喜び、いやましに報国の務にいそしみ、その遺志を完うせらるべく候」（『真宗聖典全書』第五巻〈大八木興文堂、一九四四年〉七九三頁）などの戦時中に発せられた「門主消息」に見られるように、過去、わが真宗教団においては、天皇の御聖恩に報ずるため命をやすく君主に捧げよといった実践が奨励された。事の重大さを受け止め反省しなければならない。

（5）「非僧非俗」の立場は、もと官僧であった親鸞において規定されたものであるが、その内実を知ることによって「非僧非俗」性はすべての人に「非僧非俗」的立場の確立を要請する、具体的立場として理解することができる。

（6）『歎異抄』（『定親全』第四巻・言行篇(1)）一〇頁。

（7）思想を探る場合、その一部分を切り取って全体のことのように言うのは大きな誤りである。社会と無関係に成立する思想は存在しえないはずであり、その人の人生の営みのうえに現れるものであって、内面的なところに収まるようなものではない。よって、思想は必ず歴史社会のなかに具体的実践をもって現れてくるものである。思想を知ることは、生き方がどのようなものだったかを知ることを抜きにしては考えられない。いかなる場合においても人間の思想は人間社会の影響を受け人間社会のなかで成立するはずであり、それが発揮されるのも歴史上に現れる人間を通すことによって可能となるから、思想が構築され発揮される場は歴史的人間社会をおいてほかにないのである。歴史上の人物がとった行動を引き起こさせた、その根元的なものを見いだし、それによって支えられて生きていく姿を捉えて、その人物の社会のなかでの方向性を把握していくことが、研究者の責任において思想を問題にするということなのである。

（8）『教行証文類』「化身土巻」（『定親全』第一巻）三八〇～三八一頁。

（9）二葉憲香・松尾博仁著、福嶋寛隆編『新編歴史のなかの親鸞』（永田文昌堂、二〇〇六年）二九頁に、
律令体制がほぼ完成する天武朝に作られたのが、律令の一環としての仏教教団統制法＝僧尼令であるが、それをうけて成立した大宝僧尼令はつぎのようにいう。

　およそ僧尼、寺院に在るに非ずして、別に道場を立て、衆をあつめて教化し、併せて妄りに罪福を説く―皆還俗。

　およそ僧尼等、俗人をしてその経像をさづけて歴門教化せしむるものは、百日苦使。その俗人は律によって論ず。

とある。

(10) このような人々は、欲望の充足を神に祈り自己中心的な利益のみを求めてやまない存在としてあった。
(11) 『教行証文類』「化身土巻」(『定親全』第一巻) 三八一頁。
(12) 同右、二九〇頁。
(13) 同右、三〇九頁。
(14) これまですでに、教法・行道は、真実の行道を学び、真実の教法を修しながらも、なお自執の心、自己計量の心が残存していたのである。元来、成仏道としての行業とは、自己自身が懸命に修習しながらも、自己の現実存在の相が根元的に問われ、自己自身が徹底して否定され崩壊してゆくものでなくてはならない。
(15) 『一念多念文意』(『定親全』第三巻・和文篇) 一四二頁。
(16) 『教行証文類』「信巻」(『定親全』第一巻) 一三八頁。
(17) 同右、一一五頁。
(18) 『唯信鈔文意』(『定親全』第三巻・和文篇) 一五五頁。
(19) 信楽峻麿『親鸞における信の研究』上 (永田文昌堂、一九九〇年) 一三九頁。
(20) 『唯信鈔文意』(『定親全』第三巻・和文篇) 一八二頁。
(21) 『浄土高僧和讃』(『定親全』第二巻・和讃篇) 一〇二頁。
(22) 『一念多念文意』(『定親全』第三巻・和文篇) 一四〇〜一四一頁。
(23) 『教行証文類』「信巻」(『定親全』第一巻) 一一六頁。
(24) 同右、一二〇頁。
(25) このことについては、ほかにも、『浄土和讃』で「大信心は仏性なり　仏性すなはち如来なり」(『定親全』第二巻・和讃篇、五七頁) と説き、また、『唯信鈔文意』で「この信心すなわち仏性なり、仏性すなわち法性なり、法性すなわち法身なり」(『定親全』第三巻・和文篇〉一七一頁) と述べているのは、よくそのことを物語るものである。
(26) 『教行証文類』「信巻」(『定親全』第一巻) 一二一頁。
(27) 『正像末和讃』(『定親全』第二巻・和讃篇) 一〇八頁。

(28) 同右、二〇九頁。
(29) 『歎異抄』(『定親全』第四巻・言行篇(1))三八頁。
(30) 同右、七九三頁。
(31) 『教行証文類』「信巻」(『定親全』第一巻)一一三頁。
(32) すなわち、親鸞における信心とは、自己が自己の存在の実相について徹底して内観洞察しつつ自己自身が根元的に罪悪深重、地獄一乗の存在であることにめざめていくことをいうのである。しかしながら、このように本来は無明なる自己が自己存在の永遠なる無明性を知るという、自己が自己を知ることは、論理としては全く矛盾することになるのではないだろうか。無明が無明自身を無明と知ることは全くもって不可能なことであり、それは、明らかなる「智慧」によってこそよく無明を無明と知ることができるのである。闇は闇自身を闇と知ることはできない。闇は光明に遇ってこそ初めて闇が闇であったことに気づきうるようなものである。
(33) 『末灯鈔』(『定親全』第三巻・書簡篇)一一一～一一二頁。
(34) 『教行証文類』「信巻」(『定親全』第一巻)一三八頁。
(35) 同右、一三九頁。
(36) 『正像末和讃』草稿本(『定親全』第二巻・和讃篇)一四七頁。
(37) 同右。
(38) 同右。
(39) 『教行証文類』「教巻」(『定親全』第一巻)九頁。
(40) このことから理解できるように、絶対の真実たる如来のはたらきかけ、すなわち本願力の廻向としてすべての凡夫に至り届けられて顕現するものこそ真実であり、真実が顕現することによって虚仮なる凡夫に真実そのものが知らせられる。換言すれば、信心が信心として人間にはたらきかけることができることの根拠を、親鸞は弥陀の本願力による廻向に見いだしているのである。弥陀の廻向が信心として不実・不善・悪性なる人間に常にはたらきかけ、生き方を真実の方向に転化させるものこそ真実である。このことからも、自己の罪悪性にめざめていくことは、親鸞のどこまでも真実であろうとする強い願いより生み出されたものであることにも頷けてくるはずである。

整理して述べると、無明存在である人間に真実を求めさせるように促す信心のはたらきによって親鸞は真実を求めることとなるのであるが、本来無明なる己をして真実を求めさせしめるはたらきこそが、本願力の廻向によるはたらきによってであり、その本願力廻向が信心として真実を求めさせようと自己にはたらきかけていると信知することができた時に初めて親鸞のうえに信心が成立したということである。このことは仏のすべての衆生を救いたいという大いなる願いが人間親鸞のうえに至り届き、同時にその願いを煩悩具足の身でありながらも、親鸞自身の願いとしてもつことができたことを示すものである。

このように、深い闇を抱えたまま、どこまでも真実であろうとする大きな願いをもつ人間が誕生することは、人間主体のうえに信心が成立するということである。つまり、信に立脚するとは、利他的願いをもつ主体の、真実を求め続ける営みである。親鸞においては、それが念仏の教えに純粋に生きることであったと置換することができよう。

(41) 岡村周薩編『改訂版真宗大辞典』第三巻（永田文昌堂、一九七二年）一八二二頁。
(42) 岡村周薩編『改訂版真宗大辞典』第一巻（永田文昌堂、一九七二年）三八三頁。
(43) 『教行信証随聞記』四（妻木直良編『真宗全書』第二九巻〈国書刊行会、一九八〇年〉）四八七～四八八頁。
(44) 同右、四八八頁。
(45) 『顕浄土教行証文類敬信記』（妻木直良編『真宗全書』第三一巻〈国書刊行会、一九七五年〉）六八三頁。
(46) 同右。
(47) 『教行信証微決』下（妻木直良編『真宗全書』第二三巻〈国書刊行会、一九八〇年〉）五三〇頁。
(48) 『本典指授鈔』下（妻木直良編『真宗全書』第三五巻〈国書刊行会、一九七五年〉）二七四頁。
(49) 『改邪鈔』（『真聖全』第三巻）六七～六八頁。
(50) 前掲註(41)岡村編『改訂版真宗大辞典』第一巻、二八四頁。
(51) これは永観の『往生十因』に依っての行動選択であると考えられる。

(52) 前掲註(48)『改邪鈔』(『真聖全』第三巻) 八一頁。
(53) 同右、六八頁。
(54) 村上速水『親鸞読本――その人間像の追求――』(百華苑、一九六八年) 九三頁。
(55) 同右、九五頁。
(56) 松野純孝『親鸞――その生涯と思想の展開過程――』(三省堂、一九五九年) 一六三頁。
(57) 佐藤正英『親鸞入門』(筑摩書房、一九九八年)。
(58) それは佐藤自身が自らの立場を「論者は、現代日本に数多く見られる人々同様に、仏法に対して特別な信心を持たない俗人である。仏教を専攻する学者でもない。また歴史学者でもない。日本倫理思想史・倫理学の研究者である」(前掲註(56)『親鸞入門』二一一頁) と規定することから推察することができる。つまり、親鸞の生き方がいかなる信仰にもとづいたものであったかを知ることが目的ではないのである。
(59) 親鸞においての「非僧非俗」は承元の法難を契機として表明されているが、その源はすでに「帰本願」の時点までさかのぼることができる。とすれば他力の信心の具体化として、「非僧非俗」の立場は十分に自覚的に形成されていったと考えるべきである。さもなければ、親鸞の社会的主体が外的条件によって左右されたという誤解を生じかねないであろう。
(60) 石田慶和『親鸞の思想』(法藏館、一九七八年) 二六九頁。
(61) 同右、二六七頁。
(62) 信楽峻麿『親鸞における信の研究』上 (永田文昌堂、一九九〇年) 八頁。
(63) 同右、一七二頁。
(64) 二葉憲香『親鸞の研究――親鸞における信と歴史――』(百華苑、一九六二年) 一二三頁。
(65) 同右、一二五頁。
(66) 同右、一二六頁。
(67) 同右。

(68) 同右、一二八頁。

(69) ここで、親鸞はどのような願いのもとに伝道実践を行っていたかについて見てみることとする。親鸞の妻である恵信尼が末娘の覚信尼に宛てて書き送った手紙、『恵信尼消息』の第五通により考えてみたい。内容は寛喜三年、親鸞が五十九歳の四月十四日の夕方頃からひどい風邪にかかり、高熱で四五日間寝込んでいる間の、意識が朦朧としているなかでの親鸞の体験を伝えるものであり、そこには以下のように記されている。

善信の御房、寛喜三年四月十四日午の時ばかりより、かざ心地すこしおぼえて、その夕さりより臥して大事におはしますに、腰・膝をも打たせず、てんせい看病人をも寄せず、たゞ音もせずして臥しておはしませば、御身をさぐれば暖かなること火のごとし。頭のうたせたまふこともなのめならず。さて臥して四日と申すあか月、くるしきに、「まはさてあらん」と仰せらるれば、「なにごとぞ、たわごとに申すことか」と申せば、「たわごとにてもなし。臥して二日と申す日より、『大経』をよむことひまもなし。たま〳〵目をふさげば、経の文字の一字も残らず、きらゝかにつぶさにみゆるなり。さてこれこそこころへぬことなれ。念仏の信心よりほかにはなにごとかこころにかゝるべきと思ひて、よく〳〵案じてみれば、この十七八年がそのかみ、げに〳〵しく三部経を千部よみて、すざう（衆生）利益のためにとてよみはじめてありしを、これはなにごとぞ、〈自信教人信難中転更難〉（礼讃）とて、みづから信じ、人を教へて信ぜしむること、まことの仏恩を報ひたてまつるものと信じながら、名号のほかにはなにごとの不足にて、かならず経をよまんとするやと、思ひかへしてよまざりしことの、さればなほもすこし残るところのありけるや。人の執心、自力のしんは、よく〳〵思慮あるべしとおもひなしてのちは、経よむことはとゞまりぬ。さて、臥して四日と申すあか月、〈まはさてあらん〉とはもうせ」と仰せられて、やがて汗垂りてよくならせたまひて候ひしなり。三部経、げに〳〵しく千部読まんと候ひしことは、信連房の四つの年、武蔵の国やらん、上野の国やらん、佐貫と申すところにてよみはじめて四五日ばかりありて、思ひかへしてよませたまはで、常陸へはおはしまして候ひしなり。

（『恵信尼消息』『定親全』第三巻・書簡篇、一九四～一九五頁）

親鸞は病に臥して二日ほど経ってから「『大経』をよむことひまもなし」というほど繰り返し繰り返し大経を読

んでいる。「名号のほかには」自分は心にかけていないはずであるのに何ゆえこのようなことをしたのかを思い返してみたところ、かつて建保二年（一二一四）、親鸞が四十二歳の時、上野国佐貫において、衆生利益のために浄土三部経の千部読誦を発願したが、その後、そのことが誤りであって、民衆を救うためには、何よりも善導の述べるところの自信教人信こそが重要であると気づき、深く反省してそれを中止したというのがこの手紙の内容である。

この手紙については過去、親鸞が越後より関東へ向かった時期を知るなどのさまざまな角度における親鸞研究上貴重な資料として取り扱われてきたのだが、ここでは親鸞の意識のなかで何を願いとして伝道実践したのかを知るための手掛かりとしてこの手紙を問題にしてみると、一つ明らかになってくることがある。

まず、親鸞が三部経の千回読誦を四十二歳と五十九歳の二度にわたって行っていたことがわかる。何ゆえそのようなことを行ったのか、それぞれの年に親鸞のおかれた歴史的状況がどのようなものであったかを踏まえて見てみよう。はじめの四十二歳の頃、親鸞が関東で目にした農民の姿は、これまで京都や越後で目にした農民のイメージをはるかに超えた惨めなものであり、彼らは明日への貯えもないほど餓えていた。その状況は不安極まりないものであった。次に親鸞五十九歳の年、つまり寛喜三年の関東は、日本史上稀に見る大飢饉の年である。飢饉という状況の上に、さらにのしかかってくるのは、荘園体制の崩壊とともに新しく興起してきた武家政権と、その配下の領家・地頭・名主らによって繰り広げられる過酷な支配であった。

そのようななかで関東の農民が求めていたものは、明らかに現世的な利益であった。古くから人間の弱点に食い入る経典読誦の信仰が広まっていたと考えられる。そこで親鸞は、衆生利益のために三部経の千回読誦を思い立ったのであろう。だがその行為自体は、

助正ならべて修するをば　すなはち雑修となづけたり　一心をえざるひとなれば　仏恩報ずるこゝろなし
仏号むねと修すれども　現世をいのる行者をば　これも雑修となづけてぞ　千中無一ときらはるゝ
（ともに、『定親全』第二巻・和讃篇、一一〇頁）

などと、親鸞自らが虚仮なるものとして規定し、最も嘆いたはずの自己をたのむ立場にほかならなかった。そのような人間の虚仮は「是非しらず、邪正もわかぬこのみなり」として、すべてが自己のなかにあると自覚していた。

その虚仮なる姿を人の前に現すことは、自らが「煩悩具足の凡夫、火宅無常の世界は、よろづのこと、みなもつてそらごとたはごと、まことあることな」いことへの自覚が徹底しないことであり、我がはからいのこころがどこまでも強いことを思い知るしかないものであった。親鸞の深い反省を呼び起こす自己洞察力がどのようにして成立したのかを窺うのに重要な示唆を与えてくれる部分である。

しかし、先に述べたように、ここで最も重大なことは、親鸞における伝道実践における関心の在りかがどこにあったかを知ることである。三部経千回読誦が行われたという表面的な事象を追い求めるのではなく、その事象を呼び起こす背景にあった親鸞の願いを確かめることである。親鸞が虚仮なる行であると重々承知していながら、「げに〴〵しく千部よ」まんと思い立つ衝動をかき立たせ、高熱のなかで意識が朦朧としていた時、親鸞自身に突如はっきり顕わになった願いは、ただ一心に一切衆生を済度したいとする「すざう（衆生）利益のため」なる明確な意志であった。このように見れば、親鸞の本来の願い、彼のこころのすべてを貫く根本的な願いは、大慈悲心をもって一切衆生を救済したい、という一点に集約できるといえよう。

これまで述べてきたように、三部経を千回読誦するといった行為そのものには問題が残るとしても、親鸞は建保二年の頃から寛喜三年に至るまでの間、一貫して衆生利益を考え続けたからこそ、それにつけても自己のなかに深く根ざした自力の執心の深さを痛感せざるをえなかったのであろう。なお、この見解については、岡亮二の「親鸞と伝道」（『親鸞の念仏思想』〈永田文昌堂、一九八七年〉）によるところが大きい。

(70)　二葉憲香編『史料・日本仏教史』上（永田文昌堂、一九八六年）二九四頁を参照。

(71)　失九箇条とは専修念仏の過ちを九箇条にわたって指摘するものである。大要は以下のようなものであった。

「一、新宗を立てる失」は、伝統仏教諸宗を無視して、弥陀一仏の教えのみを絶対視することは誤っているとするものである。しかし、新たに宗派を立てる場合には国家の認可が必要であるにもかかわらず、私的に立てたことは法律に違反するため、政治問題としての告発を行うものでもあるという批判。

「二、新像を図する失」は、摂取不捨曼陀羅と称して念仏者だけに仏の光明が当たっている図像を用い、あたかも念仏者だけが救われるように説いていることへの批判。

「三、釈尊を軽んずる失」は、阿弥陀仏のみ尊崇し、仏教の本師である釈迦を無視していることへの批判。

「四、万善を妨げる失」は、伝統仏教が勧める諸善を否定し悪人往生を説くことは、最大の謗法であり、ひいては世において蛇身のような害を及ぼすであろうという批判。

「五、霊神に背く失」は、日本の神々を否定することは、日本仏教が古来より神明を敬ってきたこととは異なり、君臣を軽んずるものであって、朝廷による政治を破壊に導く危険思想であるという批判。

「六、浄土に暗き失」と「七、念仏を誤る失」は、浄土や念仏に対する理解の仕方が伝統的浄土教家の教学とは異なり、最上の観念念仏を否定し最下の口称念仏を唯一絶対とするなどとしていることは、仏教を勝手に解釈しているという批判。

「八、釈衆を損ずる失」は、戒律不要を説く専修念仏の教えを弘めていることは、既成仏教教団を破滅へと追い込む行為であるという批判。

「九、国土を乱す失」は、これまでの過失をまとめているともいえる箇条で、従来仏法と王法は身心や天地のように一体となって国家を護ってきたが、専修念仏によってその仏法が破壊され、諸善が否定されれば、日本の国土すなわち国家体制が根本から覆されるであろうから、早急に専修念仏を停止させなければならないと警告している。さらに副状において、専修念仏の張本人は法然とその一門であり、彼らはまさに天魔のごとき行為をしている輩であるから、素早く処刑してこのような教えが永久に生じないようにしなければならない、と訴えている。

(72)　念仏の輩、永く神明に別る、権化実類を論ぜず、宗廟大社を憚らず。もし神明を恃めば、必ず魔界に堕つと云云。実類の鬼神においては、置いて論ぜず。権化の垂跡に至つては、既にこれ大聖なり、上代の高僧皆以て帰敬す。かの伝教、宇佐宮に参じ、春日社に参じて、おのおの奇特の瑞相あり。智証、熊野山に詣し、新羅神を請じて、深く門葉の繁昌を祈る。行教和尚の袈裟の上に、三尊影を宿し、弘法大師の画図の中に、八幡神を顕はす。是れ皆法然に及ばざるの人か、魔界に堕つべきの僧か。なかんづく、行教和尚、大安寺に帰りて、二階の楼を造りて、上階に八幡の御体を安じ、下階に一切経論を持す。神明もし拝するに足らざれば、如何ぞ聖体を法門の上に安ぜんや。末世の沙門、なほ君臣を敬す、況や霊神においてをや（鎌田茂雄・田中久夫校注『鎌倉旧仏教』日本思想大系15〈岩波書店、一九七一年〉三五〜三六頁)。
(73)　この『興福寺奏状』を起因として専修念仏の弾圧は行われたのであるが、元仁・嘉禄の法難では、貞応三年(一二二四)五月比叡山の「延暦寺三千大衆法師等」が六箇条の項目をあげて専修念仏の停止を上奏している。『停止一向専修記』(『鎌倉遺文』竹内理三編、三二三四号、古文書編第五巻)の第二項では「一向専修の党類神明に向背すること不当のこと」と、日本は神国であり、敬神をもって国家の勤めとして、それに背く専修念仏の神祇観を神祇軽侮であると論難している。そこには本地垂迹思想の立場と新たに教義に組み込まれた神国思想の両思想より論難されていることからも、当時の念仏者の神祇に対する徹底した不拝の態度がいかなるものであったかを知ることができる。
(74)『教行証文類』「化身土巻」(『定親全』第一巻)三三七頁。
(75)同右、三六〇頁。
(76)『唯信鈔文意』(『定親全』第三巻・和文篇)一六六頁。
(77)『正像末和讃』(『定親全』第二巻・和讃篇)二一一頁。
(78)同右。
(79)同右、二一二頁。
(80)同右、二一三頁。
(81)同右、二一五頁。
(82)同右、二〇八頁。
(83)『歎異抄』(『定親全』第四巻・言行篇(1))三八頁。
(84)『教行証文類』「化身土巻」(『定親全』第一巻)三〇八頁。
(85)『正像末和讃』(『定親全』第二巻・和讃篇)二一四頁。
(86)『教行証文類』「化身土巻」(『定親全』第一巻)三一三頁。
(87)『親鸞聖人御消息集』(『定親全』第三巻・書簡篇)一三六〜一三七頁。

(88) 同右、一四八頁。
(89) 同右。
(90) 同右、一五三頁。
(91) 同右、一四三頁。
(92) 同右、一五〇頁。
(93) 『教行証文類』「証巻」(『定親全』第一巻) 一九八頁。
(94) 『歎異抄』(『定親全』第四巻・言行篇(1)) 九〜一〇頁。
(95) 『正像末和讃』(『定親全』第二巻・和讃篇) 一八七頁。
(96) 『無量寿経』(『真聖全』第一巻) 二七頁。
(97) 『教行証文類』「信巻」(『定親全』第一巻) 一三九頁。
(98) 本論における非僧非俗に関する分析方法の着想は、桐山六字「教学と教団—非僧非俗について—」(『真宗教学研究』第二集　永田文昌堂　一九八〇年) から得た。桐山の実践的な視点から丁寧になされた研究は今後も正当に注目されるべきである。

第二章　親鸞の信と自然法爾——廻向によって成立する実践主体——

はじめに

称名念仏だけでどのような悪人でも阿弥陀仏によって救われる、という法然の専修念仏思想は、悪を好んで行っても往生には障りがないという「造悪無碍」の徒を生みだす危険性とともにあった。現在でも、「何もできない凡夫を救うのが阿弥陀仏なので、称名念仏だけで何もせずそのままの姿で救われる」といった定型句で語られることが多いことからも、専修念仏思想と造悪無碍の問題は表裏一体の関係にあると言っても過言ではない。

現在の中世仏教史研究を代表する一人である平雅行は、この専修念仏における造悪無碍を、

民衆意識の呪縛に対し、専修念仏は念仏や信心以外の一切の行為から宗教的行為を剝奪して、領主—農民関係をめぐる宗教的ベールを剝ぎ取り、民衆意識を解放した。造悪無碍・本願ぼこりがその表れである。ここに異端思想の歴史的意義がある。(1)

と、民衆意識解放の表出であり、異端思想の歴史的意義であると高く評価している。そのうえで、晩年の親鸞が善鸞義絶事件に対して述べている消息や自然法爾消息を認めたことをもって、

親鸞もまた晩年、造悪無碍を批判し機の深信を放棄することによって、自然法爾へと向かっている。（中略）

これらはいずれも、専修念仏運動の敗北と解体を象徴的に物語っていよう。(2)と、自然法爾思想は専修念仏運動の敗北のあかしだとの理解を示している。

あらためて言うまでもないことであるが、藤村研之が指摘したとおり「造悪無碍」は親鸞の言葉ではなくのちの宗学用語であり、同様の語句を親鸞に求めるならば、「放逸無慚のものども」がそれにあたる。(3)また、藤村は、「造悪無碍」を論じたこれまでの研究を検討したうえで「親鸞の信仰と「造悪無碍」を生み出すものとの関係を詳細には論じないで、単に「造悪無碍」の歴史・社会的影響をもって、「造悪無碍」自体の総体的評価に置き換えてしまうありようが見受けられる」(4)と問題点を指摘する。そのうえで藤村は、親鸞における信の構造を把握したうえで自然法爾や造悪無碍を位置づけることで、親鸞の造悪無碍批判や自然法爾が躓きではなく、信仰上の必然だとの意見を提示している。

すでに藤村による的確な批判があるにもかかわらず、平は二〇一七年に刊行された『鎌倉仏教と専修念仏』においても、

私はこれまでも、親鸞の躓きに心引かれると語ってきた。親鸞の造悪無碍批判は誤っている、自然法爾思想は屈服である、と私は考えている。(5)

と述べており、その理解に変化は見られない。それどころか、「自然法爾思想は屈服である」と、これまでよりもさらに強い語句をもって表現している。平は自身の「親鸞思想変容論」について「絶対他力の世界を、親鸞思想の発展と見るか、それとも挫折と考えるか、研究者の意見は分かれます。でもこれ以上の言及は、慎みましょう」(6)と述べていることから、自身が特異な理解をしていることは自覚しているようである。しかし、親鸞思想において、自然法爾や機の深信などの概念は、その思想の中核をなす概念であり、それらを親鸞思想の挫折や屈服と理解する

ことは、親鸞の思想全体の理解そのものへの信頼性を左右する。些細な違いのようであるが、この問題は、親鸞の信と実践の総体に関わる問題であることから、親鸞の信の立場に立ってその実践を検討しようとする研究者からは繰り返し、問題提起がなされているのである。

こうした問題の重要性を踏まえて、栗山俊之は繰り返し主張される平の「親鸞思想変容論」に対して、親鸞の消息にみられる「造悪無碍」批判を中心に信の歴史的性格を確認しつつ、親鸞自身が自己の非真実性の認識としての機の深信を最晩年に至っても保持していたことを確認したうえで、「「造悪無礙」批判は親鸞の信の必然」であり、「最晩年まで、機の深信は放棄されなかった」(7)と指摘している。親鸞が終生にわたって機の深信を保持していたと栗山が指摘したことは、平の論を検証する作業において重要にして新たな視点を付与した。それは、平の理解する機の深信と、親鸞が示した機の深信の内容が異なるものであることを示唆する指摘だからである。

筆者は、建永の弾圧をめぐる史料読解に関する議論などでは、思想弾圧だったことなどを明確に立証する平の論に基本的に賛意を持つ者の一人である。しかし平の、自然法爾思想が親鸞の「躓き」であり「屈服」であるとする「親鸞思想変容論」には、藤村、栗山同様にいくつかの疑問を持っている。特に、親鸞の信が何ゆえに二種深信といわれる法の深信・機の深信という経験をもたらし、その歴史的な展開として「造悪無碍」を批判するに至ったのかを、再度確認する作業が必要であると感じられる。

よって、本章では、藤村、栗山の示した視点を引き継ぎつつ、平の「親鸞思想変容論」において、自然法爾思想が親鸞思想における「屈服」と位置づけられる理由について考察し、その理解が、親鸞の信仰構造からして妥当なものかについて検討しながら、親鸞思想における実践性の意味を再考してみたい。

一　親鸞における本願力廻向の信心

平の主張の検証に入る前に、まずは親鸞における信の構造について確認しておきたい。親鸞はその主著『教行証文類』の冒頭において、

つつしんで浄土真宗を按ずるに、二種の廻向あり。一つには往相、二つには還相なり(8)

と述べるように、現生で信を獲ることによって本願にめざめ大悲を行ずる主体として生きようとする往相と、この世に還って一切衆生を救済する還相までがすべて、廻向によって成立するという理解を示している。こうした廻向によって親鸞における仏道のすべてが成立するという理解は、『教行証文類』「信巻」において、

しかれば、もしは行、もしは信、一事として阿弥陀如来の清浄願心の廻向成就したまふところにあらざることあることなし。因なくして他の因のあるにはあらざるなりと、知るべし(9)。

と述べ、「証巻」で還相廻向について語る箇所の「四法結釈」では、

それ真宗の教行信証を案ずれば、如来の大悲廻向の利益なり。ゆゑに、もしは因、もしは果、一事として阿弥陀如来の清浄願心の廻向成就したまへるところにあらざることあることなし。因浄なるがゆゑに、果また浄なり、知るべしとなり(10)。

と述べているように、信心が獲得されるということは、「教・行・信・証」のすべてが如来の廻向によって成立するものと認識されている。つまり、親鸞における仏道過程すべてが弥陀の廻向によって成立したと考えられていたことが確認されるのである。

ここで注意しておかなければならないことは、親鸞における仏道が、単に浄土へ往くことだけを証果として理解されているのではなく、還相摂化までが廻向の内実として含まれている点である。親鸞は「安楽浄土にいたるひと五濁悪世にかへりては　釈迦牟尼仏のごとくにて　利益衆生はきはもなし[11]」と述べるように、還相まで含まれた自らの仏道が、廻向によって成立すると把握していた。親鸞は、還相摂化の完遂を願うようになった仏道を現生において確実に歩み始めていることへの確信そのものが、廻向によって成立したものだと認識しているのである。親鸞の往生信仰は、現生において、消滅しない煩悩を抱えながらも、本願力廻向の信を基軸とした仏道を歩む主体となることから、「小慈小悲もなき身[12]」でありながらも、

如来の廻向に帰入して　願作仏心をうるひとは　自力の廻向をすてはて、　利益有情はきはもなし[13]

と、「利益有情」の実践を志向する主体が成立する、という論理だったのである。ここをはずして、親鸞の信仰を単に来世に設定された浄土に往くことのみを願生した信仰として理解すると、親鸞の他力思想の意義を把握し損ねる危険性があることには、十分に注意を払っておくべきであろう。

親鸞は、こうした「本願力廻向の信心[14]」によって成立する慈悲の実践を志向する仏道を歩む主体を、「真の仏子」と呼んでいる。その具体的な在り方については、

また深信するもの、仰ぎ願はくは一切の行者等、一心にただ仏語を信じて身命を顧みず、決定して行によりて、仏の捨てしめたまふをばすなはち捨て、仏の行ぜしめたまふをばすなはち行ず。仏の去らしめたまふ処をばすなはち去つ。これを仏教に随順し、仏意に随順すと名づく。これを仏願に随順すと名づく。これを真の仏弟子と名づく[15]。

と「仏教」「仏意」「仏願」に随順する存在となることで、「仏恩の深きことを念うて、人倫の嘲りを恥ぢ[16]」ない、

世間的価値観に埋没せずに本願に随順した生き方が成立すると説示している。だから、親鸞はそうした信にもとづいた仏道を歩む主体について、

慶喜するひとは諸仏とひとしきひととなづく。慶はよろこぶといふ、信心をえてのちによろこぶなり。喜はこゝろのうちによろこぶこゝろたえずしてつねなるをいふ。うべきことをえてのちに、身にもこゝろにもよろこぶこゝろなり(17)。

と表現している。これは、信にもとづいた主体の内面を表現して「うべきことをえてのちに、身にもこゝろにもよろこぶこゝろなり」と、完全に自力の世界から解放され、他力廻向の信の世界にめざめ、大悲を行じたいと願うような利益を得たから、「うべきことをえてのちに」全存在をかけて「よろこぶ」と述べていると考えられる。このよろこびこそ、信により「無明の闇を破(18)」され、慈悲の実践を志向する主体へと転じられたことへのよろこびなのである。

さらに親鸞は、信心を獲得した主体を形容して「念仏の人は無上涅槃にいたること、弥勒におなじきひとと申すなり(19)」と、弥勒と同じ存在だと位置づけている。そのうえで、信心にもとづいた仏道を歩む主体においては、「仏願に随順する」がゆえに生じる仏道規範は、在俗生活における非俗的仏道規範として意識されることとなる。だからこそ、親鸞にとって信心を獲た人は、あえて「薬ありて毒このむ」ことなどあるはずがないと認識されていたので、悪を好んで行ったり、信心の「しるし」が現れない無信心の人々は、「放逸無慚のものども」として批判の対象となったのである。ゆえに、「放逸無慚のものども」への批判は、親鸞における信が如来と等しいと言えるほどの非俗的仏道規範を伴った主体を成立させる廻向だと認識されていたことの証左とも言える(20)。

もちろん、この時に信によって成立する規範は本願を基礎とするものであり、仏の願いを自らの課題とする規範

を伴った主体が成立する。だから、その主体による実践はその時代における道徳に沿うものとは限らない。周知のごとく、念仏者は、親鸞当時の差別を前提とする権力者や顕密仏教者たちから「国土を乱す」[21]存在として認識されていた。このことは、信にもとづく規範が徹底して平等な人間観を基礎とした非権力的なものだったことを反証している。こうした現象面のみに注目してみると専修念仏は一見、反権力的な行動を目的とした思想のように捉えてしまいがちだが、権力に抵抗することそのものが目的ではなく、あくまでも本願にもとづいた信の実践であったことを、的確に押さえておく必要があるだろう。このように考えた場合、親鸞における「放逸無慚」批判は、信における必然的教示としか認識できないのである。

だがしかし平は、この「放逸無慚のものども」への批判をもって親鸞の「躓き」と捉え、以後の親鸞思想が変容したと主張している。よって、まず、平の「親鸞思想変容論」における造悪無碍理解とその評価における問題点について検討したい。

二　平雅行の「親鸞思想変容論」における造悪無碍理解の問題点

平は「親鸞思想の変容」[22]において、「造悪無碍を歴史的に評価するには、その「悪」の中身が決定的に重要」だという立場から、親鸞が消息のなかで関東の門弟に対してたびたび「放逸無慚」を誡める指示を消息上で展開していることを「躓き」と指摘する。その理由を、①専修念仏の教えは造悪無碍と非難される要素を本質的に内包している、という点と、②当時の時代状況における「悪」に対する認識のずれが非難の原因だった点との二つをあげて分析している。そのうえで、専修念仏と顕密仏教とが考える悪の範囲にズレが生じたこと、これが造悪無碍批判を誘発した本質的要因です。二つの仏教観の軋轢の表現、これが造悪無碍なのです[23]。

と、造悪無碍とは、顕密仏教と専修念仏の間の仏教観の相違による軋轢だったと指摘している。さらに、建長元年（一二四九）から鎌倉幕府の宗教政策が転換され、鎌倉中期から約一世紀ほどは「禅律僧の時代」と言ってよいほど、禅律僧が活躍した。自身が関東にいた当時とは一変した宗教状況を把握しきれていなかった親鸞は、造悪無碍が本当に起きていると誤認した。その是正のために善鸞を派遣したことで、かえって関東の教団を混乱させることになった、という理解から、平は、親鸞の造悪無碍批判が「躓き」だったという結論を導き出しているのだ。ゆえに、

この造悪無碍――善鸞事件は親鸞に、大きな思想的衝撃を与えました。そしてそれを契機に、親鸞の思想が変容してゆきます[24]。

と、造悪無碍批判と善鸞事件を契機に、親鸞が自らの思想に「躓き」「屈服」したことで、以後の思想が「変容」したとの断定に至るのである。平は、「かつて親鸞は、専修念仏の教え、他力の教えが未来を切り開くと確信していた」のだが、現実には造悪無碍が跳梁して他力の教えを破壊していると誤認したことで、自らの歩んできた信心に生きることに「挫折」したと捉えている。そのうえで、親鸞が自らの「信心を解体しようとしている」と述べ、親鸞は信心だけがピュアなものだと考えてきましたが、しかし末法の世における信心ははたしてピュアなのでしょうか。むしろ末法は、ピュアな信心すら、どす黒く染め上げてゆくのです。悪人の自覚は虚仮ではないか。機の深信は自力ではないのか。そもそも信心や主体性なるものに意味はあるのか……。こうして何もかも、すべてが否定されてゆきます。そしてそのどん底の闇の中から、やがて絶対他力の世界が現出してき

ます。(25)

と語っている。ここでは、「絶対他力の世界」を「すなわち他力信仰の世界すら放棄しようとしています。すべてを弥陀に委ねる、これが自然法爾の世界です」と結論づけており、親鸞思想の変容過程を、信心への「挫折」「屈服」「躓き」から絶対他力の世界に達したものと捉え、それを示したものが「自然法爾」だという理解である。

一見、論理的には整合性がとれるかのように感じられる。しかし、なぜ「自然法爾」の境地に達することが、親鸞の信心における「躓き」や「屈服」となるのかについては、やはり解明できていない。これは平が「歴史的に評価」した結果によるものと推察される。

そもそも、親鸞が「放逸無慚のものども」を批判した理由について考察する場合には、「歴史的」な現象面の分析のみによって判断するのではなく、親鸞の信仰にもとづいて判断する必要がある。親鸞は信心を獲得した存在を「如来と等し」「菩薩におなじ」「染香人」「等正覚の位」「最勝人」などと敬称しており、煩悩性を踏まえながらも仏願に随順する仏道を歩む存在を、最大限の尊称をもって表現していた。(26) 本願力廻向の信は、主体において「如来と等し」「菩薩におなじ」ともいいうるほどの、明確な非俗的仏道規範をもたらすものだと親鸞は理解していたのだ。よって、信鸞の「造悪無碍批判」は、信にもとづかない「放逸無慚」な行為については批判し、関東の門弟たちに自らの信を再確認させるための教示だったと考えた方が自然である。親鸞が使用した言葉には、親鸞の思想全体が反映しているのである。

末木文美士が、「宗教をそれ自体の内容によって評価するのではなく、政治あるいは社会との関係によって評価する結果となっている」中世仏教史研究の方法に対して、

宗教はあくまで宗教として、思想はあくまで思想として解明され、その上でそれが政治的、社会的にどのよう

な位置付けにあるかを見るのが本来ではないだろうか。(27)

とした見解には、一目置く必要がある。造悪無碍の反権力的行為のみをもって「歴史的に評価」したがゆえに、平には、親鸞が信にもとづいて放逸無慚な行為を批判したことが「躓き」と認識されたと分析できるのである。すると、平においては、親鸞の信心を基準とした親鸞の思想全体の把握ができていないのではないか、という疑いが浮上してくる。(28)

平は精緻な史料の読解により中世の状況をあぶり出し、その状況のなかで諸思想を分析し、優れた研究成果を数多く発表している。こうした研究成果の一つとして親鸞論が発表されていることは、敬服に値する業績である。しかし、繰り返し述べているように、筆者には善鸞事件以後の親鸞の信心理解が、それ以前と比べて「変容」したとは考えられない。にもかかわらず、平が「変容」したというのであれば、筆者と平の間にあるズレは「親鸞が信心をどのようなものだと理解していたか」という「親鸞の信心理解」に対する認識が相違することから生じる違和ではないかと考えるのである。よって、次に平の「親鸞思想変容論」の根拠を確認するために、平が親鸞の信心をどのように理解しているかについて考察を進めていくこととする。

三　平における親鸞の信心理解の問題点

平は親鸞思想の特色を、末代のすべての衆生が「悪人」であるという自覚において平等を確保したうえで、「末代の衆生」でありながら自分のことを善人だと思っている存在を救われ難い「疑心の善人」と設定し、その対抗概念として「他力の悪人」を設定することで、「他力の悪人」を阿弥陀仏の救済の正機と位置づけている。そのうえ

で、

　つまり親鸞は信心を往生の決定的要件と考えていました。つまり親鸞の本当の考えは、実は信心正因説なのです。そしてその信心は、機の深信（悪人であることの自覚）と法の深信（弥陀の救済を信じること）とから成っています。なかでも重要なのは、機の深信です。とすれば、悪人であることの自覚が往生の正因と言ってもよいでしょう。つまり信心正因説とは、機の深信正因説でもあります。ですから正確には、「他力を頼みたてまつる悪人」が正因ではなく、悪人であることを「自覚」することが正因なのです。[29]（傍線：筆者）

と、信心が往生の正因だとの理解を示している。[30]この場合重要な点は、平が「機の深信正因説でもあります」として信心における機の深信に注目し、悪人であることの自覚そのものが信心であり往生の正因となると考えていることである。こうした平の親鸞の信に関する理解は、一九九二年に刊行された『日本中世の社会と仏教』においても、

　まさに善人悪人とは、不信仰者・信仰者の謂いであり、その逆説的表現なのである。そして機法二種深信が親鸞の信の中核をなしていることを思えば、悪人正因説とは実は信心正因説のことであり、信心正因説の修辞的逆説的表現と言わなければならない。[31]

と述べられており、近年の考えというわけではなく、平の親鸞論において一貫していることが確認される。また、平における親鸞の信心理解の中核が二種深信におかれてきたことも確認できる。こうした二種深信の特に機の深信を中心とした信心の成立については、

　考えて見れば、私たちの信心は如来から与えられたものです。親鸞にあっては、信心も弥陀が廻向したもの、つまり弥陀が私たちに与えたものです。悪人の自覚という本人の内発的な主体性と、信心を開花させようとす

る阿弥陀仏の外からの働きかけ、この両者の接点で信心は成立します。(32)

と解説しており、悪人の自覚（本人の主体性）と阿弥陀仏の働きかけの接点が信心だと理解していることが確認できる。このことにより、

阿弥陀仏のはたらき　↓　内発的な主体性としての悪人の自覚　↓　機の深信が成立する

という親鸞における信の構造についての平の認識が確認される。ここで重要なのは、平が、阿弥陀仏のはたらきにより悪人の自覚が生じることを、「本人の内発的な主体性」と押さえている点である。悪人の自覚は親鸞の主体的な自覚であったがゆえに、そうした主体的な自覚を疑い否定するほどの事件としての善鸞事件が起こったことで、

悪人の自覚は虚仮ではないか。機の深信は自力ではないか。そもそも信心や主体性なるものに意味はあるのか……。こうして何もかも、すべてが否定されてゆきます。そしてそのどん底の闇の中から、やがて絶対他力の世界が現出していきます。(33)

と、絶対他力の世界＝自然法爾思想へと移行したと考えられているのだ。平の以下の解説は、そのことを明確に示している。

最晩年の自然法爾消息です。正嘉二年（一二五八）十二月、親鸞八十六歳の口述です。「義なきを義とする、その義すら放棄せよ」と語っています。あらゆる計らいを放棄するだけでなく、計らいを放棄しようとすることすら放棄する、これが自然法爾の世界です。これは単なる自力作善の否定ではありません。自力作善を否定しようとする想い、すなわち他力信仰の世界すら放棄しようとしています。すべてを弥陀に委ねる、これが自然法爾の世界です。(34)（傍線：筆者）

ここでは、「他力信仰の世界すら放棄」しようとした結果「自然法爾の世界」に到達したとの理解が読み取れる。つまり、平における親鸞の信心理解においては、親鸞がこれまでの「単なる自力作善の否定」としての主体的な悪人の自覚をもたらす信仰に挫折し、信心の世界から離れて「自力作善を否定しよう」とした結果、「自然法爾の世界」に至ったと考えられているのである。そこには、親鸞の信心の展開成果として自然法爾を捉える視点は見られない。氏においては、親鸞が信心に挫折してたどり着いた、信心後の世界として自然法爾の世界があったと理解されているから「躓き」や「屈服」という「親鸞思想変容論」となるのである。こうした平の信心理解について藤村研之は、

平氏においては親鸞の信仰が「信心正因」であることは強調されている。しかし、信心獲得とはどのような事態を指すのか、あるいは信心とはそもそも何かという問いが根本的に欠落しているのではないだろうか。(35)

との疑問を呈しているが、筆者も同様に、この平の信心理解に問題があると考える。そもそも、親鸞の信心理解に立てば、「すべてを弥陀に委ねる」ことは〝すべてが廻向によって成立していることをそのまま受け入れること〟という意味でしかなく、他力思想における必然的な結果であり、何の矛盾も生じないはずである。そのように考えると、親鸞における信心獲得は「建仁辛酉の暦、雑行を棄てて本願に帰(36)」した二十九歳の時だったので、その時点で、すべてを弥陀にゆだねた生き方＝大悲の実践を志向する生き方は成立していたはずである。にもかかわらず、「すべてを弥陀に委ねる」という態度が、平にとって「躓き」や「屈服」として認識されているのは、どのような理由によってなのであろうか。

そこで本稿では、平における二種深信理解、特に機の深信ついての表現に注目したい。先にあげたように、平は親鸞の信心の基礎構造について、「信心は、機の深信（悪人であることの自覚）と法の深信（弥陀の救済を信じるこ

と）とから成っています」と二種深信を核心として押さえている。とりわけ、「なかでも重要なのは、機の深信です」と述べているように、機の深信と法の深信を別個の事項として理解しているとも受け取られる表現を用いている。確かに親鸞における二種深信とは、

二者深心。深心といふは、すなはちこれ深信の心なり。また二種あり。一つには、決定して深く、自身は現にこれ罪悪生死の凡夫、曠劫よりこのかたつねに没し、つねに流転して、出離の縁あることなしと信ず。二つには、決定して深く、かの阿弥陀仏の四十八願は衆生を摂受して、疑なく慮りなく、かの願力に乗じて、さだめて往生を得と信ず。(37)

と、出離の縁がない身であることを知る機の深信と、阿弥陀仏の四十八願により往生が定まっていることを知る法の深信との二側面があると表現されているのだが、親鸞は『愚禿鈔』において、「いまこの深信は他力至極の金剛心、一乗無上の真実信海なり(38)」と記し、そもそも深信は他力至極の金剛心であり、真実信海であると述べている。つまり、二種深信とは、他力の廻向の信にめざめた主体の経験を二側面から表現したものであり、機と法の深信は別個に存在するものではなく同一のものであると詳説しているのだ。

こうした理解は、法然の『選択集』における、

深心とは、いはく深信の心なり。まさに知るべし、生死の家には疑をもつて所止となし、涅槃の城には信をもつて能入となす。ゆゑにいま二種の信心を建立して、九品の往生を決定するものなり。(39)

という言葉をうけてのものであろう。ここでも、深信という一つの経験について二種の側面から表現したものであると説示されており、こうした法然の深信についての理解を、親鸞も踏襲していると考えられる。

第一節で確認したように、すべてが廻向によって成立しているとの認識を持っていた親鸞において、機の深信そ

のものも、まさに廻向によって生じた自己の罪悪への自覚だった。だから、その罪悪の自覚が不徹底であることを「虚仮不実のわが身」[40]として反省することはあっても、罪悪から逃避することや機の深信を放棄することは絶対にしない。なぜなら、他力にゆだねればゆだねるほど罪悪への反省は深まるものであることを、親鸞はすでに熟知していたからこそ、信心を「二種深信」と表現していたのである。つまり、二種深信の経験そのものが他力廻向によってたまわる証果のあかしとしての自己認識だと、親鸞は受け止めていたのである。そこには、自力的な発想にもとづく主体性が入り込むすきは一切ない。親鸞自身が「「廻心」といふは自力の心をひるがへし、すつるをいふなり」[41]と述べるように、自力ありとこれまで考えてきた自らの思い込みが、いったんすべて否定され崩壊し、それでも立ち現れてくる自力的発想から脱却しながら生きようとする主体が成立するから、「罪悪」の自覚すら自らのはからいによって生じたものではないという発想に立っていたのである。事実、親鸞は信心について、

如来、清浄の真心をもつて、円融無礙不可思議不可称不可説の至徳を成就したまへり。如来の至心をもつて、諸有の一切煩悩悪業邪智の群生海に回施したまへり。すなはちこれ利他の真心を彰す。ゆゑに疑蓋雑はることなし。[42]

と、如来の清浄なる真心は廻向されることによって成立するものであるから「疑蓋雑はること」がないものだと述べている。こうした、信心を「無疑心」として表現するのは、

「信心」は如来の御ちかひをきゝて疑ふこゝろのなきなり。[43]

「信」はうたがひなきこゝろなり、すなはちこれ真実の信心なり、虚仮はなれたるこゝろなり。[44]

といった文言が示すように、信心獲得の時点で、自己の内に信心を疑う心が生じてくることはすでに前提とされており、そのうえで虚仮を離れることを願わせる真実心が信心として廻向されている、と理解しているのだ。[45]罪悪の

自覚が自力で作り出したものであれば、自力による疑いが常に生じ、転覆する可能性を含んでいる。しかし、他力廻向の信は、疑いをもつ心をも含んだうえで慈悲の実践へと転じさせていくはたらきだと認識していたから、親鸞は信心を人間の自力が介入する余地すらない無疑心と表現しているのである。

親鸞は、念仏の教えに出遇っていながらも、自らの称える念仏を自らの力で行っていると思い込んでいる存在を指して、「本願の嘉号をもっておのれが善根とするがゆゑに、信を生ずることあたはず、仏智を了ら(46)」ないと表現している。これは、すべてが他力廻向によって成立することを領受せず、念仏を称えながらも自らの力を信じる第二十願の状態だと述べているのだが、平の「悪人」理解は、まさしく親鸞の言うところの第二十願的な理解だといえる。平は「悪人」の自覚が生じることを信のあかしとして位置づけているにもかかわらず、その悪人の自覚そのものが、他力廻向によってもたらされたものと捉えられていないということが指摘できるのである。平は、親鸞における悪の自覚に主体性を見いだしたことで、完全に他力廻向によって成立するものとして把握されていた親鸞の信心理解を捉え損ねたと考えられるのだ。

こうした親鸞の信心理解に対する平の誤認は氏の「悪人正因」という理解にも端的に表れている。親鸞における仏道そのものが、廻向された信心によって成立するものであったがゆえに、悪人の自覚を持つことが目的ではなく、信にもとづき完全なる慈悲を実践することが目的だったはずである。そのため親鸞は、往生成仏したのちに、還相の証果として完全なる慈悲の実践が行われることを待たずして、現生における信心の利益として、「常行大悲」をあげている。このことがまた逆に、悪人の自覚を持つことが、親鸞における仏道の目的ではなかったことも明確に示している。

親鸞において信心とは、煩悩を抱えた身でありながら、慈悲実践志向主体を成立させる根拠として理解されていた。だから、平は機の深信正因と言うが、機の深信だけが生じても往生は成し遂げられるはずがない。そこには必ず、仏と同じ利他を行じたいと願うようになる、法の深信が伴っていなければならないこととなる。平は、親鸞の思想を現実での不平等を批判し、平等を実現させるという現象面に限って捉えたことにより、親鸞の仏道における本来的な目的を見落としてしまったのだろう。「悪人正因」という言葉へのこだわりは、ここに起因する。

繰り返しになるが、親鸞においては悪人の自覚をもつことが、仏道の目的ではない。また、親鸞における救いの成立は、悪人の自覚をもつことで来世の浄土に往生することにとどまるものでもない。廻向によって、還相してまでの衆生救済を願っていたことの意味を考えると、悪人の自覚をもつということは、信を獲得した人間の在り方を示すものであるから「正機」であり「正因」とはならないのである。

四　善鸞義絶後の親鸞の信仰と自然法爾

さて、以上のように、平の「親鸞思想変容論」は、氏の信心理解において「悪人」の自覚に重きがおかれ、その自覚の在り方に主体性を見いだしたことで、善鸞義絶事件後に「すべてを弥陀に委ねる」ことを表明している自然法爾思想を、親鸞の「躓き」「屈服」「挫折」であり変容と捉えていたことが確認された。しかし、筆者はこれまで述べてきたように、親鸞の他力廻向の信という立場を踏まえていないことに起因する平の誤解だと考えている。はたして、平が主張するように、親鸞の自然法爾思想は親鸞思想の変容と言いうるのだろうか。

親鸞は善鸞義絶以降、

康元元年（一二五六、八十四歳）『往相還相廻向文類』

正嘉元年（一二五七、八十五歳）『一念多念文意』、『大日本国粟散王聖徳太子奉讃』百十四首、『浄土三経往生文類』、『如来二種廻向文』

正嘉二年（一二五八、八十六歳）『尊号真像銘文』、『正像末和讃』

文応二年（一二六一、八十八歳）『弥陀如来名号徳』

を著している。

これまでの親鸞研究において、『教行証文類』や『愚禿鈔』などの著作に示された思想内容と、善鸞事件以降の著作において矛盾点があるとの指摘は、管見の限り確認できていない。もちろん、思想の深化や表現の多様化などについての研究は数多くあるのだが、思想が変容したとまで断言する研究を目にすることはない。たとえば、『正像末和讃』については、柏原祐泉も、初稿本から文明版にかけては、善鸞事件以後の関東門弟の動揺を契機とする内部的な問題への悲歎と、さらにその現実を通して外部的な諸教団の非仏教的行儀に対する批判とが加わっていく実態を示すものとして理解[47]しており、善鸞事件の影響を受けたとは考えているが、親鸞の思想そのものが「変容」したとは述べていない。

以上のことを踏まえて、最後に「自然法爾章」において、本願力廻向がどのように踏まえられているかを考察してみたい。なぜなら、平は、親鸞が自らの思想に挫折し「他力信仰の世界すら放棄しようとして」「すべてを弥陀に委ね」た状態を「躓き」として、「自然法爾の世界」と主張していた。しかし、「自然法爾章」のなかで、これまで筆者が述べてきたような本願力廻向の信が正当に踏まえられていれば、親鸞自身が信心に「挫折」や「屈服」はしてはいないことになり、平の「親鸞思想変容論」の矛盾点が明らかになるからである。早速内容の検討に入りたい。

「自然法爾章」は『末灯鈔』第五通に収録されており、真宗高田派の専修寺に伝わる顕智書写本には、正嘉二年（一二五八）十二月、下野国高田の顕智が上洛して、親鸞の実弟尋有の住坊であった京都三条富小路の善法坊で親鸞に会い、直接聞いた法語だと顕智が記している。この記述によると、親鸞が八十六歳の作であることがわかる。また、顕智本とほぼ同じ「自然法爾章」が、文明版『正像末和讃』の最後に収録されており、「親鸞八十八歳御筆」と書かれている。よって、短い法語ではあるが、親鸞の最晩年の信仰理解を述べたものであることは確かである。

「自然」といふは、「自」はをのづからといふ、行者のはからひにあらず。「然」といふは、しからしむといふことばなり。しからしむといふは、行者のはからひにあらず、如来のちかひにてあるがゆへに法爾といふ。「法爾」といふは、この如来の御ちかひなるがゆへに、しからしむるを法爾といふなり。この法爾は、御ちかひなりけるゆへに、おほよす行者のはからひのなきをもて、この法の徳のゆへにしからしむといふなり。すべてひとのはじめてはからはざるなり。このゆへに義なきを義とすとしるべきなり。「自然」といふは、もとよりしからしむるといふことばなり。弥陀仏の御ちかひの、もとより行者のはからひにあらずして、南無阿弥陀仏とたのませたまひて、むかへんとはからはせたまひたるによりて、行者のよからんともあしからんともおもはぬを、自然とは申すぞとききて候ふ。

ちかひのやうは、「無上仏にならしめん」と誓ひたまへるなり。無上仏と申すは、かたちもなくまします。かたちもましまさぬゆへに、自然とは申すなり。かたちましますとしめすときには、無上涅槃とは申さず。かたちもましまさぬやうをしらせんとて、はじめて弥陀仏とまふす、とぞききならひて候ふ。弥陀仏は自然のやうをしらせん料なり。

この道理をこゝろえつるのちには、この自然のことはつねにさたすべきにあらざるなり。つねに自然をさたせば、義なきを義とすといふことは、なほ義のあるになるべし。これは仏智の不思議にてあるなり。(48)

確かに、「義なきを義とす」から「自然のことはつねにさたすべきにはあらざるなり」と述べており、人間のすべてのはからいを否定している。しかし、これまで確認したように、親鸞における信とは、本願力廻向によってしか成立しないものであるがゆえに、自力によるはからいが一切入り込む余地のないものとして理解されていた。したがって「如来のちかひ」として廻向されるものだから、そのような人間の思義やはからいを超えて「おのづから」「しからしむる」ものとして、自然法爾が説明されているのである。そして、最も注目すべき点は「ちかひのやう」を「無上仏にならしめん」と述べている点である。自力なる存在を〈自ずからしからしめて、無上仏にしたいという願い〉が廻向されていると説示しているのである。罪悪深重の身である人間をもって無上仏にしたいという願いが廻向されているという場合の、廻向されるはたらきは「無上涅槃」そのものであり、実体的な形として表現されうるものではないから「かたちもなくまします」と述べているのだ。こうした無上仏にさせようとするはたらきの内実については、同時期に書かれた『正像末和讃』(49)において、

浄土の大菩提心は　願作仏心をすゝめしむ　すなはち願作仏心を　度衆生心となづけたり

度衆生心といふことは　弥陀智願の廻向なり　廻向の信楽うるひとは　大般涅槃をさとるなり

如来の廻向に帰入して　願作仏心をうるひとは　自力の廻向をすてはて、　利益有情はきはもなし

と、信心を獲得した者が利益有情を際限なく行いたいと願うような主体となると指摘している。それは、引き続き記される和讃のなかで「等正覚にいたるゆへ」であり、「補処の弥勒におなじくて　無上覚をさとる」からだと述べている。こうした和讃に展開された理解から紐解けば、「自然法爾章」において「無上仏にならしめん」という

場合の無上仏とは完全なる利他行が実践できる存在であり、そのような完全な利他行を志向させるようなはたらきが、廻向されることを「おのづから」「しからしむ」と経験的に理解しているのである。このはたらきを端的に言うならば、〈無上仏となり一切衆生を救済する願いを起こさせたいという願い〉だといえる。この発想は、おなじく『正像末和讃』で、

弥陀智願の広海に　凡夫善悪の心水も　帰入しぬればすなはちに　大悲心とぞ転ずなる

南無阿弥陀仏の廻向の　恩徳広大不思議にて　往相廻向の利益には　還相廻向に廻入せり

往相廻向の大慈より　還相廻向の大悲をう　如来の廻向なかりせば　浄土の菩提はいかゞせむ

と述べるように、まさに本願力による二種の廻向の内実そのものを示すものだったのである。

これまで筆者は機会あるごとに、親鸞においては本願力廻向の信が慈悲実践志向主体を成立させる根拠と理解されていたと主張してきた。(50) それは親鸞が信とは凡夫であり、煩悩を抱える衆生を、大悲の実践を志す主体へと転じさせる、パラドキシカルな現象を呼び起こすはたらきとして廻向されるもの、と理解していたからである。この「自然法爾章」においても同様に、廻向される信によって慈悲実践を志向する主体が成立し、それは「行者のはからひ」である自力では成立しようのない不可思議なことだと、如実に示されていることが確認できる。そうであるがゆえに、「さたすべきにあらざる」と述べているのである。通常、衆生が、煩悩を抱えたまま大悲の実践を志すということは、不可能なことである。しかしそこに、廻向という自我や煩悩などのすべてを超越して「大悲心」へと転ずるはたらきが介入することによって、不可能なはずの出来事が可能になったとの自覚が、親鸞には生じていたのである。それは決して自分の力でなしえたものではなく、完全に他力としか呼ぶことのできない廻向によって引き起こされた事態であった。人間の自我のうちから出てきた願いではなく、まさしく廻向された願いによって転

じられたのであるから、それは、思議しても不可思議である。だから、「義なきを義とす」と念を押しておく必要があったのである。

真実信心の称名は　弥陀廻向の法なれば　不廻向となづけてぞ　自力の称念きらはる[51]

とも述べているように、他力廻向によって成立したものを「廻向によって」と受け入れず、少しでも自分の力＝自力によって何かなしたと考える発想そのものを、親鸞は根底から否定しているのだ。こうした発想には、先にあげた「本願の嘉号をもつて己が善根とする」ものとして否定していた視点がそのまま維持されていることが確認できる。だから、親鸞はこの「自然法爾章」で、「弥陀仏は自然のやうをしらせん料なり」と述べる必要があった[52]。阿弥陀仏を実体化して理解する場合、自らの存在も実体化し、弥陀と我を共に有の世界で理解することとなる。そうすると、一切が他力廻向によってしか成立しないという、無我を知らせる他力の信が理解できないこととなる。さらに、そうした理解は、往々にして実体的な浄土への往生のみをもって救いと領解する誤解を招くこととなる。

考えてみれば、「放逸無慚のものども」は、本願力廻向の信への不理解がもととなり、念仏のみで実体的な浄土への往生が定まったという誤解をし、信による非俗的規範を重視しない行為を犯していた。だから、親鸞は「放逸無慚のものども」を批判する必要があったのだ。つまり、この自然法爾章と「放逸無慚のものども」への批判は、親鸞の信仰における本願力廻向の信を正しく踏まえることによって合致するのである。信心を正しく領受しているとはいえない「放逸無慚のものども」は、自力的・自我的に浄土や阿弥陀仏などすべてを実体化させ、自己の安楽が満たされることを望む、誤った信心理解にもとづいた行為をしていた。だから、より多くの門弟たちに信の内実をより確かに理解してもらうには、その原因である阿弥陀仏の実体化を否定する必要があった。そのために、他力廻向が人間の思義や分別を超えた「をのづから」「しからしむる」ものであることを知らせる「自然法爾章」を認める必要があったのだ。晩年の思想表明のすべては、本願力廻向の信心を正しく理解してもらい、少しでも多くの人が共に念仏の教えによって救われてほしいという、親鸞自身の慈悲実践のあかしとしてあったということが確認されるのである。

このように、親鸞の廻向される信心という立場を踏まえて、「放逸無慚」批判や「自然法爾章」を位置づけると、平の「親鸞思想変容論」は成立しえないことになる。むしろ、変容とされたそれらは親鸞思想からの必然的な展開の結果であり、親鸞が当該状況のなかで信にもとづいた慈悲の実践を行じていたことの証左だといえるのである。

おわりに

以上、平雅行の「親鸞思想変容論」に導かれながら、親鸞の「放逸無慚のものども」への批判と、「自然法爾章」が親鸞思想の変容の結果ではなく信にもとづいた実践の必然的結果であることを確認してきた。親鸞の「本願力廻向の信」という立場を基礎とすれば、善鸞事件以前の親鸞思想と自然法爾との間に矛盾を読み取ることはできない。よって、「躓き」や「挫折」「屈服」を見いだすこともできない。平においては、親鸞の機の深信理解において、そこにわずかな自力的な理解を持ち込んだことで、「親鸞思想変容論」となったのであろう。やはり、親鸞の思想を見る場合は、その信仰の全体がどのようなものだったかを踏まえる必要があることを物語る例だといえよう。

しかし、親鸞の信仰には主体性が生じないということを筆者が言いたいわけでは決してないことも、あわせて確認しておく必要がある。ともすると、親鸞の他力信仰は、他力であるがゆえに何もしない主体性のなさが強調され、阿弥陀仏へすべてをゆだねるという言説が、現実における信にもとづく実践と無関係の信仰主体を生み出し、ただ報恩行として念仏することのみを勧めるものと理解、説明されるという傾向があることも事実である。しかし、親鸞の信仰とはそのような実践主体を成立させないものではない。そもそも親鸞における仏道は、他力廻向によってしか成立しないものであるから、弥陀にすべてゆだねることが前提だった。要はゆだね方の問題なのである。阿弥陀仏にすべてをゆだねるという内容は、何もしない・できないとひらきなおる主体を成立させることを意味しない。親鸞において、阿弥陀仏にゆだねるとは、廻向によって知らされた本願にもとづいた生き方を主体的に志向する実践を伴う主体が成立するものとして理解されていたのである。

親鸞思想を考える場合には、やはり信仰にもとづいた実践、信仰にもとづいた主体というものを前提に、研究を行う必要があることがあらためて確認されたといえるだろう。そのことを抜きにして、親鸞の思想全体を把握することは不可能なのではないかという思いが強く残る。さまざまな分野において親鸞の信と歴史との関係を再検討することで、親鸞の説いた仏教の歴史的意義を検証する必要があるのではないだろうか。

註

（1）平雅行「鎌倉仏教論」（『岩波講座　日本通史』第八巻・中世二〈岩波書店、一九九四年〉）五六頁。
（2）平雅行「建永の法難について」（同『日本中世の社会と仏教』〈塙書房、一九九二年、初出一九八五年〉）三一八頁。
（3）藤村研之「真宗における「すくい」」（福嶋寛隆編『日本思想における国家と宗教』上巻〈永田文昌堂、一九九九年〉）二一九頁。
（4）藤村研之「親鸞に関する「造悪無碍」研究の変遷」（中尾堯編『中世の寺院体制と社会』〈吉川弘文館、二〇〇二年〉五八頁。

（5）平雅行「仏教思想史研究と顕密体制論」（同『鎌倉仏教と専修念仏』〈法藏館、二〇一七年、初出一九九七年〉）一二三頁。平は「しかし他方で私は、世界が視えなくなって自己崩壊していった親鸞に、限りない人間的共感を覚えた。なぜなら、それが自分自身の姿でもあったからだ。私は躓いた親鸞に慰藉されながら、一九七〇年代を生き継いできた。私の研究の原点である」（一二三頁）とも述べており、現在でも変わらない、親鸞への理解だと語っている。

（6）平雅行『歴史のなかに見る親鸞』（法藏館、二〇一一年）二一二頁。

（7）栗山俊之「消息にあらわれる親鸞の信の社会的・歴史的意義――平雅行氏の提言を契機として――」（『筑紫女学園大学・短期大学部　人間文化研究所年報』第二〇号、二〇〇九年）九頁。

（8）『教行証文類』「教巻」（『定本親鸞聖人全集』（以下、『定親全』と略す）第一巻〈法藏館、二〇〇八年〉）九頁。

（9）『教行証文類』「信巻」（『定親全』第一巻）一一五頁。

（10）『教行証文類』「証巻」（『定親全』第一巻）二〇一頁。

（11）『浄土和讃』（『定親全』第二巻・和讃篇）一六頁。

（12）『正像末和讃』（『定親全』第二巻・和讃篇）二一〇頁。

（13）『正像末和讃』（『定親全』第二巻・和讃篇）一六九頁。

（14）『教行証文類』「信巻」（『定親全』第一巻）一三八頁。

（15）『教行証文類』「信巻」（『定親全』第一巻）一〇三～一〇四頁。

（16）『教行証文類』「化身土巻（末）」（『定親全』第一巻）三八三頁。

（17）『唯信鈔文意』専修寺本（『定親全』第三巻・和文篇）一七五頁。

（18）『教行証文類』「行巻」（『定親全』第一巻）二三頁。

（19）『一念多念文意』（『定親全』第三巻・和文篇）一三二頁。

（20）斎藤信行は「親鸞の信仰とその歴史性（下）」（『仏教史研究』第四二号、二〇〇六年）において、「「世をいとふしるし」という言葉は、「放逸無慚のものども」に関する消息にしかあらわれない。そのことから、この言葉は「放逸無慚のものども」の誤解を解くために用いられたと考えられる。それは「放逸無慚のものども」が「世をいとふ」根拠を持っていなかったことを反証しているといえるだろう」（四〇頁）と指摘している。

(21)『興福寺奏状』（鎌田茂雄・田中久夫校注『鎌倉旧仏教』日本思想大系15〈岩波書店、一九七一年〉）三四頁。

(22)前掲註(6)平『歴史のなかに見る親鸞』一八九頁。

(23)同右、一九三頁。

(24)同右、一八八頁。

(25)同右、一九〇頁。

(26)こうした親鸞の嘉称については、信楽峻麿「親鸞における「如来と等し」の思想」（同「『親鸞における信の研究』下巻〈永田文昌堂、一九九〇年〉。のちに『信楽峻麿著作集』第三巻〈法藏館、二〇〇七年〉に再録）三五二頁に詳しい。

(27)末木文美士「鎌倉仏教をめぐって」（同『日本仏教思想史論考』〈大蔵出版、一九九三年〉）二七六頁。

(28)平の分析においては、当時、専修念仏者による「造悪無碍」として非難されていた行為と、親鸞が「放逸無慚のものども」として批判した内容についての詳細な検討が行われておらず、同一のものとして認識されていることが確認される。以上の問題については今後、稿を改めて検討したい。

(29)前掲註(6)平『歴史のなかに見る親鸞』一六五頁。

(30)こうした親鸞の思想理解については、前掲註(5)『鎌倉仏教と専修念仏』において、悪人正機説については前掲註(6)『歴史のなかに見る親鸞』を参照とあるので、平の一貫した理解であることは確認できる。

(31)平雅行「専修念仏の歴史的意義」（同『日本中世の社会と仏教』〈塙書房、一九九二年、初出一九八〇年〉）二三三頁。平は同書の初出一覧においても、「親鸞が、自らの思想を生涯貫き通すことができていたなら、私はこれほど彼に心惹かれることはなかった」（五一一頁）と述べている。

(32)前掲註(6)平『歴史のなかに見る親鸞』二一〇頁。

(33) 同右、二二一頁。
(34) 同右、二二一頁。
(35) 前掲註(3)藤村「真宗における「すくい」」一三二頁。
(36) 『教行証文類』「化身土巻」(『定親全』第一巻)三八一頁。
(37) 『教行証文類』「信巻」(『定親全』第一巻)一〇三頁。
(38) 『愚禿鈔』顕智書写本(『定親全』第二巻・漢文篇)二六頁。
(39) 『選択本願念仏集』(『浄土真宗聖典(原典版)七祖篇』〈浄土真宗本願寺派、一九九二年〉)一三八七頁。
(40) 『正像末和讃』(『定親全』第二巻・和讃篇)二〇八頁。
(41) 『唯信鈔文意』専修寺本(『定親全』第三巻・和文篇)一六七頁。
(42) 『教行証文類』「信巻」(『定親全』第一巻)一一七頁。
(43) 『一念多念文意』(『定親全』第三巻・和文篇)一二六頁。
(44) 『唯信鈔文意』専修寺本(『定親全』第三巻・和文篇)一五五頁。
(45) また、この時点で、他力の廻向については、「円融無礙不可思議不可称不可説」であり、人間の思議や言説を超えたものとの認識は存在していたことも確認される。つまり、親鸞が自然法爾において言うところの「義なきを義とする」という立場はすでに確立されていたものであり、「挫折」の結果生み出された思想ということではないことも確認しておきたい。
(46) 『教行証文類』「化身土巻」(『定親全』第一巻)三〇九頁。
(47) 柏原祐泉『正像末和讃──親鸞聖人の末法観　私考──』(東本願寺出版部、一九八二年)七八頁。
(48) 『末灯鈔』(『定親全』第三巻・書簡篇)七二～七四頁。
(49) 『正像末和讃』(『定親全』第二巻・和讃篇)一六八～一六九頁。
(50) 拙稿「親鸞の仏道(一)──慈悲実践道としての把握──」(『筑紫女学園大学・短期大学部　人間文化研究所年報』第二五号、二〇一四年)。本書第二部第三章第一節に収録。

(51)　『正像末和讃』(『定親全』第二巻・和讃篇)一七七頁。

(52)　藤村研之は「親鸞における造悪無碍批判と「自然法爾」」(『仏教史研究』第三一号、一九九四年)において、「親鸞がこの消息のなかで、その他のどの著作にも現れない「弥陀仏は自然のやうをしらせんれうなり」という一文をあえて使用した意味は大きい。この頃になって親鸞は自我否定を妨げる理由のひとつに阿弥陀仏を実体としてとらえるという思考があり、そのような思考では、まっとうな理解が成立しないということをはっきりと示しておく必要を実感したのであろう」(三七頁)と指摘している。

第三章　親鸞における仏道把握

はじめに

日本中世を扱う宗教史研究・仏教史研究における顕密体制論(1)以降の共通的課題が、宗派史的方法をいかに克服するかという点に置かれていることは衆目の一致するところである。このことをいち早く指摘し、これまでの研究における課題を指摘した平雅行は、

宗派史的方法とは、寺誌と高僧伝を集積することによって流派史を構成し、流派史を集積することによって宗派史を構成し、宗派史を集積することによって仏教史を構成し、仏教史・神道史などを集積することによって宗教史を構成しようとする立場なのである。極言するなら、宗派史的方法による宗教史とは、高僧伝と寺誌の代数和に過ぎない。(2)

と述べたうえで、宗派史の問題点として、①護教的であり客観性に欠ける点、②中世史全体のなかで宗教を把握するといった構造的把握が弱い点、③「新仏教」「旧仏教」概念を使用している点、をあげている。さらに、これまでの中世宗教史研究において中心的に扱われてきた法然や親鸞などに関する研究成果は、彼らの思想や行動といった直接的言動の分析によって導き出されたものではなく、後世（特に近世）の門流の動向によって決定するとい

う、倒錯した方法をとっていることを指摘している。

そのうえで、思想家を歴史的に意義づける場合や、思想家同士の比較検討を行うための前提として、国家の宗教政策が中世思想史の動向に与えた影響は想像以上に大きなものがあることを理由に、

①国家の宗教政策を明らかにすることの必要性

社会と宗教、経済と宗教が未分離である以上、中世封建社会にあっては仏教をはじめとするさまざまな宗教理念が経済外強制として機能していることを研究の範疇に入れるために、

②領主権力が展開したイデオロギー支配の在り方を明らかにすることの必要性

さらには、悪人正機・専修・易行・女人往生など専修念仏の独創とされてきたものの多くが、むしろ顕密仏教側の思想的特徴であり、専修念仏の独自性がさらに別のところにあったことに気づかなかったのは、専修念仏の思想分析の不十分さに一つの要因があるが、それ以上に顕密仏教の思想と論理を積極的に解明しようとはしてこなかった点に最大の原因があるのではないかといった問題意識から、

③通俗的仏教観・共同規範としての宗教観を明らかにすることの必要性

をあげている。

平は、こうした歴史状況の相対的把握のもとで、各々の思想家の思想とその果たした意義を位置づける作業が必要であることを、

各々の思想家が現存する世界に対してどういう姿勢をとるにせよ、意識的にであれ、無意識的にであれ、これらとの関わりなしに思想を形成することはできないはずである。それ故、私たちが思想家を位置づける際には、思想家その人に直接向かう前に、彼が〈内―存在〉せしめられていた歴史思想史的背景を解明しておかな

ければならない。(3)

と述べ、黒田俊雄の顕密体制論を承け、宗派史的方法から脱却して全体史のなかでの思想の位置づけを行っていく必要性を指摘している。

「政治・宗教文化・社会経済を包摂した中世理解を示した黒田氏の学説を批判的に継承しようとする」(4)ことを研究の目的として位置づけている上島亨も、自らの基本的な立場を述べるなかで、

黒田氏の研究は、中世という時代全体を射程に入れたものであることは間違いない。しかしながら、氏が描く歴史像は静態的な構造論であり、例えば、権門体制という枠組に最も適合するのは院政期・鎌倉前期であるといってよいが、構造論ゆえ、中世社会形成の具体的な動きは必ずしも明解ではない。(5)

とし、黒田の研究を、批判的にではあれ継承する立場に立っていることを明かしている。そのうえで、中世史研究に残された課題として、

困難は承知の上で、ひとりの研究者がひとりの人物を描こうとする努力が必要ではないか。異なる視点からの個別実証をいくら寄せ集めても、決して全体像はみえてこない。それは、時代・社会などすべての分野に当てはまることだろう。（中略）目指すところは、既存の歴史学内部の個別分野史や、哲学・史学・文学という枠組を解体し、それらを包摂しうる全体史を構想することにある。(6)

と述べている。上島は、顕密体制論を継承しながら、中世社会の宗教秩序を規定していた神祇秩序を明らかにするために、さまざまな分野史の垣根を越えて、研究者が一度全体史を構想する必要があると主張している。こうした方法的課題を抱えながら、国家支配に有効に作用してきた宗教秩序の解明に取り組み、

日本の神々を単純化すると、

王城鎮守—国鎮守—郡鎮守—当庄・当所鎮守という重層的な秩序となり、これはまさに本章で明らかにしてきた、中央と国内とが密接に連関した宗教秩序の全体構造を示すものといってよい。しかも、これは単なる神々の世界の秩序ではない。上界には、梵天・帝釈天・四天王など仏界の護持神が置かれ、下界の日本の神々とあわせて、全体で仏教世界を守護するという形になっているのである。ふたつの罰文が示すのは、仏教を媒介とした日本の神々の世界であり、それは、本章で解明した、二十一社で神仏習合を〈規範〉として、国内諸社で講経法会を行うことによりできた国内宗教秩序形成の歴史過程と見事に合致するのである。（中略）いずれにせよ、起請文に描かれる神々の世界が決して理念的なものではなく、中央・国内の宗教秩序の全体構造とその形成の歴史過程とを、実に的確に反映したものであったことは重要である。(7)

と、当時民衆の間にまで浸透していた「起請文」を手掛かりに結論を導き出し、中世の支配秩序を検証した結果、「仏教世界を守護する神々が描かれており、仏教を媒介とした日本の神々の世界と連関したものであったことを踏まえ、神々と仏とが一体となった世界観を、民衆レベルまでが受容したのは、顕教法会の魅力によるものだった」ことを指摘した上で、中世国家・王権が宗教政策と連動することで強固な民衆基盤を手に入れたことを明らかにした。

こうした研究は、黒田の顕密体制論では不足していた、民衆までをも含む時代状況を作る人々の間において具体的な支配がいかなる形で宗教と結びつき展開していたか、を明らかにした重要な研究であるといえよう。

顕密体制論を批判的に取り扱うことで不足している部分を抽出し補っていく議論は、佐藤弘夫(8)らによっても展開されているが、いずれにしても、政治と既成仏教教団とが一体となって民衆を支配するイデオロギーとして、有効に機能していた社会であったことを証明している。以上のような研究概要だけを見ても、最近の中世史研究においては、平の指摘をうけ、政治イデオロギーと宗教支配の関係性の把握や、そのなかでの思想家の位置づけなどに関し、有効な議論が多々提出されてきている状況が確認される。(9)

一　慈悲実践道としての仏道把握

1　親鸞における仏道規定

こうした研究状況を踏まえると、ある問題点が浮上してくる。現在の研究状況において全体像を求める傾向が強いが、それは、これまでの課題を克服する意味でも必要なことである。しかし、全体像を求めすぎるあまり、各宗派や個人などが、各々を取り巻く歴史状況のなかで、いかなる位置や意義を持ったものであったかを明らかにする、といった研究作業が退潮傾向であることも事実であろう。

宗教史研究において宗派性が強調されるあまり、歴史状況が見落とされてはならないが、その逆の状況は許されるのだろうか。この点について、黒田俊雄は、

私見からすれば、宗派的立場はすべて単純に拒否されるべきものではなく、その正しいあり方（もしありうるものならば）において尊重さるべき性格と意味をもつとおもわれる。むしろ、単純な否定や、無関係を装う態度にこそ、現状における重要問題が伏在しているのではなかろうか。けだし、信仰がありさらには宗派があるのが現実であるならば、その信仰に支えられつつ研究がおしすすめられて当然であろう。すべて学問的ということが、研究者の主体的立場にもとづく課題を没却することでない以上、仏教者が宗派性をあいまいにする必

要はまったくない。ドグマとしての権威を負うのではなく、個人の生をかけての真実の追求と発言こそが望ましいのであって、そのような気迫が宗門に属する研究者に必ずしも旺盛であるとはいえないのは、かえって、過去の瓦解のなかの遺産に依存することから脱却しきっていない教団の現状を、反映しているものと解せられる。(10)

と、「宗派的立場」について「正しいあり方において」という条件付きではあるが、「尊重さるべき性格と意味をもつ」ものがあり「信仰に支えられつつ研究がおしすすめられて当然であ」ると指摘している。その際に、「ドグマとしての権威」に沿って行うのではなく、「個人の生をかけての真実の追求と発言こそが望ましい」ことは前提となるのであるが、そのうえですでに指摘されてきた多くの課題を克服する形での、新たな宗派史の在り方が提唱できるのではないかと考えられてくるのだ。(11)

筆者の考える新たな宗派史とは、まず、宗派と歴史との本来的関係性の在り方を、宗祖の信仰内容と歴史状況との関係性に求めることで、宗派それぞれの歴史上での意義や位置を明らかにする作業を必要とする。これにより、各宗派宗祖の仏教理解が、どのような内実であったかを検証することが可能となる。たとえば、浄土真宗の場合は宗祖である親鸞の信仰内容を明らかにし、その信仰から必然としてとった社会的立場を権力との関係性などから明らかにすることで、浄土真宗教団の歴史的意義を明確化させるということである。

この作業により、各宗派がその後保持すべきであった歴史性（歴史的立場）の原則を導き出したうえで、各宗祖の示した原則と宗祖以降の宗派の歴史との距離を検証した結果が集積されていくものを、新たな宗派史として捉えることができないかと考えるのである。これにより、各宗派宗祖の仏教理解がどのような内実であったがゆえに、宗祖がそれぞれの抱えた状況下でのそれぞれの生き方となったかを検証することが可能となる。

こうした問題意識を前提に真宗を考えるならば、親鸞の歴史状況下での生き方がどのような信仰から導き出されたのかを明らかにすることで、親鸞の言う「信」が、歴史社会においていかなる原則を持つものとして理解されたのかを明らかにする作業が可能になる。そして、その後の宗派としての浄土真宗の歴史が、親鸞の説いた「信」とどのような距離を持つものであったかを検証し蓄積される成果を、宗派史と位置づけることができるようになるのではないだろうか。

こうした発想のもと、真宗の原則を明らかにするために、本章では、親鸞において歴史社会での具体的な仏教者としての生き方＝「仏道」[12]がいかなるものと認識されていたのかを、確認していきたい。

あらためて確認するまでもなく、親鸞は自らの仏道は本願力廻向によって成立するものと考えていた。それについては、『教行証文類』「教巻」冒頭で、

つつしんで浄土真宗を案ずるに、二種の廻向あり。一つには往相、二つには還相なり。往相の廻向について真実の教行信証あり。[13]

というように、浄土真宗が往相と還相の二種の廻向より成立する仏道であると述べている。ここでいう「真実の教行信証」については、「証巻」で、

それ真宗の教行信証を案ずれば、如来の大悲廻向の利益なり。ゆゑに、もしは因、もしは果、一事として阿弥陀如来の清浄願心の廻向成就したまへるところにあらざることあることなし。因、浄なるがゆゑに、果また浄なり。知るべしとなり。[14]

と述べている。ここから「真実の教行信証」が、「如来の大悲廻向の利益」として信仰主体のうえに成立するとの認識を保持していたことがわかる。そのうえで、親鸞における仏道の成立そのものが「阿弥陀如来の清浄願心の廻

向成就」した結果として理解していたのである。親鸞における、こうしたすべての利益が如来より廻向されたものであるといった理解は一貫しており、「行巻」「正信偈」においても、曇鸞の『論註』を讃えるなかで、

往還の廻向は他力による。正定の因はただ信心なり。惑染の凡夫、信心発すれば、生死すなはち涅槃なりと証知せしむ。かならず無量光明土に至れば、諸有の衆生みなあまねく化すといへり。(15)

と「正定の因はただ信心」であることを確認し、煩悩の只中にある凡夫が信心を起こすことは「生死すなはち涅槃」であることを「証知」すると述べている。このことを、

無死流転の苦をすて、無上涅槃を期すること　如来二種の廻向の　恩徳まことに謝しがたし(16)

と述べていることとあわせて考えると、親鸞における如来廻向の信が成立するという経験は、本来、自覚できずにいたはずの「無死流転の苦」を苦と認識し、その苦の世界に埋没することなく「無上涅槃を期する」主体となったという経験であり、「生死すなはち涅槃」という自覚を伴うものであったことが確認されるのである。

親鸞は、この如来廻向により成立する仏道を規定するにあたって、

真実信心はすなはちこれ金剛心なり。金剛心はすなはちこれ願作仏心なり。願作仏心はすなはちこれ度衆生心なり。度衆生心はすなはちこれ衆生を摂取して安楽浄土に生ぜしむる心なり。この心すなはちこれ大菩提心なり。この心すなはちこれ大慈悲心なり。この心すなはちこれ無量光明慧によりて生ずるがゆゑに。願海平等なるがゆゑに発心等し、発心等しきがゆゑに道等し、道等しきがゆゑに大慈悲等し、大慈悲はこれ仏道の正因なるがゆゑに。(17)

と述べている。ここでは、真実信心への理解を「願作仏心はすなはちこれ度衆生心なり。度衆生心はすなはちこれ衆生を摂取して安楽浄土に生ぜしむる心なり。この心すなはちこれ大菩提心なり」と展開しており、願作仏心（仏

にならんと願ふこころ[18]が、度衆生心（衆生をわたすこころ[19]）という側面をあわせもち、すべての衆生が安楽浄土に生まれることを願うような心であるから、大菩提心であると指摘している。そして、「大慈悲はこれ仏道の正因なるがゆゑに」として、親鸞における仏道とは大慈悲を廻向されることによって成立するものであると述べる。

これに先立って、親鸞は「本願力廻向の信心」によって現生で必ず成立する十種の利益を、

なにものか十とする。一つには冥衆護持の益、二つには至徳具足の益、三つには転悪成善の益、四つには諸仏護念の益、五つには諸仏称讃の益、六つには心光常護の益、七つには心多歓喜の益、八つには知恩報徳の益、九つには常行大悲の益、十には正定聚に入る益なり。[20]

と説示している。ここで注目すべきは、九つ目の利益として「常行大悲の益」をあげている点である。現生で正定聚に入った主体においては、常に大悲を行じようと願う主体となる利益が必ず起こるとの理解を示している。この大悲心が廻向される信心によって成立する利益についての理解は、先ほどの「大慈悲はこれ仏道の正因なるがゆゑに」という説示とあわせて理解する必要がある。「大慈悲はこれ仏道の正因なるがゆゑに」という部分だけを読めば、慈悲を行じる主体が如来であるような錯覚を起こすのであるが、実は、如来の慈悲は煩悩具足の衆生をして「安楽浄土に生ぜしむる」との願いを起こし（願作仏心）、それは同時に「常行大悲」（度衆生心）を願いながら生きる主体となすことを意味している。親鸞において如来の廻向は、大慈悲を行じる主体を成立させるはたらきとして捉えられていたということであり、虚仮なる世において仏道の正因である大慈悲を行じようと願う主体を成立させるがゆえに大菩提心である、と理解していたことが確認されるのである。

換言すれば、親鸞における仏道の成立とは、大慈悲を行じる主体が成立することを意味するものだったのである。よって、親鸞における信とは、菩提心にもとづいた慈悲の実践をもたらす根拠と理解されており、信と実践は

不離なものとの認識が成立していたことが確認されるのである。

この菩提心について、親鸞は、

正法の時機とおもへども　底下の凡愚となれる身は　清浄真実のこゝろなし　発菩提心いかゞせん
自力聖道の菩提心　こゝろもことばもおよばれず　常没流転の凡愚は　いかでか発起せしむべき
三恒河沙の諸仏の　出世のみもとにありしとき　大菩提心おこせども　自力かなはで流転せり(21)

と自らの発想として菩提心を発することの不可能さを述べており、不可発菩提心存在としての自己認識を持っていたと考えられる。(22)ここで注意しなければならないことは、自力での菩提心の成立を否定していることが、菩提心の成立そのものを否定していることではないということである。親鸞は、自力では不可発な菩提心だが、本願力により廻向されることで成立するものだと、自らの経験を通して語っている。そのような理解を、

しかるに菩提心について二種あり。一つには竪、二つには横なり。また竪についてまた二種あり。一つには竪超、二つには竪出なり。竪超・竪出は権実・顕密・大小の教に明かせり。歴劫迂回の菩提心、自力の金剛心、菩薩の大心なり。また横についてまた二種あり。一つには横超、二つには横出なり。横出とは、正雑・定散、他力のなかの自力の菩提心なり。横超とは、これすなはち願力廻向の信楽、これを願作仏心といふ。願作仏心すなはちこれ横の大菩提心なり。これを横超の金剛心と名づくるなり。(23)

といった、菩提心への理解として示している。ここでは菩提心を二種に分け、自力の菩提心と他力の菩提心とがあるとし、最終的には「願力廻向の信楽」として菩提心が成立し、それは「横超の金剛心」であると述べている。

ここでも親鸞は、「横超の金剛心」の意味として、他力廻向による願作仏心・度衆生心が含まれていることを示している。親鸞は、そもそも自力からは成立しえない「仏道」である「願作仏心」「度衆生心」を中心とした利他

的生き方の根拠として、菩提心を押さえていたということが確認されるのである。

2　出世間道としての仏道

ところで、なぜ親鸞はこれほど他力の菩提心という点と、その構造の解明に執拗にこだわったのであろうか。この疑問への回答として考えられることは、古くは田中久夫の「親鸞が「浄土の大菩提心」（『正像末和讃』）といっていることなど、この書を読んだからではないか、と考えられる(24)」との指摘に代表されるような、明恵の著『摧邪輪』への回答として著されたものが親鸞の『教行証文類』であったがゆえに特に菩提心への解釈にこだわったという見解である。

明恵は『摧邪輪』において、親鸞の師、法然の『選択本願念仏集』に対して『一向専修宗選択集の中において邪を摧く輪』と題し、そのなかで主に「一、菩提心を撥去する過失。二、聖道門を以て群賊に譬ふる過失」などをあげて批判している。特に法然が、「上輩の文の中に、念仏の外にまた捨家棄欲等の余行あり。中輩の文の中にまた起立塔像等の余行あり。下輩の文の中に菩提心等の余行あり(25)」と菩提心を位置づけたことを承けて、「菩提心が撥去された」とし、

発菩提心は、是れ仏道の正因、是れ体声なり。専念弥陀は、是れ往生の別行、是れ業声なり。汝が体を捨てて業を取るは、火を離れて煙を求むるがごとし。咲ふべし、咲ふべし。まさに知るべし、これらの解釈の文は、皆菩提心においては、置いてこれを論ぜず、ただ所起の諸行についてこれを判ず。しかるに本願の中にさらに菩提心等の余行なしと言ふは、何が故ぞ。第十九の願に云く、「発菩提心、修諸功徳」等と云々。是れあに本願にあらずや。発菩提心の言、処々に一にあらず。たとひ四十八願の中に菩提心の名言なしと雖も、是れ仏道

の正因なるが故に、始めてこれを説くにあらざるべし。しかるに菩提心において余の字を用ゐる、甚だ吁吁たるかな。

是を以て浄土の祖師、また大菩提心を以て本願とすと判ずるあり。(26)

と激しく批判している。さらに、明恵が依拠する『華厳経』をはじめとして、法然が師と慕う善導も、『観経疏』などで、仏教者の条件として自他ともに菩提心を発して、安楽国に往生しようと呼びかけていることを指摘し、専修念仏を論理的に批判しているのである。さらに明恵は、さまざまな教説をあげて、道綽・善導などの浄土教の祖師たちも、仏道における菩提心を発することの重要性を説いているにもかかわらず、法然はそれを無視しているので、浄土教の祖師たちの流れにも反していると批判を展開している。(27)

こうした明恵の批判を受けて、親鸞は『教行証文類』において反批判を行い、特に浄土の大菩提心を浄土宗のなかでどのように位置づけるかといった課題を中心として論が展開されたという田中の指摘は、『教行証文類』執筆理由のすべてとまでは言い切れないものの、その一つとしては首肯されるものである。

こうした点を踏まえて考えるならば、親鸞が「菩提心」を仏道修行の根拠として捉えていた点は明恵と共通するが、それが自力のうちから成立するものではないと認識していた点は、大きく異なることとなり、親鸞が「本願力廻向」や「他力の信」をことさら強調した理由がここに見いだせる。親鸞は菩提心にもとづいた仏道の実践を「自力」として否定していたわけではなかったということである。むしろ親鸞は、自力のうちからは成立するはずのない「常行大悲」や「度衆生心」の実践を願う存在への廻心を経験していた。だから、その経験の根拠を「他力廻向の信」と位置づけて理解していたということが、親鸞の他力理解の内実だったということである。これを、端的に示すのが、『唯信鈔文意』のなかでの文である。ここでは、他力の菩提心＝信心を獲た人を、「諸仏とひとしきひと」と教示し、その理由を以下のように説明する。

「摂取して捨てたまはざれば阿弥陀となづけたてまつる」と、光明寺の和尚はのたまへり。この一心は横超の信心なり。横はよこさまといふ、超はこえてといふ。よろづの法にすぐれて、すみやかに疾く生死海をこえて仏果にいたるがゆへに超と申すなり。これすなわち大悲誓願力なるがゆへなり。この信心は摂取のゆへに金剛心となれり。これは『大経』の本願の三信心なり。この真実信心を、世親菩薩は「願作仏心」とのたまへり。①この信楽は仏にならむとねがふと申すこゝろなり。この願作仏心はすなわち度衆生心なり。この度衆生心と申すは、すなわち衆生をして生死の大海をわたすこゝろなり。この信楽は衆生をして無上涅槃にいたらしむるこゝろなり。このこゝろすなわち大菩提心なり、大慈大悲心なり。この信心すなわち仏性なり、すなわち如来なり。この信心をうるを慶喜といふなり。②慶喜するひとは諸仏とひとしきひとゝなづく。慶はよろこぶといふ、信心をえてのちによろこぶなり。喜はこゝろのうちによろこぶこゝろたえずしてつねなるをいふ。うべきことをえてのちに、身にもこゝろにもよろこぶこゝろなり。信心をえたるひとおば、「分陀利華」とのたまへり。この信心をえがたきことを、『経』には「極難信法」とのたまへり。しかれば、『大経』には、「若聞斯経、信楽受持、難中之難、無過此難」とをしへたまへり。この文のこゝろは、「もしこの経を聞きて信ずること、難きがなかに難し、これにすぎて難きことなし」とのたまへる御のりなり。釈迦牟尼如来は、五濁悪世に出でゝ、この難信の法を行じて、無上涅槃にいたると説きたまふ。(28)（傍線：筆者）

ここでは、これまで述べてきたように、傍線部①では、仏になろうと願う心「願作仏心」は、衆生を救おうと願う心「度衆生心」だと言い、そのような心が菩提心だと述べている。ここに親鸞が他力の菩提心＝信を獲て、利他的生き方を志すことが成立する経験を、死後ではなく現在の時点で考えていたことが読み取れる。さらに傍線部②

では、信心を獲た人間は「諸仏とひとしきひと」となり「よろこぶ」ことになるという。これも、死後での出来事ではなく現生での経験として語っていることを見逃してはならない。ここでいう「うべきことをえてのちに、身にもこゝろにもよろこぶこゝろ」との経験は、当然のことながら、救われた自覚と経験へのよろこびである。つまり、親鸞においては、本来菩提心を発することができない存在が、弥陀の廻向によって菩提心を成立させ、その結果、度衆生心・願作仏心をもって生きることで、大慈大悲を行じることときわもない存在となることが、仏道を歩む者のあかしとして理解されており、それを「うべきことをえ」た経験としてのよろこびを語っているということである。親鸞の救済理解は、自我の延長線上に設定される自我充足型ではなく、人間の自我が破られて菩提心が成立することで志される「大悲」の実践を志向する生き方をえた「よろこ」びと、その完全実現不可なることを知る慚愧の経験とともに成立するものとして理解されていた。

ゆえに、他力の信が唯一、末法悪世における救いへの道だと親鸞は理解した。自力による慈悲の実践を完全に否定し、そのうえで極悪の衆生に大悲を行じることを志向させる他力の信によってしか、本来の仏教が歴史上には成立しえないことを、親鸞は歴史状況下におけるさまざまな具体的経験から認識していた。そうであったがゆえに、親鸞にとっての「仏道」が、常に世間的価値観に埋没しない主体を成立させるものであったことも確認しなければならない。次節では、親鸞の仏弟子理解を中心に検証していく。

二　二世安楽信仰の超越と真仏弟子の意義

第一節では、親鸞における「仏道」は、他力廻向の信により大慈悲を行じることを志向する利他的主体が成立するものであると把握されていたことを確認し、(29)あわせて、親鸞にとっての「仏道」が、常に世間的価値観に埋没しない主体を成立させるものであったことも指摘した。さらに、親鸞における慈悲の実践を志向する主体の成立は、自力での実践が不可能であるという認識を保持することで、他力の信が唯一、末法悪世における救いの道である他力の仏願に順じる生き方が成立するものと理解されていたことも確認できた。

他力の信とは、信仰における実践を自力として排除するものではなく、他力であるがゆえに成立する信仰にもとづいた実践を伴うものだった。他力にもとづいた実践を志す主体が成立することは、世間的価値観に埋没しない主体が成立することであったが、ではその主体の具体的な姿を、親鸞はどのようなものと考えていたのだろうか。本節では、親鸞の生きた時代状況における来世をめぐる思想状況を考察したうえで、信によって成立する信仰主体の具体的在りようを検討してみたい。

1　否定の論理としての信

親鸞によって示された、他力の信における慈悲実践志向主体の成立が、歴史的にはどのような意味を持っていたのかを探ることが本節の目的であるが、それに先立って日本における来世観を中心とした世界観の系譜を確認しておきたい。

家永三郎は、日本思想における古代からの世界観を、「肯定的人生観」と「連続的世界観」と規定して、古代人は現実世界と来世を連続した世界と捉えていたことを明らかにしている。こうした、現世・来世の両世界において否定的媒介をもつことなく、単に人間の安楽を求めていくような思想の在り方を評して家永は、

　仏教渡来以前に於ける日本の古代思想は如何なる論理的構造を有するものであつたらうか。（中略）若し論理

的見地より表現するならば、肯定的人生観と連続的世界観と云ふ二語に尽きるであらう。先づ太古人の思想にとつて、あらゆる世界は現実の世界と空間的にも性質的にも連続するものとして映じたのである。つまり一切の世界はすべて自分等の住むこの国土の延長としてしか考へることができなかつたのであつた。勿論彼等は大八洲国、或は韓、呉と云ふ類の地理上の世界の外にも種々の別天地を考へてゐたのであるが、それは何れも現実を超越したる形而上の世界ではなかつたのである。（中略）連続的世界観と相並んで太古思想の重要なる特質を形成してゐたものが肯定的人生観であつた。（中略）要するに古代人にとつて悪は容易に超克せられるものであり、現世の快楽を根柢からゆるがす如き存在は思惟の外にあつたものと見なければなるまい。現実を其の儘肯定した太古人にとつて現実界の否定による超越的世界の考へられないことは当然の結論である[30]。

と指摘している。さらに、肯定的人生観が連続的世界観の基礎づけとなっており、「両者は互に相即し、不離の関係を以て太古思想の基調を形成してゐた[31]」と分析する。その両者共通の立場を、否定の論理の欠乏であるとして、「否定の論理を欠くが故に現実が其の儘に肯定せられたのであり、現実を否定して其の彼方に理想の世界を望むが如き態度を産み出すことが出来なかつた[32]」と結論している。

古代の日本思想においては、自前で超越的原理としての「否定の論理」を持つことなく、すべてが人間の住む世界の延長線上に設定された世界観（来世観）に覆われた状況であったがゆえに、人間悪などが照射される契機をもつことがなかったという。こうした、連続的世界観に覆われ、人間の反省原理をもつことがなかった日本思想史において、「否定の論理」を成立させたのが鎌倉新仏教であったと指摘して、家永は以下のように述べる。

仏教渡来の日より国民思想に新しい視角を開いた処の否定の論理は今や時代の基本的思潮とまで成長し、その論理的発達は頂点に達したのであつた。（中略）否定の論理の発展は単なる即自的否定としての懐疑厭世に終ることなく、罪悪の絶対不可避性の認証はかへって摂取不捨の恩徳を媒介する結果となり、絶対否定が其の儘に絶対肯定と相即する輝かしき天地を打開した[33]

家永は「絶対否定の上に築かれた絶対肯定」であり、「一度絶対否定の深淵に内に死して、新たに蘇れる処の肯定」と、「否定の論理」を日本思想史上に成立させた典型として親鸞などの鎌倉新仏教を位置づけている。

こうした家永の分析について、末木文美士は、「家永三郎――戦後仏教史学出発点としての否定の論理――[34]」において、現世を否定する「否定の論理」は論理だけの問題ではなく、「罪業が其の儘に道心として相即してゐる」というところに特徴があり、それが、親鸞ら鎌倉新仏教において頂点に達すると見た点が家永論文のポイントであると押さえる。そのうえで、「「否定の論理」は過去のものになってしまったのだろうか」という問いを設定し、「「中世仏教」の鎌倉新仏教中心史観＝浄土教中心史観と較べるとき、「否定の論理」はなお、今日新鮮な問題提起を含んでいるように思われる」と自答しながら、「「否定の論理」の核心は、現世の秩序に入りきらない問題をどのように思想史の中に組み込んで理解できるかという点にあった」ことを指摘し、「近代的合理主義の下に立つ現世主義的な思想史の見方に対する大きな挑戦として、今日でも有効である」との見解を示している[35]。

家永によると、親鸞は現実を超越した原理である「否定の論理」として念仏を踏まえることで、人間悪を認識することが可能となり、同時に救済の自覚を確かなものにしたという。のちに二葉憲香が批判した「念罪」という概念[36]がここで提示されているわけだが、ひとまずここでは、家永が言うところの現世と来世に大きな境目をもたない太古的世界観を克服した存在として、親鸞を位置づけている点に注目したい。

家永の「否定の論理」に対して、「強調されているところは、（中略）思想自体の当該歴史状況に対する自律性であり」、「「否定の論理」の受容主体の内面性とその歴史状況に対する自律性の強調にこそ、この論文の決定的な問題がある」と、岸本伸一は批判している。[37] 岸本は家永批判にとどまらず、「親鸞と歴史状況とが「否定」「対立」の関係にあることを描くことにより、一見、親鸞における「否定の論理」に注目したかのような研究としては、典型的にはいわゆる「顕密体制論」がある[38]」と、黒田俊雄[39]、平雅行[40]らによって提唱され、現在の中世史研究においても大きな影響力を保持している顕密体制論にまで、その検証の範囲を広げている。続けて岸本は、

平の研究においては、平自身が述べるような現世を単純否定し、来世を単純肯定するような世俗的な浄土教理解だけではなく、浄土教という神話的枠組みの範囲内においても、仏教に内在する「否定の論理」を主体化することで、現実を否定的に捉えて権力社会から離脱し、さらに衆生利益の実践を行おうとした思想家たちによる、もう一つの伝統があることが見逃されているのである。（中略）親鸞と被差別民は、同じ「秩序外」の存在であるといっても、一方はそこからの自覚的な離脱であるのに対し、他方は排除である。親鸞の場合は「我」からの離脱を自覚化していたのに対して、被差別民の場合はそのままではその契機を欠いているという相違がある。そのため、先にも述べたように、被差別民は国家権力内に再編されることにもなり、一層権力に同調的となるおそれもあるのである。[41]

として、「否定の論理」の歴史的意義を「個人に対して日本的宗教風土からの自覚的な離脱と対決とを決断させるところにある」と結論づけている。岸本がいうように、権力社会からの自覚的な離脱と排除されることとの違いに注目することは重要である。親鸞は自らの理解した仏教思想に立つことによって、自覚的に権力社会から離れたということは、自らの信仰（生き方の基礎的価値観）に関して、自覚的であり、権力社会とは異なる基礎的価値観をもとに生きていたということである。親鸞が自らの信仰に関して自覚的であったがゆえに二世安楽信仰を超えることができたと仮定すれば、やはり親鸞の信仰そのものと、その具体的姿がいかなるものだったかを問題としなけれ

ばならないことになり、大変重要な指摘だといえるのだ。岸本の見解が正当かどうかの判断は、いったん保留したうえで、岸本が、家永とともに批判する平の問題点を探るためにも、平の時代状況理解を確認する必要が生じる。よって、平の時代状況分析とそれに伴う中世人の来世認識を概観してみたい。

2　二世安楽信仰と浄土教

中世における社会状況と宗教の関係性を研究し、浄土教が中世に向けて発展していったという立場に立って黒田俊雄の提唱した「顕密体制論」を継承する平雅行は、

浄土教が現世否定的かという点についてみるなら、十世紀以降の人々の宗教意識は、鎮護国家・現世安穏・後世善処・死者追善という四要素で構成されており、一般に前二者の祈りが密教を中心にして行なわれ、後二者の祈りが浄土教で行なわれている。（中略）この四要素は、個々の局面や年齢に応じて力点の置き方が変化するものの、基本的には当時の人々は現世と来世の二世安楽を祈っていたのである。浄土願生は厭離穢土という

　現世否定の心情から登場してくるのではなく、現実には堕地獄への恐怖心に支えられている。厭離穢土はたて

　まえに過ぎない。つまり浄土往生の重要な要件に厭離穢土があるために、現世を否定しているかのような容態を人々がとらざるを得なかっただけである。(42)

として、十世紀以降の人々の宗教意識が、「鎮護国家・現世安穏・後世善処・死者追善」の二世安楽信仰だったことを指摘している。そのうえで、当時の人々の浄土願生は堕地獄への恐怖心から生起しているから、現世否定的性格をもっていなかったとして、基本的に二世安楽信仰での浄土願生では、現世否定的役割を果たさないことになると述べている。(43)さらに注目すべきこととして、平の研究においても、親鸞は二世安楽信仰を超越した存在として位

置づけられているのである。[44]

では、中世における人々の具体的な来世観とはいかなるものだったのだろうか。大喜直彦の研究は独特の視点から、貴族などに限らず民衆までの範囲を含めて思想の在り方を検討しており、中世の来世観を知るには有効であると考えられるので、参照してみたい。

大喜は、「中世びと」が現世と別の世界＝他界の存在を信じていたかどうか、死者＝幽霊に関する記述を検討することで、死後の世界への認識を検証している。[45]その結果、

中世においては死者は生前の記憶を持ち、特技を維持し性格も変えず保ち、他界で生き続けている、つまり死後も生前の本人と同じ（生前の本人と同じアイデンティティー）と考えられていた。死者はむしろ現世の情報を他界で入手し生者の生活を見守り、必要に応じ生者の前に出現し告知する優しさも有する存在であった。このように中世びとの世界観は生者の生きる現世と、死者の生きる他界で構成されていたのであるが、両者は完全には断絶してはいなかった。[46]

と、家永や平の指摘のとおり、現世と死者の生きる他界が断絶することのない、連続的な世界観であったことを明らかにしている。特に、中世の幽霊たちの出現目的には、怨霊のように怨みを晴らすための場合もあるが、全体的に見て生者への告知、供養の依頼などであることに注目をして、中世人の一般的な世界観においても、現世と来世が直線的につながっているとの認識だったと結論している。こうした点から考えても、そこには現世を否定的に顧みる思考は見いだすことができないようである。

次に、来世へ死者を送る葬送儀礼はどのように行われていたのかを確認してみたい。葬送儀礼は生者と死者とを峻別する儀式なのであるが、この儀式における主目的がどこにおかれていたかを探ることで、中世人が来世をどの

ように認識していたかを知ることができるはずである。

上島亨は、「穢」に関して研ぎ澄まされた感性を有していた中世人が最も忌避したものが死穢であり、死穢に触れると、貴族は三十日間、神事に奉仕することや内裏に出仕することをひかえねばならなかったという実状を踏まえ、葬送儀礼に僧がどのように関わったかに注目した研究を展開している(47)。例として鳥羽院の臨終をあげて検討するなかで、鳥羽院の善知識を務めた観空西念が、臨終間際の鳥羽院が苦しむなか、院の再三の召しにより、三日間にわたり戒を授けていたことに注目して、平安中期以降、受戒は病気平癒を目的としても行われるようになり、また死にゆく者に授戒する例も多くなることから、臨終における戒の受持は破戒の罪を消滅させるもので、極楽往生の前提となっていたと述べる。

平安後期の尊貴たちにとっては、懺法・授戒により現世での滅罪を果たし、最後には念仏が唱えられるなかを浄土に召されていくことが理想の臨終作法であったという。それを教導するのが善知識であり、まず浄行で浄土思想に通じていなければならないが、平安中期以降、持戒や浄土信仰に自らの活動の方向性を見いだしたのは遁世僧たちで、彼らは「臨終行儀」を整備しつつ、それを実践していった。同時に、学侶も「臨終行儀」に関する思索を深めたが、学侶の本務は、朝廷・院や御願寺の仏事に出仕し国家鎮護や現世利益を叶えることで、そのための修学や修法の研鑽に励んでいたという。上島はこの学侶が行うのは回復のための「祈り」であり、それとは全く性格を異にする往生に向けた授戒・懺法・念仏を行ったのが遁世僧であったとして、「尊貴たちの臨終行儀を担っていたのが、遁世僧であり往生に向けた授戒などを担当していた」と指摘する。そして、こうした葬送儀礼における僧侶の役割分担が成立した事柄に触れて、以下のように結論する。

顕密僧が中陰仏事を、禅律僧が遺骸処理をという明確な役割分担ができあがるのは鎌倉最末期とするのが妥当かも知れないが、既に平安後期より、尊貴の臨終時における善知識は遁世僧（聖）が勤め、墓所などで死者と直接向き合う懺法は禅衆が行っており、学侶が関与することのない宗教領域が存在した。それは寺院社会で学侶・堂衆・遁世僧という階層分化が起こったのとほぼ時を同じくして確認でき、死をめぐる儀礼においても分業がみられるようになるのである。浄土信仰の広がりにより、現世での安穏のみならず、来世往生にも尊貴の関心が向かい、そこに自らの活動の方向性を見出していったのが堂衆・遁世僧であったということも可能である。(48)（傍線：筆者）

このように、浄土信仰の浸透に伴い、貴族らの関心が、現世での安穏のみではなく来世往生にも範囲を広げたことを指摘している。つまり、現世での安穏を祈るだけではなく、来世での往生浄土を願うという二世安楽信仰が確実に一般化していた思想形態であったことが確認できるのだ。こうした時代状況のなかで、仮に親鸞の信仰が単に来世往生だけを説いたということなら、特段特徴的なことは説いていなかったということになる。実体的な死後の浄土に往生することを、尊貴だけではなく民衆までもが共通して願っていた状況があったとすれば、そうした状況下で親鸞は浄土教をどのようなものとして理解していたから二世安楽信仰を克服しえたといえるのか、といった疑問が残るのである。(49)

とはいえ、大喜、上島の研究により、中世において現世と来世が断絶することなく捉えられており、そうした意味では中世の人々の宗教意識が、「鎮護国家・現世安穏・後世善処・死者追善」の二世安楽信仰だったという平の指摘は、やはり妥当であったと首肯されるのである。

本章の第一節で、親鸞における信とは、慈悲実践主体の成立をもたらすものであると確認したのであるが、家永や平らからは二世安楽信仰を超越する原理を確立したと評されていた。慈悲実践志向主体の成立と、二世安楽信仰を超越する原理の確立は、どのようにすると論理的整合性を見いだすことができるのだろうか。この疑問の解決のためには、親鸞が歴史状況に生きる具体的信仰主体＝仏弟子のあるべき姿をどのようなものと認識していたのかを確認する作業が必要である。よって、ここまでに踏まえた当該社会の宗教状況下における、親鸞の仏弟子理解の内実について考察してみたい。

3　歴史社会に具現する真の仏弟子

親鸞は仏弟子の在り方について言及するなかで、

「真の仏弟子」といふは、真の言は偽に対し仮に対するなり。弟子とは釈迦・諸仏の弟子なり、金剛心の行人なり。この信行によりてかならず大涅槃を超証すべきがゆゑに、真の仏弟子といふ。(50)

と、『仏説無量寿経』においては「すなはちわが親友なり」、『観無量寿経』においては「人中の分陀利華なり」と、仏弟子についてさまざまに表現されていることを承けて、親鸞における仏弟子の規定を明記している。こうした仏弟子の在り方の詳細については、善導の「散善義」を引用して、

また深信するもの、仰ぎ願はくは一切の行者等、一心にただ仏語を信じて身命を顧みず、決定して行によりて、仏の捨てしめたまふをばすなはち捨て、仏の行ぜしめたまふをばすなはち行ず。仏の去らしめたまふ処をばすなはち去つ。これを仏教に随順し、仏意に随順すと名づく。これを仏願に随順すと名づく。これを真の仏弟子と名づく。(51)

と、仏弟子の姿を示して、仏弟子が主体的に「仏教」「仏意」「仏願」に随順する存在であるとの理解を表明し、仏教を深く信じることは、人間の欲望を基礎とした世間的価値に随順するのではなく、「仏願」に随順する生き方が

成立するものであることを述べている。つまり、「真の仏弟子」とは「仏意」「仏願」に従って生きていく主体であり、出世間法としての仏法を生き方の中心に置く人間であるから、必然的に、世間的価値観を無意識のうちに中心とした生き方とは異なる在り方をもって、現実社会のなかに存在することになる。

さらに親鸞は、神道と一体化した既成教団の説く仏教の実態を指摘して「外道・梵士・尼乾志に　こゝろはかはらぬものとして　如来の法衣をつねにきて　一切鬼神をあがむめり[52]」と、仏教者の格好をしながら多くの神々を崇めている当時の仏教者のことを批判している。「真の仏弟子」は、表面的には仏教者の姿を纏いながらも、その実、自らの欲望の成就を願う信仰に支えられた仏教者を、仮・偽の仏弟子であると分別することができる存在だと考えられていたのだ。その規準は、

悲しきかな、垢障の凡愚、無際よりこのかた助正間雑し、定散心雑するがゆゑに、出離その期なし。みづから流転輪廻を度るに、微塵劫を超過すれども、仏願力に帰しがたく、大信海に入りがたし。まことに傷嗟すべし、深く悲歎すべし。おほよそ大小聖人・一切善人、本願の嘉号をもつておのれが善根とするがゆゑに、信を生ずることあたはず、仏智を了らず。かの因を建立せることを了知することあたはざるゆゑに、報土に入ることなきなり。（中略）まことに知んぬ、聖道の諸教は、在世・正法のためにして、まつたく像末・法滅の時機にあらず。すでに時を失し機に乖けるなり。浄土真宗は、在世・正法、像末・法滅、濁悪の群萌、斉しく悲引したまふをや[53]

と、自我の延長線上に設定された、実体的な安楽世界としての浄土への往生を願っている間は、「本願の嘉号をもつておのれが善根とするがゆゑ」に「仏智を了ら」ないから、「報土に入ること」がない、と教える。「出離の縁あることな」かった存在が、「さだめて往生を得と信ず[54]」ることができるようになることは、自我を満たそうとして

利他を志向するはずのない存在が、本願力廻向の信によって、自我が否定され利他を人生の中心課題として生きようとし始めることを意味する。だから、「五濁増のしるしには　この世の道俗ことごとく　外儀は仏教のすがたにて　内心外道を帰敬せり」[55]と、外側が仏教の様相をしていても中身が外道である「外儀仏教」がはびこっていることが、末法となり世の中が濁りきっているあかしであると看破することができたのである。

この状況認識のなかに、仏弟子たる自覚をもって仏願に随順しようとする親鸞が、現実社会における宗教状況をどのように捉えていたかが示されている。いずれも我執を否定する立場に立って、現実の宗教状況を批判するものばかりなのである。ここに述べられている悲歎が、親鸞の仏教理解をもとにして歴史状況を見たときに生起したものであることを踏まえると、親鸞における仏弟子の把握が、自らの欲望の実現を来世にまで持ち越す二世安楽信仰とは、いかに異質なものだったのかを確認することができるのである。ここに家永や平が指摘した二世安楽信仰を超越する論理を見いださねばならないのであろう。

以上みてきたように、親鸞における信とは、我執を否定するはたらきとして認識されていた。その具体的在りようを、我執の上に成立する世間的価値から自覚的に離脱して、信を基本として生きようとする人間に転ずることだと、親鸞は説示している[56]。信の世界に転じた主体は、仏願に随順して生きるということであるから「真の仏弟子」が歴史上に誕生することとなる。真の仏弟子は、仮の仏弟子や偽の仏弟子を見抜くことができるから、歴史状況を仏法に立って悲歎するのであった。よって、真の仏弟子は、我執を否定する立場に立つことで、信仰の必然として、我執の延長線上で死後来世でも現世と同じような安楽を求める二世安楽信仰を、否定的に踏まえることとなるのだった。

こうした世間的価値観に埋没しない主体の成立が自覚的なものであったことはいうまでもない。だとすれば、やはり、権力社会からの離脱を意識的に行った親鸞と、無意識のうちに疎外されていた人々との間には、大きな差異があることを指摘した岸本の評価は、正当であったということになる。

三　弥陀の願いを生きる者としての「しるし」

ここまで「親鸞の仏道」をテーマとして、第一節で親鸞の仏道規定と信の関係性について、第二節で信が規定する真仏弟子の意義とその結果としての二世安楽信仰の超越について、考察してきた。その結果、信の世界に転じた主体は、仏願に随順して生きるのであるから、利他志向主体としての「真の仏弟子」が歴史上に誕生することとなり、我執を否定する立場に立つことで、信仰の必然として、我執の延長線上で死後来世でも現世と同じような安楽を求める二世安楽信仰を、否定的に踏まえることとなることが確認された。

以上を踏まえ、本節では、親鸞の晩年に多く記されている消息に著された「しるし」の意義について確認したい。親鸞が具体的に信が成立した念仏者にはどのような「しるし」が現れるものと理解していたのかを、親鸞の仏道規定のなかで確認することで、親鸞の説いた信が呼び起こす実践の本質を明らかにすることができると考えているからである。

現在、親鸞の消息は、関東での約二十年にわたる伝道活動を終えて六十歳過ぎに帰洛したのちに、関東の門弟と京都の親鸞との間で交わされたものが四十三通確認されている。時期が確認できる消息は、建長三年（一二五一）、親鸞七十九歳のものが最も早く、最も遅いのは文応元年（一二六〇）八十八歳のものである。

通常、消息を書く場合は具体的な送り手を前提とし、現実の個別的問題に応答する形で記される。親鸞の場合、その多くが関東の門弟からの疑問や質問に返答されたものである。この消息が交わされる背景には、鎌倉幕府から関東の門弟教団に対する抑圧と、その抑圧下における教義上の論争があったようである。

現存する消息で親鸞の真筆と認められているものは十一通で、残りは各地の門弟によって書写され、聖教や法語として伝えられてきたものである。よって、成立年月が不明確なものも多い。本節では、特に消息集名を指定しない箇所では四十三通を成立年月日の明確なものを年代順に配置し、不明確なものは月日順に配列して編纂されている『浄土真宗聖典　原典版』(57)における「親鸞聖人御消息集」に従って通数等を記載している。

1　神祇不帰依の徹底としての神祇護念

現存する親鸞の消息をたどって確認されることだが、建長三年閏九月頃から東国門弟の間で、念仏の教えをめぐる論争が起きている。親鸞の消息は、まさにこうした混乱のさなかに関東の迷える弟子たちに向けて書かれたものが中心となっている。関東の弟子たちにとって、親鸞からの消息は、自分たちにとっての道標のような役割を果たすものとして受け取られていたに違いない。それは、『末灯鈔』第一通「有念無念の事」がすでに法語のような性格のものであることから、権力からの弾圧にさらされる現状のなかでも、なお親鸞の信に生きようとする門弟への道を指し示すものとしてあったことが窺えるのである。こうした関東の門弟教団が弾圧された原因の一つに「放逸無慚」があげられる。「放逸無慚」については、『親鸞聖人御消息集』第三十七通で、

なによりも、聖教のをしへをもしらず、また浄土宗のまことのそこをもしらずして、不可思議の放逸無慚のものどものなかに、悪はおもふさまにふるまふべしと仰せられ候ふなるこそ、かへすぐ〱あるべくも候はず。(58)

と、反省することなく欲望のままに悪を重ねる行為を、浄土宗の教えを知らない者の「放逸無慚」な行為であると

批判している。こうした、「放逸無慚」な行為を否定する指示は、すでに建長四年（一二五二）二月二十四日付の消息第二通の時点で確認される。親鸞は、

まづおの〳〵の、むかしは弥陀のちかひをもしらず、阿弥陀仏をも申さずおはしまし候ひしが、釈迦・弥陀の御方便にもよほされて、いま弥陀のちかひをもきゝはじめておはします身にて候ふなり。もとは無明の酒に酔ひて、貪欲・瞋恚・愚痴の三毒をのみ好みめしあふて候ひつるに、仏のちかひをきゝはじめしより、無明の酔ひもやう〳〵すこしづゝさめ、三毒をもすこしづゝ好まずして、阿弥陀仏の薬をつねに好みめす身となりておはしましあふて候ふぞかし。しかるに、なほ酔ひもさめやらぬに、かさねて酔ひをすゝめ、毒も消えやらぬに、なほ毒をすゝめられ候ふらんこそ、あさましく候へ。煩悩具足の身なればとて、こゝろにまかせて、身にもすまじきことをもゆるし、口にもいふまじきことをもゆるし、こゝろにもおもふまじきことをもゆるして、いかにもこゝろのまゝにてあるべしと申しあふて候ふらんこそ、かへす〴〵不便におぼえ候へ。酔ひもさめぬさきに、なほ酒をすゝめ、毒も消えやらぬに、いよ〳〵毒をすゝめんがごとし。薬あり毒を好めと候ふらんことは、あるべくも候はずとぞおぼえ候ふ。仏の御名をもきゝ念仏を申して、ひさしくなりておはしまさんひと〴〵は、後世のあしきことをいとふしるし、この身のあしきことをばいとひすてんとおぼしめすしるしも候ふべしとこそおぼえ候へ。(59)

と、信が成立し弥陀の「ちかひ」に出遇う前と、出遇った現在とでは、貪欲・瞋恚・愚痴の煩悩を好んでいた身から、阿弥陀仏の薬を好むように転ずると、酒の酔い方を譬喩として説示し、悪を離れることを志すようになることが弥陀の教えに生きる者の在り方だと告げて、「放逸無慚」な態度を否定している。欲望のままに振る舞う行為を否定するこうした説示は、消息中では何度も繰り返されている。その理由は、

そらごとを申し、ひがごとにふれて、念仏のひと〴〵に仰せられつけて、念仏をとゞめんと、ところの領家・地頭・名主の御はからひどもの候ふらんこと、よく〳〵やうあるべきことなり。(60)

と、「領家・地頭・名主」らが、親鸞の門弟たちが説く念仏の教えがいかにも「放逸無慚」を勧めているかのように、「そらごと」や「ひがごと」をあげつらっては念仏者を抑圧してくるときの口実とされていることが、背景にあったと考えられている。また同時に、親鸞は、神祇不帰依の教説を曲解し、仏・菩薩を軽んじたり、神祇・冥道を軽蔑したりおろそかにすることは「ゆめ〳〵なきことなり」と否定している。これまでに指摘したとおり、他力廻向によって信にめざめた念仏者は、諸仏・菩薩の利益として、弥陀の誓いをわが願いとして生きる身となっているのである。弥陀の誓いをわが願いとして生きるとは、世間的価値観を肯定する生き方ではなく、出世間的価値である本願にもとづき十方衆生の救済を願いながら生きる主体となることである。そこでは、自己の欲望を神仏に祈ってでも叶えようとする生き方が改められ、神仏を頼る必要がない主体が成立する。神仏に頼らない主体となったことで、神仏を恐れる必要がなくなり、神仏に帰依しない生き方が成立する、という理屈であった。

さらに親鸞は神祇を、神仏に帰依しなくなった念仏者を護念する存在として位置づけている（冥衆護持）。信により本願にもとづいた生き方が始まることで、神祇に帰依しない念仏者を護念するというのである。親鸞はその状況を、

「護」はところをへだてず、ときをわかず、ひとをきらわず、信心ある人おばひまなくまもりたまふとなり。まもるといふは、異学・異見のともがらにやぶられず、別解・別行のものにさえられず、天魔波旬におかされず、悪鬼・悪神なやますことなしとなり。(61)

と示して、信心の人をあらゆる悪害から常に護る存在として神祇を位置づけているのである。ただし、ここで注意

が必要なのは、信が揺らぎ、少しでも神祇に帰依する可能性があれば、瞬時に護持しない存在となることも示している点である。あくまでも、信にもとづいて我執の追求に無反省な状態から転じ、利他志向の主体として成立している存在を護持するのであり、そこが揺らいだ瞬間に、再び恐れるべき存在へと転化する。これは、信が成立した主体は、自らの我執を反省し続け、利他を志向し続けるようになると、親鸞が理解していたことの反証ともいえるだろう。いったん信が成立したと見える主体においても、再び我執の追求が始まったり、我執への反省を喪失したりした瞬間に、神祇は護る存在から容赦なく恐れるべき存在へと転化するというロジックは、消息では以下のように詳説されている。

世々生々に無量無辺の諸仏・菩薩の利益によりて、よろづの善を修行せしかども、自力にては生死を出でずありしゆへに、曠劫多生のあひだ、諸仏・菩薩の御すゝめによりて、いままうあひがたき弥陀の御ちかひにあひまゐらせて候ふ御恩をしらずして、よろづの仏・菩薩をあだに申さんは、ふかき御恩をしらず候ふべし。仏法をふかく信ずるひとをば、天地におはしますよろづの神は、かげのかたちに添へるがごとくしてまもらせたまふことにて候へば、念仏を信じたる身にて、天地の神をすてまふさんとおもふこと、ゆめ〳〵なきことなり。神祇等だにもすてられたまはず、いかにいはんや、よろづの仏・菩薩をあだにも申し、おろかにおもひまゐらせ候ふべしや。よろづの仏をおろかに申さば、念仏を信ぜず弥陀の御名をとなへぬ身にてこそ候はんずれ。(62)

主体が、欲望を否定する契機を持つことなく神仏を頼みとしていた生き方から解放され、神仏を頼まない生き方に転じた時、初めて神仏に護持されるようになる。影のように常に念仏者を護る存在である神仏を恐れるということは、欲望を肯定する生き方に戻るということである。親鸞においては、阿弥陀仏の願いを自らの願いとして利他を志向する主体となった念仏者が、利他を志向するがゆえに護念してくれる神仏を敬いはしないが邪見に扱ったりもしないという理解なのである。ここには、世間的価値観から転換して、出世間的価値に生きることを促す念仏者における信心の優越性を示す論理が展開されているのであった。

であるがゆえに、念仏者が神祇を軽蔑してあなずり捨てることなどするはずもないのだから、仮にそのような者がいたとすれば、その者は念仏者ではない、という確信が親鸞にはあった。だから、「領家・地頭・名主」が念仏者の罪科としてあげつらう行為そのものを、信が成立した念仏者が行うはずがないという意味でも、親鸞による「放逸無慚」批判は展開されているのである。

本節でも先に指摘したが、いわゆる造悪無碍としての「放逸無慚のものども」のような振る舞いは、親鸞の信からはとうてい生まれてくるはずがない所業であったということも、再度確認しておきたい。なぜなら、親鸞の信は現生における生き方の方向性を明確に示すものとして理解されていたからである。親鸞は自らの理解した信心にもとづいて生きる存在には、一定の生き方や出世間的な価値観に生きる証拠が生じると考えていた。それが、親鸞が消息のなかでたびたび言及する「しるし」であった。

2　往生が定まったというにふさわしい生き方

親鸞は関東の門弟に送った消息において、「しるし」という言葉を用いて、念仏者としての生き方や在り方を示している。ここで示されている「しるし」が、いかなる状況のなかで、いかなる構造によって成立するものと捉えられていたのかを考察し、親鸞の仏道における具体的な実践内容を明らかにしていきたい。

親鸞は四十三通の消息のなかで、「しるし」という用語を厳密に数えれば十三回使用している。このうち、本願力廻向の信が成立することで念仏者の生き方にその特徴が現れてくるという意味での「しるし」という表現に注目をして、その構造や意義について検討していく。よって、『末灯鈔』第八通の、「これらは加様にしるしまふしたり」[63]は「示された」という意味で、『善性本御消息集』の「しるしおほせられて候ふみの候」[64]や『親鸞聖人御消息集』の「十二光仏の御ことのやう、かきしるしてくだしまいらせさふらふ」[65]は「記す」という意味で使用されているので、今回は検討対象としない。

まず、『末灯鈔』第二十通では、

仏の御名をもきき念仏を申して、ひさしくなりておはしまさんひと〴〵は、①後世のあしきことをいとふしるし、②この身のあしきことをばいとひすてんとおぼしめすしるしも候ふべしとこそおぼえ候へ。[66]

仏を信ぜんとおもふこゝろふかくなりぬるには、まことにこの身をもいとひ、流転せんことをもかなしみて、ふかくちかひをも信じ、③阿弥陀仏をも好みまふしなんどするひとは、もとこそ、こゝろのまゝにてあしきことをもおもひ、あしきことをもふるまひなむとせしかども、いまはさやうのこゝろをすてむとおぼしめしあはせたまはゞこそ、世をいとふしるしにても候はめ。また往生の信心は、釈迦・弥陀の御すゝめによりておこるとこそみえて候へば、さりともまことのこゝろおこらせたまひなんには、いかゞむかしの御こゝろのまゝにては候ふべき。[67]（傍線：筆者）

と述べ、念仏の教えに出遇って久しくなる人には①「後世のあしきことをいとふしるし」や②「この身のあしきことをばいとひすてんとおぼしめすしるし」が生じると述べている。また、その後で③「阿弥陀仏をも好みまふしなんどするひとは、もとこそ、こゝろのまゝにてあしきことをもおもひ、あしきことをもふるまひなむとせしかども、いまはさやうのこゝろをすてんとおぼしめしあはせたまはゞこそ、世をいとふしるし」と述べ、念仏の教えに出遇う前と信が成立した後では、生き方が変化すると教示していることが確認できる。その理由を親鸞は、釈迦や弥陀の勧めによって「まことのこゝろ」が起こってくるのだから、以前のこころのままでいるはずがないとまで言及している。そして、そのような念仏者としての「しるし」を「世をいとふしるし」と端的に示している。この「世をいとふしるし」について斎藤信行は、

「世をいとふしるし」という言葉は、「放逸無慚のものども」に関する消息にしかあらわれない。そのことから、この言葉は「放逸無慚のものども」の誤解を解くために用いられたと考えられる。それは「放逸無慚のものども」が「世をいとふ」根拠を持っていなかったことを反証しているといえるだろう。(68)

と指摘する。つまり、親鸞の説く信が成立した念仏者としての「しるし」は「世をいとふ」ものであり、「放逸無慚」な振る舞いを許さない性格のものであったことが確認されるのである。では、「放逸無慚」な態度を許さない「世をいとふしるし」とは、どのような自覚によって成立するものであったのだろうか。それを知る手掛かりとなる消息が、『末灯鈔』第十九通である。そこでは、

④としごろ念仏して往生ねがふしるしには、もとあしかりしわがこゝろをもおもひかへして、とも同朋にもねんごろにこゝろのおはしましあはゞこそ、世をいとふしるしにても候はめとこそおぼえ候へ。よく〳〵御こゝろえ候ふべし。(69)（傍線：筆者）

と教示する。ここでも親鸞は「往生ねがふしるし」として信が成立したことで、これまでの自己中心的で煩悩のままに振る舞っていた「わがこゝろを」反省し、尊くも念仏の教えを共に歩もうとする同朋を、自分と同じように懇ろに慈しみ合おうとする心が生じてくることをもって、「世をいとふしるし」だと述べている。ここで「しるし」の特徴として、自分自身の在り方を深く慚愧する行為があげられていることは重要である。「もとあしかりし」と

あるので、信の成立以前は悪かったということであるから、信が成立することで悪を悪と認識できる主体が成立したということを意味するのである。

この場合の「いとふ」とは「厭う」である。「厭う」とは、『大辞泉』(70)によれば「1嫌って避ける。嫌がる。2かばう。大事にする。いたわる。3（多く「世をいとう」の形で）世俗を嫌って離れる。出家する。4危険や障害などを避ける。しのぐ。」という意味を持つ。したがってここでの「厭う」とは、主に1・3で説明されるように「～を嫌って離れる」ことを意味する。つまり親鸞は、信成立を、これまでは我執・煩悩のままに振る舞うことに対して悪という認識さえ成立しえなかった人間が、我執・煩悩は厭い離れるべき悪だと自覚可能となる事態が成立することだと示している。ゆえに、信が成立している主体のうえでは同じく信にもとづいて我執・煩悩を厭い離れながら生きようとする尊い仲間との関係を大切にしようとする実践が始まる、という構造が示されているのだ。我執・煩悩の上に積み上げられていく世間的価値観から離れて、出世間的・非俗的な信をもとにした価値観を優先する生き方を求めるようになるということは、信が主体に世間的・世俗的価値観を否定する立場に立つことを要請するはたらきだということにもなる。信は、本願という出世間的・非俗的価値観に立ちながらも世間・世俗のなかで生きる主体を生み出す原理として、理解されていたのである。

そうすると、親鸞においては、信が成立することは、歴史社会のなかで世俗的な価値をいったん相対化し、弥陀の本願という非俗的価値の実践を志向しながら生きる主体が成立するものと認識されていたことが、素直に首肯されることとなる。よって、親鸞における信の成立とは、臨終後に往生浄土が定まるだけではなく、浄土に往生することが定まったというにふさわしい生き方が始まるということを意味している。ここに至って、信と社会的実践や生き方が関係がないなどと主張することは不可能であるということも、再度確認しておく必要があるだろう。

このように、信心によって念仏者の生き方が我執的・世俗的なものから非我的・非俗的なものへと転じるということは、消息第三十七通でも確認できる。ここでは、生き方に変化がなく、どのような悪人でも救済するという阿弥陀仏の教えがあるからということを理由に、煩悩のまま「放逸無慚」に振る舞う存在について、明確に否定し、その理由も示されているので、全文を引用したいと思う。

なによりも、聖教のをしへをもしらず、また浄土宗のまことのそこをもしらずして、不可思議の放逸無慚のものどものなかに、悪はおもふさまにふるまふべしと仰せられ候ふなるこそ、かへす〴〵あるべくも候はず。北の郡にありし善証房といひしものに、つゐにあひむつるゝことなくてやみにしをばみざりけるにや。凡夫なれ⑤ばとて、なにごともおもふさまならば、ぬすみをもし、人をもころしなんどすべきかは。もとぬすみごゝろあらん人も、極楽をねがひ、念仏を申すほどのことになりなば、もとひがうたるこゝろをもおもひなをしてこそあるべきに、そのしるしもなからんひと〴〵に、悪くるしからずといふこと、ゆめ〳〵あるべからず候ふ。煩悩にくるはされて、おもはざるほかにすまじきことをもふるまひ、いふまじきことをもいひ、おもふまじきことをもおもふにてこそあれ。さはらぬことなればとて、ひとのためにもはらぐろく、すまじきことをもし、いふまじきことをもいはゞ、煩悩にくるはされたる儀にはあらで、わざとすまじきことをもせば、かへす〴〵あるまじきことなり。鹿島・行方のひと〴〵のあしからんことをばいひとゞめ、その辺のひと〴〵の、ことにひがふたることをば制したまはゞこそ、この辺より出できたるしるしにては候はめ。ふるまひは、なにともこゝろにまかせよといひつると候ふらん、あさましきことに候ふ。⑥この世のわろきをもすて、あさましきことをもせざらんこそ、世をいとひ、念仏申すことにては候へ。としごろ念仏するひとなんどの、ひとのためにあしきことをもし、またいひもせば、世をいとふしるしもなし。

されば善導の御をしへには、「悪をこのむ人をば、つゝしんでとほざかれ」とこそ、至誠心のなかにはをしへをかせおはしまして候へ。いつか、わがこゝろのわろきにまかせてふるまへとは候ふ。おほかた経釈をもしらず、如来の御ことをもしらぬ身に、ゆめ〳〵その沙汰あるべくも候はず。あなかしこ〳〵。

十一月二十四日　　親鸞(71)

（傍線：筆者）

ここで確認すべき点として、まず第一に、親鸞が「放逸無慚のものども」のなかに悪を反省しなくてよいと吹聴する者がいることを指して、「聖教のをしへをもしらず、また浄土宗のまことのそこをもしら」ない存在だと規定していることは注目すべきである。親鸞においては、阿弥陀仏の教えを聞き、信が成立することで念仏して往生を願うようになった主体には必ず「しるし」が現れると理解されていた。だから、そのような「しるし」もなく、悪を思うままに振る舞う、あるいはそれを主張する者は、聖教に学んでおらず、浄土宗の教えを知らない存在だと喝破しているのである。

これほど明確に信の社会的実践性を示しているにもかかわらず、これまで信と実践の問題が不問に付されてきたことは甚だ不思議としか言いようがないほど、親鸞の主張内容は明確であり重要である。なぜなら、本書で繰り返し述べてきたとおり、消息は具体的な状況を背景に記されたものである。よって、消息中においてこうした表現を用いたということは、信にもとづいた社会的な在り方や生き方、実践を問題とせず、わが身の死後の往生さえ定まればそれでよしとする、自称念仏者（似非念仏者）の在り方を見て親鸞は厳しく批判したということなのである。

この点について藤村研之は、

「放逸無慚」とは、その言葉が示すとおり「ほしいままではじない」ことを意味するのだが、それは世俗的な悪行をあらわすのではなく、念仏に対する誤解によって、いままで通りありのままに行動することを肯定することでしかなかった(72)と指摘している。信心を観念的に捉え、死後の往生の問題としか関連づかないような欲望の成就を完遂することを目的としたものと理解すれば、そこに信心に立脚した念仏者としての社会的実践は想起されてこない。つまり親鸞は、往生の問題と、現実社会における信にもとづいた実践＝生き方がリンクしない念仏理解を、念仏者の在り方として間違っていると述べているのである。このことは、念仏の教えによって導かれる実践や生き方を関連させずに理解する者が、当時の関東の教団の中に存在していたことを示すとともに、現在の問題とも受け止められる。

親鸞は、凡夫だからといって、生き方に何も変化がないということはあるはずがないということを、盗人の譬えを使って否定している。親鸞は盗人でも、阿弥陀仏の教えによってもとの悪かった自分を反省するようになることが正しい念仏理解だと述べる。そのうえで、我執・煩悩を反省する「しるし」もない者に向かって、煩悩のままに振る舞っても問題がないということは言語道断であると、厳しく戒めているのだ。そして、わが身の煩悩のままの在り方や、社会において煩悩のままに行われる世俗的な出来事が、非仏教的なことであるとの認識を成立させ、そうした状態を嫌い離れようとする「世をいとふしるし」が必要だと重ねて述べているのである。

であるがゆえに、ここで示される「しるし」は「世をいとふしるし」であり、現実をそのまま肯定する価値基準ではない。それは、信によって本願にめざめ、阿弥陀仏の本願を自らの願いとして主体的に生きようとする人としての「しるし」だったのである。阿弥陀仏の本願にもとづいて、十方衆生と共に生きることを願うようになった念仏者が、煩悩のままに生きることを肯定するはずがないのである。よって、「悪くるしからずといふこと、ゆめ〳〵あるべからず候ふ」と、放逸無慚な在り方を否定する非俗的価値基準が成立する。だから、「この世のわろきをもすて、あさましきことをもせざらんこそ、世をいとひ、念仏申すことにては候へ。としごろ念仏するひとなんどの、ひとのためにあしきことをもし、またいひもせば、世をいとふしるしもなし」という論理が展開されていたのであった。わざと悪い行いをしたり言ったりするだけではなく、無意識のうちに発した言葉や態度に無反省な者まで含めて「世をいとふしるしもなし」と言っていたのである。

親鸞において、信は明確な価値基準を成立させ、具体的には放逸無慚な在り方を徹底して反省する根拠として理解されていた。つまり、念仏者の生き方の根拠として信があり、真の仏道の内実を知らせるものとして、信が理解されていた。であるがゆえに、それは生き方や考え方など実践の上に「しるし」として現れてくると理解されていたのである。

だから、善導の言葉をもちいて、悪を好む人からは謹んで遠ざかれと説示する。そもそも人間が煩悩のままの所業である悪を好みがちな存在であることを熟知していた親鸞だったからこそ、信によって悪を「いとふ」存在となったならば、悪なる振る舞いや存在、状況からは遠ざかるべきだとの説示を絶対的な確証をもって行っているのである。

3　「二種深信」成立要件としての実践

親鸞の理解した信において「世をいとふしるし」は、どのような意味を持っていたのであろうか。親鸞の信とは、本願力廻向の信であり歴史社会において利他志向主体を成立させるものであることは、本書において繰り返し確認してきた。その信の構造を端的に言い表したものが二種深信であることも、確認してきた。この信の基本構造である二種深信は、『教行証文類』「信巻」に引用されている文章であり、そこでは自分自身が罪悪を免れない凡夫で、救われ難い存在であることを深く自覚する「機の深信」と、そのような罪悪の凡夫を救うために四十八願を成就した阿弥陀仏の廻向によって確実に往生が得られることを自覚する「法の深信」とが教示されている。つまり、親鸞における信心とは、ａ自らの我執や煩悩を罪悪として自覚し、深く反省するという側面と、ｂ阿弥陀仏の廻向によって法による救済の確かさを自覚するという側面があるというのである。このａ自己自身への罪悪の自覚と、ｂ救いの自覚という構図を、先に見てきた消息の①～⑥の「世をいとふしるし」について言及している部分と照らし合わせて、「二種深信」と信との関係を考察してみたい。

ｂ仏の御名をもきき念仏を申して、ひさしくなりておはしまさんひと〴〵は、①ａ後世のあしきことをいとふしるし、②ａこの身のあしきことをばいとひすてんとおぼしめすしるしも候ふべしとこそおぼえ候へ。(73)

③ｂ阿弥陀仏をも好みまうしなんどするひとは、もとこそ、こゝろのまゝにてあしきことをもおもひ、あしきことをもふるまひなむとせしかども、ａいまはさやうのこゝろをすてむとおぼしめしあはせたまはゞこそ、世をいとふしるし(74)

④ｂ念仏して往生ねがふしるしには、ａもとあしかりしわがこゝろをもおもひかへして、とも同朋にもねんごろにこゝろのおはしましあはゞこそ、世をいとふしるし(75)

⑤凡夫なればとて、なにごとをもおもふさまならば、ぬすみをもし、人をもころしなんどすべきかは。もとぬすみごゝろあらん人も、ｂ極楽をねがひ、念仏を申すほどのことになりなば、ａもとひがうたるこゝろをもおもひなをしてこそあるべきに、そのしるしもなからんひと〴〵に、悪くるしからずといふこと、ゆめ〳〵あるべか

らず候ふ。(76)

⑥ａこの世のわろきをもすて、あさましきことをもせざらんこそ、世をいとひ、念仏申すことにては候へ。としごろｂ念仏するひとなんどの、ひとのためにあしきことをもし、またいひもせば、世をいとふしるしもなし。(77)（傍線：筆者）

以上を確認すると、①〜⑥のすべての箇所において、ａ自己自身への罪悪の自覚と、ｂ救いの自覚が併記されていることが確認される。これにより、親鸞が、往生が定まり救いの自覚が定まるとは、自己自身への罪悪の自覚が生じるということだと理解していたことが明確になるだろう。つまり、阿弥陀仏による救いの自覚は、確実に自己の罪悪の自覚をもたらすものだったのであり、仮にそうした自覚が生じないようなものは信の成立とはいえないということを裏付けることとなる。これは単に、阿弥陀仏の救済への自覚が、悪の自覚を生じさせるということだけにはとどまらない。なぜなら、そこには、阿弥陀仏の救いを自覚したことで、何ゆえに、自己自身の悪の自覚が生じたのか、という問題が残るからである。

ここに親鸞の実践論を考えるうえでの、最も重要なポイントがある。親鸞において、阿弥陀仏の救いを自覚するということが、自己自身の罪悪の自覚となったということは、その間に、阿弥陀仏の本願を親鸞自身の願いとして生きようとし始めることの自覚があったからにほかならない。親鸞は、他力廻向の信によって、阿弥陀仏の本願を自らが生きるうえでの願い・課題と位置づけた。自我的・煩悩的でしかない親鸞において、阿弥陀仏の本願が自らの生きるうえでの願いや課題と位置づけられたということそのものが、不可思議なはたらきであると受け止められたのだろう。

親鸞は、廻向された仏心＝信心にもとづき、阿弥陀仏の願いのように十方衆生を利益することを願いながら生きる実践を展開した。ここに慈悲実践志向主体が成立するのであり、消息では、「とも同朋にもねんごろに」なる生き方を目指すと表現されている。信を実践の根拠として理解した場合の「法の深信」の在り方なのだ。

しかし、やはり煩悩を抱えている身であることには変わりがないので、どれだけ信にもとづいた思考や行動を志向していても、自らの内側に際限なくわき起こる我執・煩悩に執われた思考を拭い去ることはできない。よって、信が廻施されているにもかかわらず真実の実践ができていないことが反省され、「罪悪深重」や「煩悩熾盛」といった自覚が生じてくるのである。それが、「もとあしかりしわがこゝろをおもひかへ」すといった連続的な反省として表現されているのである。その構図を示すと、以下のようになる。

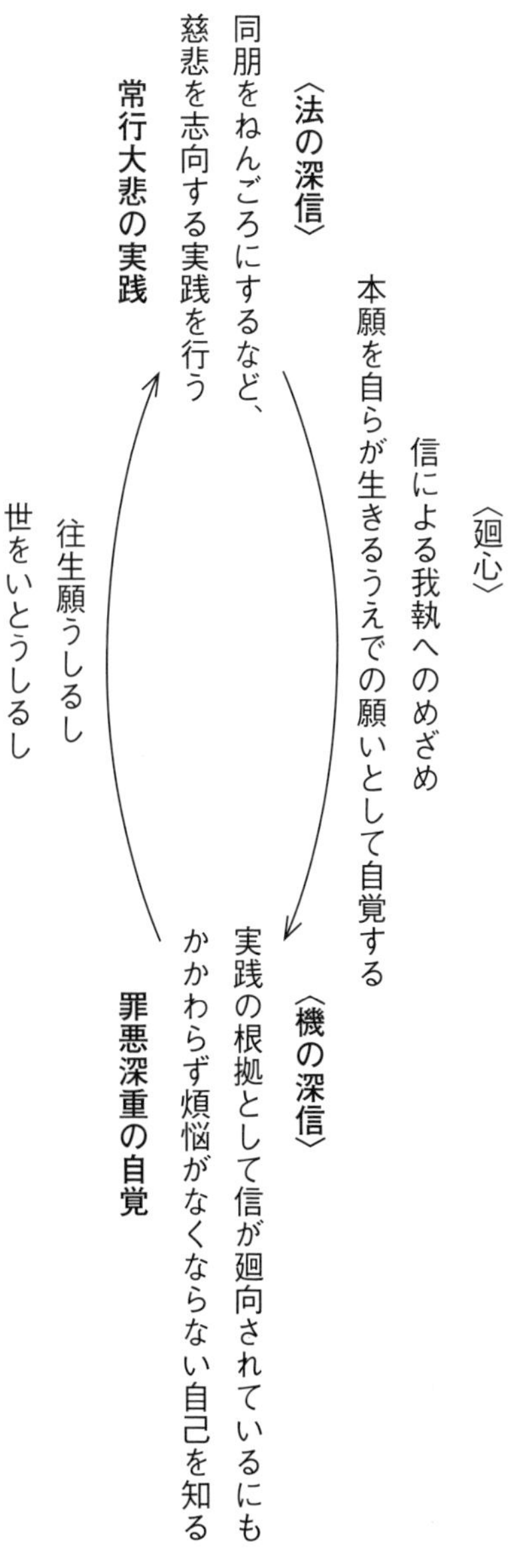
〈廻心〉
信による我執へのめざめ
本願を自らが生きるうえでの願いとして自覚する
〈法の深信〉
同朋をねんごろにするなど、
慈悲を志向する実践を行う
常行大悲の実践
〈機の深信〉
実践の根拠として信が廻向されているにも
かかわらず煩悩がなくならない自己を知る
罪悪深重の自覚
往生願うしるし
世をいとうしるし

おわりに

ではなぜ、本願にもとづいて衆生利益を願いながら生きることが「世をいとふしるし」となるのだろうか。親鸞自身に自己の悪を厭わせたものは、阿弥陀仏の本願であった。本願が信として廻向されていたがゆえに、信が成立した主体の上では「もとこそ、こゝろのまゝにてあしきことをもおもひ、あしきことをもふるまひなむとせしかども、いまはさやうのこゝろをすてむとおぼしめしあはせたま[78]」うようになるのだった。つまり、親鸞自身を阿弥陀仏の救いから最も遠ざけていたものが、自らの内側にある我執・煩悩であるとの発見が、信の成立によって生じているのだ。

それは、親鸞における信が、阿弥陀仏の本願を単に崇拝の対象とする主体を成立させるものではなく、本願を自らの願いと位置づけて実践する主体を成立させる根拠として認識されていたからにほかならない。だから、「神祇不帰依」という神を拝む必要のない主体が成立する。神祇をたのみ恐れるのも、我執・煩悩を少しでも満たしたいと願うがゆえであった。我執・煩悩の成就を求める生き方から、衆生利益を求める生き方に転換した主体において、強く神々に束縛された世の中は、煩悩に束縛された世界であり「そらごとたわごとまことあることなき[79]」世として認識された。そうであれば、衆生利益を求める親鸞にとって、一切衆生が自らの煩悩に束縛され苦しんでいる現状にめざめ、解放されてほしいと願うことは、必然的なできごとである。一切衆生を、そして世の中を慈しみたいと思えば思うほど、慈しむことを知らない在り方から離れようとする。だから「世をいとふしるし」という表現がなされているのである。つまり、親鸞において「世をいとふしるし」を持つということは、自らが救われている

「しるし」を持つということと同意義だったということなのである。仏とは真反対の我執・煩悩的な生き方しかできないはずの親鸞において、そのような在り方を厭い、衆生利益を願いながら生きる利他志向主体として存在していることそのものが、弥陀の救済の「しるし」だった。

であるがゆえに、その「しるし」を伴わず、念仏の教えに出遇っても「そのままで」変化なく放逸無慚な振る舞いをする人々は、当然ながら念仏者ではないと断言せざるをえなかったのである。

したがって、親鸞の仏道とは廻向された信によって、真の仏弟子として、現生において利他を志向し慈悲を実践する生き方であり、「世をいとふしるし」を伴うものだったということが確認できるのである。

こうした歴史のなかで、信にもとづいて実践（＝親鸞の仏道）を行った親鸞の思想を中核として、その後の宗派がどのように変容したかを辿る宗派史を確立することが、現実を生きる仏教者としての欠かせない作業となるのではないだろうか。

註

（1）黒田俊雄『日本中世の国家と仏教』（岩波書店、一九七五年）によって提示された、中世史全体を把握する視点。

（2）平雅行「中世宗教史研究の課題」（同『日本中世の社会と仏教』塙書房、一九九二年）。

（3）同右、三七～三八頁。

（4）上島享『日本中世社会の形成と王権』（名古屋大学出版会、二〇一〇年）四頁。

（5）同右、四頁。

（6）同右、三四～三五頁。また、上島は同書において「黒田俊雄氏が提唱する顕密体制論は、古代仏教と中世仏教との差異が必ずしも明確ではなく、神祇への配慮を示すものの、仏教主体の宗教史叙述である。中世仏教成立史を論じる上では、先行して確立を遂げる神祇秩序の包摂過程の解明こそが主たる課題である」（二六～二七頁）と、黒田の研究を分析している。

（7）　同右、二八九〜二九〇頁。

（8）　佐藤弘夫『神・仏・王権の中世』（法藏館、一九九八年）。

（9）　なお、ポストモダン的発想から、顕密体制論などで描かれた歴史像や思想家像そのものを否定する研究が、昨今、森新之助『摂関院政期思想史研究』（思文閣出版、二〇一三年）などで見られる。森は専修念仏弾圧が思想弾圧ではなかった、などの注目すべき議論を提示されており、同書に対しては、平雅行「専修念仏の弾圧をめぐって――思想弾圧否定論の破綻――」（『仏教史学研究』五六―一号、二〇一三年）、「末法思想と澆季観」（安冨信哉博士古稀記念論集刊行会編『仏教的伝統と人間の生――親鸞思想研究への視座――』法藏館、二〇一四年）、「専修念仏弾圧と法然教団」（真宗史料刊行会編『大系　真宗史料』文書記録編一、法藏館、二〇一五年）が批判し、対して森新之介「拙著『摂関院政期思想史研究』決疑十二箇条：平雅行「破綻論」に答う」（『論叢アジアの文化と思想』二二、二〇一三年）、同「拙著『摂関院政期思想史研究』翼増三章：再び平雅行「破綻論」などに答う」（『論叢アジアの文化と思想』二三、二〇一四年）、同「拙著『摂関院政期思想史研究』拾補三章：四たび平雅行などの異論に答う」（『論叢アジアの文化と思想』二四、二〇一五年）、「読『鎌倉仏教と専修念仏』」（『早稲田大学高等研究所紀要』一一、二〇一九年）」が反論を提出している。今後、この議論に筆者も参加したいと考えている。

（10）　黒田俊雄「仏教史研究の方法と成果」（『黒田俊雄著作集』第二巻〈法藏館、一九九四年〉三八一頁）。

（11）　ここで黒田のいう「正しいあり方」とはどのような在り方なのだろうか、という問題は残るが、その在り方を「新たな宗派史」の方法と解して検討してみることとする。

（12）　「仏道」は各仏教者の仏教把握内容が、生き方に反映されるものであり、具体的な歴史社会のなかで展開されるものである。「仏道」を歩んでいる自覚をもたない仏教者は存在しないのであるから、そこで示される「仏道」の内容は必然的に仏教者の仏教理解と不可分の関係をもつものとなる。

（13）　『教行証文類』「教巻」（『定親全』第一巻）八頁。

（14）　『教行証文類』「証巻」（『定親全』第一巻）二〇一頁。

(15)『教行証文類』「行巻」(『定親全』第一巻) 八九頁。
(16)『正像末和讃』(『定親全』第二巻・和讃篇) 一八二頁。
(17)『教行証文類』「信巻」(『定親全』第一巻) 一三九〜一四〇頁。
(18)『高僧和讃』(『定親全』第二巻・和讃篇) 八四頁。
(19)『高僧和讃』(『定親全』第二巻・和讃篇) 八四頁。
(20)『教行証文類』「行巻」(『定親全』第一巻) 一三八〜一三九頁。
(21)『正像末和讃』(『定親全』第二巻) 一六五〜一六六頁。
(22) ここで注意すべき点は、自力では菩提心を発することはできないが、阿弥陀仏の菩提心のお陰で仏道を歩めるといったバーター的な発想ではなく、菩提心を持って生きていきたいと願っていなければ生じない思考であることを忘れてはならないだろう。
(23)『教行証文類』「行巻」(『定親全』第一巻) 一三三頁。
(24) 田中久夫『明恵』(吉川弘文館、一九六一年) によれば、「『摧邪輪』は念仏者の間にも読まれたらしい。例えば、親鸞が「浄土の大菩提心」(『正像末和讃』) といっていることなど、この書を読んだからではないか、と考えられる。更に親鸞の『愚禿鈔』は『摧邪輪』のあげた二つの問題点に、そのまま対応するものであると論ぜられている」(九八頁) とある。
(25)『選択本願念仏集』(大橋俊雄校注『法然』日本思想大系10〈岩波書店、一九七一年〉) 一一〇頁。
(26)『摧邪輪』(鎌田茂雄・田中久夫校注『鎌倉旧仏教』日本思想大系15〈岩波書店、一九七五年〉) 八〇〜八一頁。
(27)『観経疏』「玄義分」「願以之功徳、平等施一切、同発菩提心、往生安楽国」(大正蔵 No.1753、三七巻) 二四五頁。
(28)『唯信鈔文意』(『定親全』第三巻・和文篇) 一七四〜一七六頁。
(29) 拙稿「親鸞の仏道 (一) ――慈悲実践道としての把握――」(『筑紫女学園大学・短期大学部　人間文化研究所年報』第二五号、二〇一四年)。
(30) 家永三郎『叢書名著の復興10　日本思想史に於ける否定の論理の発達』(新泉社、一九六九年) 二五〜三一頁。

(31) 同右、三一頁。
(32) 同右、三一～三二頁。
(33) 同右、九七～九八頁。
(34) オリオン・クラウタウ編『戦後歴史学と日本仏教』(法藏館、二〇一六年)所収。
(35) 末木文美士「家永三郎」(前掲註(34)『戦後歴史学と日本仏教』)。末木は「「否定の論理」はそのような近代主義的な現世主義への強烈な批判であり、日本の思想文化が、現世を超えたものとどのように関わってきたかという、ある意味ではきわめてマイナーで大衆化しにくい問題にこだわっている。(中略)「否定の論理」は、そのような豊かで多様な可能性を含んだ中世像に導くものとして、読み直すことができるのではないだろうか」(四四～四五頁)と、現在の思想史学においても有効な視点であることを指摘している。
(36) 家永三郎「親鸞の念仏――親鸞の思想の歴史的限界――」(同『改訂増補中世仏教思想史研究』〈法藏館、一九五五年、初出一九五三年〉)。
(37) 岸本伸一「「否定の論理」の思想史的意義(一)」(宇治和貴・斎藤信行編『真宗の歴史的研究』〈永田文昌堂、二〇一一年〉)一四七頁。
(38) 岸本伸一「「否定の論理」の思想史的意義(二)」(前掲註(37)宇治・斎藤編『真宗の歴史的研究』)一八二頁。
(39) 前掲註(1)黒田『日本中世の社会と宗教』(岩波書店、一九七五年)。
(40) 前掲註(2)平『日本中世の社会と仏教』(塙書房、一九九二年)。
(41) 前掲註(38)岸本「「否定の論理」の思想史的意義(二)」一八二～二〇九頁。
(42) 平雅行「浄土教研究の課題」(前掲註(2)『日本中世の社会と仏教』)六二頁。
(43) そのうえで平は、「浄土教というものが現世否定的なものではなく、平安浄土教の発達を貴族没落論や中下級貴族没落論で説明できないとすれば、浄土教を取り上げる歴史的意義はかなり小さなものにならざるを得ない。第二に平安浄土教は、中世宗教の中核たる専修念仏の源流として位置づけられてきた。しかし黒田氏の顕密体制論の提起によって専修念仏は中世宗教の中核たる位置を退けられたし、抑も平安浄土教は法然の否定的前提なのであって、平安浄土教が発達して専修念仏が登場してくるという関係にあるのではない。したがって浄土教の発達を論ずることが、中世宗教の成立発展過程を論ずることに直結するという研究状況では、もはやなくなったのである」（平雅行「浄土教研究の課題」六三頁）として、単純に浄土教の発達を論じるだけでは、中世宗教全体の発達過程を論ずることにはならないと指摘している。そして、浄土教発達の意味を記紀神話的黄泉観から仏教的来世観への転換が進行していったことを意味していたとして、平安浄土教は法然の否定的前提であり、発展過程の延長線上で成立するものではないという。こうした指摘については、今後の検討課題として記しておきたい。

(44) 前掲註(10)黒田「仏教史研究の方法と成果」。

(45) 大喜直彦「死後の個性――他界で生き続ける死者――」（同『中世びとの信仰社会史』〈法藏館、二〇一一年、初出二〇〇五年〉）。

(46) 同右、三五三～三五四頁。

(47) 上島享「〈王〉の死と葬送――穢と学侶・聖・禅衆――」（前掲註(4)『日本中世社会の形成と王権』所収、初出二〇〇七年）。

(48) 同右、五二六頁。

(49) こうした時代状況下における親鸞の信仰そのものが持った意義を明らかにしようと試みて、仮説としてではあるが、親鸞の往生信仰の核心に迫ったものが、二葉憲香の研究である。二葉は「筆者は、親鸞の信仰が原理的に自我否定の立場をもっており、それは、歴史を超える法の深信をもたらすとともに、歴史における自我固執の立場への否定をよびおこし、それが社会的実践の方向を規定し、権力階層に対する批判となり、人格の尊厳と非権力性への指向をもつ教団社会の形成をもたらしたことを論証しようと試みた。それは、信と歴史との関係構造を問うという問題意識に立った筆者の仏教史研究の立場と方法によるものであった。この小論では、右の立場と方法による真宗の往生信仰と歴史との関係についての仮説を展開してみよう」（二葉憲香「真宗における往生信仰と歴史との関係についての仮説」『二葉憲香著作集』第五巻〈永田文昌堂、二〇〇〇年〉一一六頁）と述べて、親鸞における信が自我固執の立場への否定をもたらすものであり、往生信仰が権力階層への批判や人格の尊厳性の自覚などをもたらしたことや、仏教者の本来的在り方を追求することで歴史とどのような関係性をもったかを検証する方法を提示した。

(50)『教行証文類』「信巻」(『定親全』第一巻)一四四頁。
(51)同右、一〇三～一〇四頁。
(52)『正像末和讃』(『定親全』第二巻・和讃篇)二一二頁。
(53)『教行証文類』「化身土巻(本)」(『定親全』第一巻)三〇九頁。
(54)『教行証文類』「信巻」(『定親全』第一巻)一〇三頁。
(55)『正像末和讃』(『定親全』第二巻・和讃篇)二一一頁。
(56)『教行証文類』「信巻」(『定親全』第一巻)。
(57)真宗聖典編纂委員会編『浄土真宗聖典(原典版)』(本願寺出版部、一九八五年)。
(58)『末灯鈔』(『定親全』第三巻・書簡篇)一〇〇頁。
(59)同右、一一五～一一七頁。
(60)『親鸞聖人御消息集』(『定親全』第三巻・書簡篇)一三六頁。
(61)『一念多念文意』(『定親全』第三巻・和文篇)一三四～一三六頁。
(62)『親鸞聖人御消息集』(『定親全』第三巻・書簡篇)一三四～一三六頁。
(63)『末灯鈔』(『定親全』第三巻・書簡篇)八二頁。
(64)『善性本御消息集』(『定親全』第三巻・書簡篇)一七頁。
(65)『親鸞聖人御消息集』(『定親全』第三巻・書簡篇)一五四頁。
(66)『末灯鈔』(『定親全』第三巻・書簡篇)一一七頁。
(67)同右、一一八頁。
(68)斎藤信行「親鸞の信仰とその歴史性(下)」(『仏教史研究』四二、二〇〇六年)四〇頁。
(69)『末灯鈔』(『定親全』第三巻・書簡篇)一一一～一一二頁。

(70)　小学館大辞泉編集部編『大辞泉』(小学館、第二版二〇一二年)。
(71)　『末灯鈔』(『定親全』第三巻・書簡篇)一〇〇〜一〇二頁。
(72)　藤村研之「親鸞における造悪無碍批判と「自然法爾」」(『仏教史研究』三一、一九九四年)。
(73)　『末灯鈔』(『定親全』第三巻・書簡篇)一一七頁。
(74)　同右、一一八頁。
(75)　同右、一一一〜一一二頁。
(76)　同右、一〇〇〜一〇一頁。
(77)　同右、一〇一〜一〇二頁。
(78)　同右、一一八頁。
(79)　『歎異抄』(『定親全』第四巻・言行篇)三八頁。

結　章　親鸞における実践論の本質——実践がもたらす倫理——

一　慈悲の実践を志向する仏道の成立

親鸞における仏道実践の根拠は、本願力より廻向される信心だった。本書では、その信心が導く歴史社会における実践の方向性を、親鸞という歴史主体の生き方を通して明らかにする作業を行ってきた。そのために、親鸞の神祇に対する態度の問題、歴史観、非僧非俗の歴史的意義について、あるいは自然法爾や仏道把握など、これまで思想上の問題とされていたテーマにおける実践的意義の考察を試みてきたのである。また、序章で述べたように、歴史社会において親鸞が信にもとづいて生きたがゆえにとった沈黙や内向的思索、それをもとにした行動のすべてを信にもとづいた実践として把握してきた。よって、親鸞の信が社会と関係がないという論は成立しない。仮に社会と関係がないという立場が成立するとしても、関係しないと考える実践性が社会において発揮されることになるからである。

これまで親鸞の信については、往生の正因とだけ理解されがちであった。しかし、歴史社会で展開された親鸞における実践という機軸をもって信を捉え直してみると、往生が定まった衆生が正定聚として生きる根拠であることが明らかとなったのである。こうした視点からの指摘がこれまでなされていなかったことは、真宗における実践論の基礎を構築しようとする視座が、これまでの親鸞・真宗研究に欠如していたことを示すものだといえる。

親鸞において、信に立脚して正定聚として生きることは、煩悩を抱えながらも、仏と同じような慈悲の実践を志向する主体が成立することを意味していた。この場合、実践というと動的な行動面ばかりがイメージされるのであるが、親鸞において慈悲の実践を志向するということは、自己の罪悪性や煩悩性ゆえにそれが実現できないことを慚愧する内省という実践が必ず伴うことも確認できた。しかし、親鸞の慈悲実践への思いはそれにとどまるものではなかった。親鸞における慈悲の実践という仏道は、廻向される信にもとづいて社会内存在としての自己の存在の仕方そのものを問い続け、払拭しえない自己の煩悩にあえぎながらも、仏の慈悲を主体的に解釈し具現化に取り組み続ける営み全体を含めて捉えられるべきものだったのである。

本書では、以上の結論にいたるまでにいくつかの議論を展開してきたので、概要を確認したうえで、最後に、信にもとづく実践がもたらす倫理規範について若干の考察を提示したい。

親鸞の実践に関する研究を進めるにあたって、宗教を歴史的な産物としてではなく、別次元の問題として扱う先行研究を多く目にした。その典型ともいえるものが、真宗での「真俗二諦」的理解だった。よって、序章において、親鸞の実践に関する研究の前提的課題ともいえる「真俗二諦」的信仰理解について検討した。信仰を問題とする場合には、真実の世界や教法の世界と現実とを区別せず、歴史上に現れた実践を通して検証されるべきである。にもかかわらず、これまでの多くの研究では歴史と宗教は異なる次元のものと設定され、その発想そのものが問われるということがなかった。それにより、信仰を成立させるための「学」としての「教学」が欠如した状態が続いており、場当たり的な課題を教学の課題とする、真俗二諦状況が横行する結果となっていることが明確となった。

現在発表されている実践論の多くにおいて、信を基準に設定した基本的な実践の方向性が確認されず、現状の問題にひとまず関わっていくというスタイルが散見されるが、そうした姿勢は真俗二諦の実践だと指摘できるのである。よって、そのような状況を克服していくために、親鸞の信にもとづいた思想と社会的実践の具体的な関係性の検討を行った。

歴史社会における親鸞の実践を信と不可分なものとして研究を展開した二葉憲香は、親鸞における信と実践の構図を「自力の心の否定→信の決定→社会的実践[1]」と示していた。これは、親鸞における信の成立過程を示す構図としては的確であるとしても、信の構造としては直線的・段階的であるため、十全な図示とはいえなかった。本書において筆者は、親鸞における信の構造を、

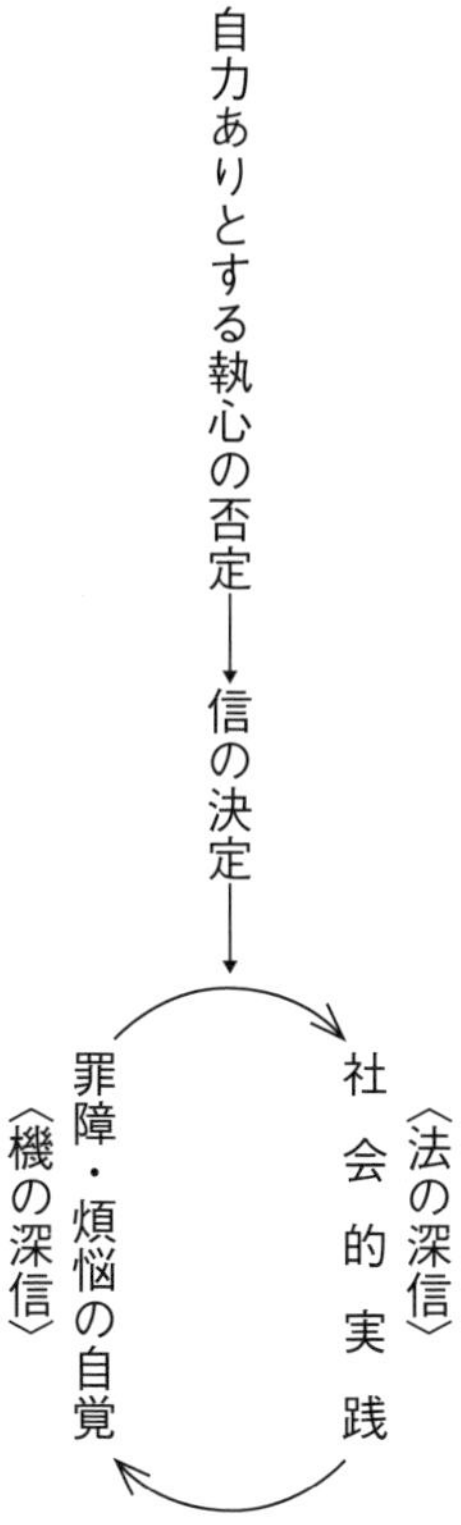

と図式化することとした。親鸞における罪障・煩悩とは、本願力廻向による信にもとづいた大悲を実践しようとするなかで、何度も立ち現れる否定すべき自力心として自覚され続けるものだったからである。つまり、親鸞の信仰において、実践は、不可欠であったのはもちろんのこと、同時に、前後関係を持つわけではなく、実践を伴うがゆえに自らのうえに、罪障・煩悩の自覚が生じるといった悲歎的現実を自覚するうえでの、前提条件でさえありえた

といえるのである。よって、親鸞において信にもとづいて生きるという場合には、「真俗二諦」として信仰と生き方を分けて考える発想のかけらも見いだすことはできない。絶えざる常行大悲にもとづく大悲の実践と罪障性・煩悩性への反省を繰り返した実践の結果、現実での差別構造を批判的に脱出した同朋社会を形成するものが親鸞の信仰であったことが確認された。

また、信における実践の構図を確認したうえで、社会における実践の具体相を明らかにするため、親鸞と神祇との関係についていくつかの事例を考察した。自我を否定する「本願力廻向の信心」によって成立する常行大悲の実践主体は、自我にもとづいた世界観を全否定する宗教的立場をとる。ゆえに親鸞は、神祇によって呪縛された中世の権力構造を否定する「神祇不帰依」という社会的立場を表明した。であるから、自我否定を根本的な立場とする親鸞において、阿弥陀仏は実体的な存在としてではなく、無上仏にさせようとするはたらきそのものとして理解されていた。そうした信仰理解のもと、親鸞は、阿弥陀仏に帰依することの必然として、自我を肯定する存在である神祇を不帰依の対象と認識した。「神祇不帰依」とは信仰の具体化した姿であり、本願を担う主体の成立を告げるものだったのだ。

神祇観を通して明らかになった親鸞の宗教的・社会的立場とは、歴史社会において信心にもとづいた利他の実践を志向するがゆえに、神々への帰依を必要としない「神祇不帰依」の主体が成立する、というものであった。こうした親鸞の実践を基礎づける思想として、廻向という考え方があった。親鸞は自らの仏道を、本願力廻向、つまり往相と還相の二種が廻向より成立するものだと述べている。そして、この廻向される信によって、仏道の内実が衆生に知らされる。よって、親鸞における「仏道」は、他力の信により大慈悲を行じることを志向する利他的主体が成立するものと考えられていた。この信が、利他的実践を志向する主体を成立させるものだったがゆえに、自らは自力による実践の不可なる存在であるとの認識をもたらし、他力の仏願に順じる生き方を成立させるものと理解されていたことが確認された。

ゆえに、他力の信が唯一、末法悪世における救いへの道だと親鸞は理解した。自力を完全に否定し、そのうえで極悪の衆生に大悲の実践を志向させる他力の信によってしか本来の仏教が歴史上には成立しえないことを、親鸞は被弾圧という具体的経験を通して認識していたのである。

また、親鸞は、信心を獲得することにより、現生で正定聚の位に入った者には、常に大悲を行じようと願う主体となる利益が必ず起こるとの理解を示している。大悲心が、廻向される信心によって成立するという利益について、『教行証文類』「信巻」における「大慈悲はこれ仏道の正因なるがゆゑに」(2)という説示とあわせて理解する必要があった。この部分だけを読めば、慈悲を行じる主体が如来であるような錯覚を起こす。だが実は、如来の慈悲は煩悩具足の衆生をして「安楽浄土に生ぜしむる」との願いを起こさせる(願作仏心)のであり、同時に、衆生が「常行大悲」(度衆生心)を願いながら生きる主体を成立させるはたらきであった。親鸞において如来の廻向は、大慈悲を行じる主体を成立させるはたらきとして理解されていたのだ。虚仮なる世において仏道の正因である大慈悲を行じようと願う主体を成立させるがゆえに、如来の廻向＝大菩提心と親鸞は理解していたと考えることができる。

二　仏智にめざめることを願う実践

ここで再度、建保二年(一二一四)、親鸞が四十二歳の時、上野国佐貫において「衆生利益」のために行った浄土三部経の千部読誦について少しの考察を加えてみたい。佐貫での親鸞は、衆生利益のためにと思い三部経の千部読誦を開始したのであるが、そのことが誤りであって、本来の衆生利益の実現のためには自信教人信（自ら信じることによって人を信ぜしむ）以外にないと気づき、中止した。その経験を十七年後の寛喜三年（一二三一）の発熱時に思い出し、そのことをあらためて反省し「まはさてあらん」と述べたことを伝えていた、というエピソードである。

このエピソードに示された、三部経千部読誦という社会的実践について、黒田義道は以下のように結論づけている。

親鸞はこの三部経千部読誦を中止したが、これは社会活動の否定ではなく、他力の信心によって自らの自力心を反省したものである。親鸞は自らを虚仮不実とし、そうした凡夫の作る社会に真実を見ない。しかし、他力の信心を得た行者は、信心の智慧によりその社会活動が問われ、そこに潜む自力心や煩悩が次第に明らかにされるのである。親鸞においては、既にある社会行為が信心によって転換され、社会実践と呼びうる行為になるのである。(3)（傍線：筆者）

他力の信心を獲た主体は仏智に即して社会活動が問われ、そこに潜む自力心や煩悩が次第に明らかにされるという黒田の指摘は的を得たものであると考える。しかし続けて黒田は、他力の信に不断に問われている社会行為が浄土真宗における社会的実践となるとの定義を示している。一見、全面的に賛意を示せそうな見解であるが、少しの疑問が残る。黒田は親鸞による三部経千部読誦が「衆生利益のために」として開始されたことをどのように意味づけるのだろうか。三部経の千部読誦を思い立って実行したが中止したという事実に意味を見いだし、信を自力心への反省を与えるはたらきと捉える点には同意をするのだが、そもそも親鸞が三部経の千部読誦を行った理由は、「衆生利益のために」という思いからであった。衆生利益のために三部経千部読誦を開始した親鸞が、「自信教人信難中転更難」と気づき中断した点にこそ、親鸞の信における実践の内実が示されていると筆者は考えるのである。親鸞の三部経千部読誦に対するこの微妙な理解の相違は、信仰そのものへの理解の相違から生じていると考えられる。筆者は、親鸞における信仰を、親鸞の生き方すべてを含むものとして捉えている。これまで述べてきたように、信は生き方の根拠を我執から本願へと転換させるものであった。つまり、親鸞において三部経千部読誦を試みたということ自体が、単なる社会行為ではなく、信にもとづき慈悲実践を志向していたがゆえにとられた行動であり、そうだったからこそ自力の執心の深さを反省し、中断することができたのである。このように、親鸞におけるすべての行為を信にもとづいた実践と捉えず、社会行為と社会実践との区別が設定されると、親鸞の信仰の総体を捉え逃してしまうのである。

親鸞における実践論を考える場合に最も重要な視点は、「衆生利益のために」開始したという動機への着目である。なぜなら、親鸞の信は機の深信を呼び起こすほどの反省の原理として作用したのだが、その反省は、真実心が廻向されることにより、仏と同じような慈悲の実践を志向させる作用の反作用として生じていたのである。信にもとづき「常行大悲」を志向するがゆえに、その実践が貫徹しないことで「罪悪深重」や「煩悩熾盛」という反省を生んでいた。ゆえに本願力廻向の信により、現生において正定聚となり、「如来と等し」く「弥勒と同じ」ような仏道の実践を志向する主体が成立すると説いていたのだ。

では、この場合の実践内容である利他や慈悲とはどのようなものを指すのだろうか。親鸞の考える慈悲や利他が、他者の欲望充足を意味しないことは、この三部経千部読誦の中止という事態から指摘できる。そのうえで、「自信教人信難中転更難」と述べているのは、単に自分自身の自力の執心への反省だけを意味するのではない。罪悪を抱えた人間でありながら、智慧と慈悲を備えた信が廻向されることで、まず自らが信によって「信心の智慧」

として与えられている仏智にめざめ、さらには他の人も一人ひとりが、廻向されている信によって仏智にめざめることを願う実践だったと考えられるのである。

親鸞が「弟子一人も持たず」と述べているのはなぜか。それは、廻向された信により仏智にめざめた存在を、我が弟子と呼ぶことができないと認識していたからである。これは、釈迦の伝道におけるスタンスが「来たれ、修行者たちよ。汝らみずからここに至って真理を証得せよ」との言葉に代表されるように「真理の証得」が聞く人の態度に委ねられていたことと同様だったと考えられる。釈迦は、弟子一人ひとりが自らの主体をかけて、法に出遇うことを求めていた。同様に、親鸞も念仏者それぞれにおける本願力廻向の信の確立を希求したのである。困難な状況を解決するための方策として三部経千部読誦をしても、それを親鸞に懇願したであろう人々のうえに慈悲と智慧が備わった信は成立しない。むしろ、信成立から遠ざけてしまうような行為となるから、親鸞は中止したのである。

三 「しるし」として現れる真宗者の倫理性

このように、自他ともに信の相続や確立を厳格に求める親鸞の姿勢が終生継続されていたことは、晩年の善鸞義絶事件後の消息で確認できる。親鸞は建長八年（一二五六）八十四歳の時、長息善鸞を義絶している。鎌倉幕府から執拗に繰り返される弾圧によって動揺する関東の同朋が信の道を間違いなく進む支えとなることを願い、善鸞を派遣したのだが、善鸞は同朋に「世をいとふしるし」としての実践を勧めることなく、念仏を「しぼめる花」として説き、同朋たちをさらなる混乱に陥れていた。そこで親鸞は、義絶という判断を下しているのだが、その後、建長八年と推定される正月九日付の真浄宛消息で、善鸞の策謀により動揺した門弟たちを指して以下のような指摘を行っている。親鸞の信における社会的・宗教的実践が発揮する倫理規定を明確に知るうえで重要な資料となるので、全文を引用する。

①さては、念仏のあひだのことによりて、ところせきやうにうけたまはり候ふ。かへすぐ〵こゝろぐるしく候ふ。詮ずるところ、そのところの縁ぞ尽きさせたまひ候ふらん。念仏をさへらるなんど申さんことに、ともかくもなげきおぼしめすべからず候ふ。念仏とゞめんひとこそ、いかにもなり候はめ、申したまふひとは、なにかくるしく候ふべき。

②余のひとぐ〵を縁として、念仏をひろめんと、はからひあはせたまふこと、ゆめ〳〵あるべからず候ふ。そのところに念仏のひろまり候はんことも、仏天の御はからひにて候ふべし。慈信坊がやう〳〵に申し候ふなるによりて、ひとぐ〵も御こゝろどものやう〳〵にならせたまひ候ふよし、うけたまはり候ふ。かへすぐ〵不便のことに候ふ。ともかくも仏天の御はからひにまかせまひらせさせたまふべし。そのところの縁尽きておはしまし候はゞ、いづれのところにてもうつらせたまひ候ふておはしますやうに御はからひ候ふべし。

③慈信坊が申し候ふことをたのみおぼしめして、これよりは余の人を強縁として念仏ひろめよと申すこと、ゆめ〳〵申したること候はず。きはまれるひがことにて候ふ。この世のならひにて念仏をさまたげんことは、かねて仏の説きおかせたまひて候へば、おどろきおぼしめすべからず。やう〳〵に慈信坊が申すことを、これより申し候ふと御こゝろえ候ふ、ゆめ〳〵あるべからず候ふ。法門のやうも、あらぬさまに申しなして候ふなり。御耳にきゝいれらるべからず候ふ。きはまれるひがことゞものきこえ候ふ。あさましく候ふ。入信坊なんども

不便におぼへ候ふ。鎌倉に長居して候ふらん、不便に候ふ。当時、それもわづらふべくてぞ、さても候ふらん、ちからおよばず候ふ。

④奥郡のひと〴〵の、慈信坊にすかされて、信心みなうかれあふておはしまし候ふなること、かへす〴〵あはれにかなしふおぼえ候ふ。これもひと〴〵をすかしまふしたるやうにきこえ候ふこと、かへす〴〵あさましくおぼえ候ふ。それも日ごろひと〴〵の信の定まらず候ひけることのあらはれてきこえ候ふ。かへす〴〵不便に候ひけり。慈信坊が申すことによりて、ひと〴〵の日ごろの信のたぢろきあふておはしまし候ふも、詮ずるところは、ひと〴〵の信心のまことならぬことのあらはれて候ふ。よきことにて候ふ。それをひと〴〵は、これより申したるやうにおぼしめしあふて候ふこそ、あさましく候へ。

⑤日ごろやう〳〵の御ふみどもを、かきもちておはしましあふて候ふ甲斐もなくおぼえ候ふ。『唯信鈔』、やう〳〵の御ふみどもは、いまは詮なくなりて候ふとおぼえ候ふ。よく〳〵かきもたせたまひて候ふ法門は、みな詮なくなりて候ふなり。慈信坊にみなしたがひて、めでたき御ふみどもはすてさせたまひあふて候ふときこえ候ふこそ、詮なくあはれにおぼえ候へ。よく〳〵『唯信鈔』・『後世物語』なんどを御覧あるべく候ふ。年ごろ信ありと仰せられあふて候ひけるひと〴〵は、みなそらごとにて候ひけりときこえ候ふ。あさましく候ふ〳〵。なにごとも〳〵、また〳〵申し候ふべし。(4)

この消息では①〜⑤の各箇所において、以下のような指摘や指示がなされている。

①権力者からの弾圧が厳しくなった場合には、その場所に住みながら念仏を継続する縁が尽きてきたということだから、念仏の教えを継続しやすい場所に移住すべきだと指示。

②善鸞が吹聴するように、権力者を頼って、その力や影響力を利用して念仏の教えを弘めてはならないとの指

示。

③善鸞は弾圧回避のために領家・地頭・名主にひれ伏し、信における同朋の実践を否定する賢善精進な態度を親鸞が支持したとして虚言を述べているようだが、それは経文も知らない、極まれる間違いであるとの指示。さらに、権力者による念仏への弾圧は常であり、驚くべきことではないという指摘。

④善鸞が吹聴している虚言を信じ、親鸞による指示だと勘違いした同朋が多くいたことは、日ごろの信心が不確かで正当なものでなかったことの表れなので、悲しい事実とはいえ、それが判明したのだから、良い事だったという指摘。

⑤これまで送ってきた消息などがすべて無駄になってしまったことは、信心があると申していた同朋の信が嘘だったことの表れとして受けとめよとの指示。

ここで注目すべきは、関東の同朋が善鸞の策謀によって混乱に陥ったのは、同朋一人ひとりにおける信心が不成立だった結果だと断言している点である。善鸞の主張は、念仏者を弾圧する権力に屈し、神々の権威にひれ伏し、賢善精進な態度をもって念仏弾圧を回避しようとするものだったと想像される。しかし、親鸞はそのような賢善精進な態度を一切認めていない。そもそも不平等を前提にして行われる権力支配を一瞬でも肯定することは、徹底した尊厳を基礎とした平等な同朋関係を求める信にもとづく実践の放棄を意味する。また、親鸞は、善鸞の策謀によってたじろぐ同朋たちの信の不成立を繰り返し嘆いている。これは、親鸞において、信が成立した主体は、世間的価値観に埋没することなく、また、自己過信に陥ることもなく、本願によって示された慈悲の実践を志向し続けるものと理解されていたことを証明するものである。親鸞は自らと同じく本願力廻向による信が成立し、慈悲の実践を志向するようになった同朋一人ひとりを、信にもとづいた「如来と等しい存在」として尊敬していた。そうで

あったがゆえに、「弟子一人も持たず」という立場が成立していたのであり、

としごろ念仏して往生ねがふしるしには、もとあしかりしわがこゝろをもおもひかへして、とも同朋にもねんごろにこゝろのおはしましあはゞこそ、世をいとふしるしにても候はめとこそおぼえ候へ。よく〳〵御こゝろえ候ふべし。(5)

と、往生願う「しるし」として同朋と「ねんごろにこゝろのおはしましあ」う関係性と構築する主体となるという認識だったのである。ゆえに、善鸞にだまされた人々への同情の表明を行わない。むしろ、信不成立の判明を反省的に踏まえ、今後、確かな信の成立を目指すようにと指示するのであった。どれだけ過酷な弾圧状況下にあろうとも、自らの内側に成立した信にもとづいた実践のあかしとして、敬い合うべき同朋を発見し、互いを利益し合う平等な関係性こそ、信における実践の求める主体間における関係性だった、ということができる。親鸞の信にもとづいた実践は、こうした出世間的な関係性を求めるものであったがゆえに、当然ながら、権力を相対化しおもねらないという一定の倫理規範としても成立していたのである。

こうした仏教理解は、造像起塔や善根功徳を積むことを往生の条件と設定していた当時の仏教界からすれば、文字通り異端であり、正統な仏教理解ではなかった。しかし、親鸞は、阿弥陀仏の願いとして『仏説無量寿経』願文に示されているように、(6)すべての存在が救われることこそが、自らの救いであるという願いを、不可思議にも親鸞自身の願いとして利他を志向していたことをもって、「救いのうちにある」と実感していたから、「信心のひと」を「如来とひとし」い存在だと考えていたのである。もちろん、親鸞が即身成仏や現生での往生を主張したと言いたいのではない。(7)親鸞は、阿弥陀仏の前では煩悩を抱えながらも、すべての命あるものが「一切衆生」「十方衆生」ということになり、そもそも、救われている存在として平等だと理解していたことを、確認したいのである。

しかし、救われているはずの同朋が、人間の煩悩による「妄想顛倒」の具現としての社会構造により、差別され苦しんでいる。こうした現実は、親鸞にとってまさに、

末法悪世のかなしみは　南都北嶺の仏法者の　輿かく僧達力者法師　高位をもてなす名としたり(8)

と、仏教が仏教として理解されず高位を支える道具と化してしまっている、末法状況そのものとして認識されていた。親鸞の思想においては、造像起塔や善根功徳を積むことで高位となる社会構造そのものが、差別を作り出す煩悩の具現として認識されていたのである。だから親鸞は、そうした差別状況を変革していく実践を展開した。親鸞の信は、慈悲の実践を志向するがゆえに現実の差別を喝破する主体を成立させるものとして、親鸞の実践によって実証されているのである。仏の願いにもとづき、真の平等を求めた親鸞は現実における不平等を看過することができなかった。だから「往生ねがふしるし」が「世をいとふしるし」としての現実社会批判を展開させていったのである。

本願にめざめ、信によって慈悲の実践を志向する主体が成立することが、親鸞における実践主体成立の論理構造だった。自らの内側に成立した生き方＝実践を規定する信に、常にわが行動や在り方を訊ねながら、仏智にもとづいた慈悲を実践しようと志向し続けることが、念仏者としての倫理性を「しるし」として伴う実践であったということを最後に指摘して、本書の結論としたい。

註

（1）二葉憲香『親鸞の研究――親鸞における信と歴史――』（百華苑、一九六二年）一七七頁。
（2）『教行証文類』「信巻」（『定親全』第一巻〈法藏館、二〇〇八年〉）一四〇頁。
（3）黒田義道「親鸞の浄土三部経千部読誦について」（日本佛教学会編『仏教における実践を問う（二）』〈法藏館、

二〇一七年〉）二三三頁。

（4）『親鸞聖人御消息集』第七通（『定親全』第三巻・書簡篇）一四七〜一五一頁。

（5）『末灯鈔』第十九通後半（『定親全』第三巻・書簡篇）一一一頁。

（6）『佛説無量寿経』第十八願（『聖典全』一　三経七祖篇）二五頁。

（7）ここで重要なのは、すべての衆生が救われなければ正覚を取らないという法蔵菩薩の願いが成就して、阿弥陀仏となっている点である。また、その願いが成就したということは、すでにすべてのいのちが救われているにもかかわらず、「煩悩にまなこさへ」ぎられているために、その救いに気づいていないという論理を形成している点である。

（8）『正像末和讃』（『定親全』第二巻・和讃篇）二一五頁。

初出一覧

序章　真宗実践論研究の課題――真俗二諦的信仰理解の克服――
「親鸞研究における前提的課題――真俗二諦的信仰理解の克服――」（赤松徹眞編『日本仏教の受容と変容』永田文昌堂、二〇一三年六月）

第一部　親鸞における信と社会

第一章　親鸞における信仰の構造と実践の関係
「親鸞の信仰と実践――特に信仰構造における実践の位置について――」（『龍谷史壇』一二一号、二〇〇四年三月）

第二章　親鸞の宗教的・社会的立場――神祇不帰依の意義――
「親鸞の宗教的・社会的立場――神祇観を通して――」（『佛教史研究』三九号、二〇〇三年三月）

第三章　親鸞の救済における神祇不帰依の意義
「親鸞の救済における神祇不帰依の意義」（『佛教史研究』四四号、二〇〇八年十月）

第四章　親鸞の歴史観における信の意義
「親鸞の歴史観における信の意義」（宇治和貴・斎藤信行編『真宗の歴史的研究』永田文昌堂、二〇一一年十月）

第二部　親鸞における信と実践

第一章　親鸞における伝道という実践の具体的把握――「非僧非俗」を手掛かりにして――

一　「非僧非俗」の構造と意義
「親鸞における伝道実践の研究　その一　――親鸞における「非僧非俗」の構造――」（『真宗研究会紀要』三三号、二〇〇一年三月）

二　「非僧非俗」に対する従来の理解と問題点
「親鸞における伝道実践の研究　その二　――「非僧非俗」に対する従来の理解と問題点――」（『真宗研究会紀要』三四号、二〇〇二年三月）
三　親鸞の「非僧非俗」の立場から導き出される伝道実践
「親鸞における伝道実践の研究 その三　――「非僧非俗」の立場から導き出される伝道実践――」（『真宗研究会紀要』三五号、二〇〇三年三月）
第二章　親鸞の信と自然法爾――廻向によって成立する実践主体――
「親鸞の信と自然法爾――廻向によって成立する慈悲実践主体――」（斎藤信行・北畠浄光編『歴史のなかの仏教』・永田文昌堂、二〇一一年三月）
第三章　親鸞における仏道把握
一　慈悲実践道としての仏道把握
「親鸞の仏道（一）――慈悲実践道としての把握――」（『筑紫女学園大学・短期大学部 人間文化研究所年報』二五号、二〇一四年八月）
二　二世安楽信仰の超越と真仏弟子の意義
「親鸞の仏道（二）――二世安楽信仰の超越と真仏弟子の意義――」（法喜会編『慈光法喜　武田龍精先生喜寿記念』同朋舎、二〇一七年四月）
三　弥陀の願いを生きる者としての「しるし」
新稿
結　章　親鸞における実践論の本質――実践がもたらす倫理――
新稿

あとがき

「真宗とは歴史のなかで生きる人間に、どのような生き方をもたらす宗教か」

今では私の研究の前提とすらなったワンフレーズで表現しうる一文を、自らの問いとして明確に認識できるようになってから、そう時間は経っていない。むしろ、なかなか言葉にできなかったこの疑問を明確化するために研究を続けてきたような思いすら抱く。

戦後の仏教史研究の方法論が、親鸞研究における方法論の模索とともに展開してきたことを総括的に扱いながら、そのうえで国家神道を成立させた日本人の無自覚的宗教基盤を剔抉する学問としての歴史研究に期待を寄せ、仏教史研究における実践性の必要性を以下のように指摘した文章がある。

われわれは、いまいちど、なぜ仏教史研究を志すか問いなおさねばならない。この点にたちかえるとき、戦後の仏教史研究の方法的成果が、二十年に余る年月の経過にもかかわらず、われわれの出発点に据えられねばならないものとして立ち現われるであろう。そこに脈打っているのは、過去の仏教にまつわる事象をあれこれ解釈し、ひろい集め、羅列する「客観性」を許さない実践性である。この実践性の回復と、そこからの方法的反省とこそは、混迷を深めつつある昨今の仏教史研究を甦らせる唯一の途であり、さらには、それは、もっとも有効な現実批判の方法としての仏教史研究に導かずにはおかないのである。(1)

この指摘を本書の課題に引き寄せて換言すると、親鸞の信仰を歴史的に研究するということは、研究者自身の生き方において親鸞の立った信の立場を踏まえての実践が必須条件として課されてくることとなる。そうであるがゆえに、歴史社会における靖国問題や差別問題をはじめとした諸課題に対し、親鸞の信を踏まえたうえでの発言や行動が研究者に求められてくる。

本書がこうした課題を正当に担えているかと問われると、はなはだ心もとないのだが、これまで実践との関係性を主題として論じられることが少なかった親鸞の信を、実践を通して問い直す議論の土台が僅かでも提示できていれば幸甚である。

ただ、現時点で本書を私一人で書いたという感覚は抱いていない。それは生来、なまけ癖があり学力も忍耐力もない私が出版までたどり着けたのは、ひとえに師と仲間に恵まれたお陰としか言いようがないからである。些細なことで躓きそうになる私の先を行き、手を差し伸べ導いてくださる方、さまざまな形で支えてくださる方、停滞しそうな時に後押ししてくれる方々に出遇い続けたことで継続することができた研究成果だという実感しかないからだ。

実家の寺院を継職する予定で龍谷大学の真宗学科に入学し、幼少期から感じていた寺院で語られるお説教と現実社会のズレへの怒りにも似た強烈な違和感を解消したいと考え、鍋島直樹先生のゼミで学ばせていただいたが、そこでは、真宗学のなかにも社会を問題にする視点があることに気付かせていただいた。そのような真宗学に一縷の望みを見いだし、修士課程も真宗学専攻に進み武田龍精先生のゼミで学ばせていただき、先哲方の講録を輪読することができる多くの友人を得た。ただ、修士課程での学びを通して、自分の研究には生き方や実践を問題とする方法論が必要だと感じた。そのような折、学部のころからお世話になっていた桐山六字先生から、冒頭に掲げた福嶋寛隆先生の論文を紹介され衝撃を受けた。それは、親鸞を宗祖という聖域に押し込むことで、自らの社会的在りようを反省させる存在として理解しない学問の在り方を許さない、主体的で実践的な研究姿勢を基礎とする二葉憲香らを輩出した龍谷大学仏教史学の発見とでもいえるような感覚だった。

修士課程まで真宗学に在籍していながら、博士課程で歴史学へ移籍するなど今の私であればとても考えられない選択をした。幸い、真宗学でお世話になった鍋島先生、武田先生はともに他分野で真宗学とは異なる方法論をもって親鸞研究に挑むことを歓迎してくださり、多くの仲間と共に移籍を後押ししてくださった。

歴史学においてもまた師と友人に恵まれた。門外漢の私を懐深く受け入れてくださった福嶋寛隆先生のゼミでは、研究の基礎とともに真宗者としての生き方について薫陶を授かった。歴史学への移籍当初、歴史のなかで親鸞の思想を研究するためには、親鸞の書物も人類がさまざまに展開した思想のうちの一つの歴史的資料として相対化したうえで、その歴史的意義を見いだす作業が必要だと教えていただいた。この指導をいただいた時、真宗に関する文献だけではなく、あらゆる文献が親鸞の思想を理解するための資料となることを知り、思想史研究という大きなフィールドに解放され、正解を覚える作業ではなく自らの問題意識をもとに追求できる学問の世界の広さに心が弾んだ。

毎回のゼミ発表では、福嶋先生の圧倒的な精神気圧に負けまいと、必死に挑んでは「それで何が言いたかったの?」という一言で木っ端みじんに粉砕されることを繰り返していた。こうした時間の積み重ねにより、研究をするということは、常に自身の未熟さを味わい続ける経験でもあることを学ばせていただいた。今思えば、決して長くはなかったが、しかし濃密で研ぎ澄まされた福嶋ゼミでの時間を通して、研究者としての枠を超え、自らへの恥と他者への敬意という真宗者として必要不可欠な感覚を培っていただいたように感じている。

歴史学では仏教史学合同研究室に加えていただき、井之上大輔氏、岸本伸一氏、斎藤信行氏、近藤俊太郎氏らとともに「仏教を歴史のなかであきらかにする会」を発足させ、長い時間議論を重ねた。それぞれ研究テーマは異なっていたのだが、小泉首相（当時）の靖国神社公式参拝について、真宗者としての問題意識をもとに「靖国を問う」シンポジウムを繰り返し開催した。机上の研究会に止まらない実動的な取り組みによって、靖国問題が真宗者にとっての信仰の問題であるということを明確に共有できた。こうした研究会での議論や実践の過程において、しばしば日本における神や差別に関する問題を信仰の問題と認識しえない真宗者の問題＝真宗の神道化が常に議論のテーマとなった。そして、神道化した真宗を仏教へと恢復させるためには、我々の主体的な研究や実践が必要だという意識を共有し、各自が研究を継続する意義を確認する時間となった。このかけがえのない仲間との議論によって、自分のなかでの真宗理解が整備されていったことで、本来、教学とは一人ひとりの信仰を形成していく営みを伴う学であるとの認識を持つようになった。

それぞれが職を得はじめてからは、斎藤氏が中心となり「歴史・宗教研究会」を企画され、現在に至るまで問題意識を共有できる仲間との共同研究とでも言うべき研究環境が保たれている。こうしたことを振り返れば振り返るほど、とても私一人で重ねてきた研究とは言えないのだ。

さらに筑紫女学園大学に就職してからも、よき師と仲間に恵まれ続けた。着任当時、真宗からの実践例を研究するために、髙石史人先生が仏教保育研究会を開催してくださった。研究会では、滑り出しこそゆっくりだが、時間が経つにつれ熱を帯びて語られる髙石先生の仏教を基礎とした福祉への視座を繰り返し拝聴することができた。髙石先生との研究会を通して得た、仏教福祉的視座は仏道の中心に位置づけられるべきだという視点が、現在のクィア仏教学研究への礎となっているように感じられる。

筑紫女学園大学の仏教学研究室の先生方は、印度学仏教学を専門とされる方が多く、仏教をベースに真宗を理解することが当然の前提として話が展開する。その結果「弱い立場の人に徹底的に寄り添う姿勢の大切さを説くことが筑女の仏教だ」という言葉が象徴するように、被災地でのボランティア活動などが仏教学研究室の先生を中心にいくつも展開されている。仏教を大切にする大学内の雰囲気は、これまでの仏教学研究室の先生方が、仏教者として積み重ねてこられた仏道実践の成果なのだと強く感じられる。研究と実践、信仰と存在の仕方を切り離さないことで、大学内に仏教・真宗を具現化しようと努力されるこうした姿から、今回の真宗実践論での核となる信によって慈悲実践志向主体が成立するという論が、突飛なものではないという確証を得ることができた。

また、こうした仏教・真宗における実践を重要視する環境が大学内に浸透していたことで、専門分野の枠を超えて「マイノリティの包摂と支援の在り方」について共に研究する仲間に恵まれた。偏見にまみれていた私自身の価値観を受容しつつも、反省を促してくださる柔らかで慈しみに満ちた研究会で過ごした時間が後押しとなり「クィア仏教学の構築」という、新たな研究テーマを設定することができた。真宗実践論の基礎を構築したうえでの具体的な課題として、いつか取り組みたいとおぼろげながら考えていたが、一人では決して選ぶことが無かったテーマを与えてもらったと感じている。

他にも、熊本や福岡をはじめとする多くの寺院の方にも支えられ続けてきた。研究や日ごろの活動を通して私自身を真宗者として生きることに導いてくれた、多くの師や仲間を同朋というのだと実感している。

こう考えてみても、やはり私の研究は私個人の力で成し得た部分は一つもなく、むしろ周囲の御同朋よりテーマが与えられ、後押ししていただいた成果としか言いようがない。

本書では、親鸞が生きた日本の中世という歴史社会で、「大乗の至極」たる仏教者としての立場を成立させた

「本願力廻向の信」が、慈悲実践志向主体を成立させるものだったことを確認してきた。それは同時に、自我を充足させる宗教的立場や社会的立場を離れることを志向する主体が成立することでもある。

とかく、真宗における実践を主張すると「自力的だ」といった批判を耳にすることがある。しかし、本書で論じてきたとおり、真宗における実践は「他力廻向の信」によって成立するものである。私の研究という実践も、まさに他力によって与えられ、支えられ、促された成果である。これまで執拗に紙幅をとって述べたように、他力によってしか私の研究は成立していない。よって、「他力にもとづいた実践」は「他力だからこそなしうる実践」だとも言いうると考えている。

これだけ「他力による実践」を説明しても、「はからうな」という批判が予想される。では、そうした「はからうな」という批判は「はからい」ではないのか。むろん、人間の営みはすべて「はからい」でしかない。しかし、その「はからい」の基準を無自覚的に自我におくか、自覚的に「本願力廻向の信」におくかでその内容は変化するはずである。自らの生き方の根拠を廻向された信におくがゆえに、はからいとは言い難い質の実践が成立するという、真宗における実践論の構築が本書の目的だったのである。

全くもって拙い研究の成果でしかないことは承知しているのだが、本書を契機として、真宗実践論構築のために必要な議論が喚起されることがあれば望外の喜びである。そして、真宗教団が積極的に信にもとづいた慈悲の実践を展開することで、この混迷の世を照らす存在となることを願って本書の結びとしたい。

最後に、保育園の仲間や家族など、数えだすときりがないすべての同朋の方お一人おひとりに、甚深の敬意とともに、感謝の思いを伝えさせていただきます。

本書の刊行にあたっては、法藏館の山本眞理子氏に編集の労をとっていただいた。また、筑紫女学園大学非常勤講師の金見倫吾氏、盛智照氏にも忙しいなかご苦労をおかけした。三人のご尽力無くしては、コロナ禍という未曽有の状況のなかで出版は叶わなかったと思う。記してお礼を申し上げます。

ここには書きれないほど多くのお世話になったすべてのみなさま、本当にありがとうございました。

本書の出版に際しては、二〇二〇年度　筑紫女学園大学学術出版助成ならびに筑紫女学園大学人間文化研究所叢書出版助成の交付を受けました。

二〇二一年八月

宇治和貴

註

（1）福嶋寛隆「仏教史研究における実践性の回復を」『歴史のなかの真宗――自律から従属へ――』永田文昌堂、二〇〇九年（『仏教史研究』龍谷大学仏教史研究会　六、一九七二年）

索　引

【あ行】

悪……213,269,270,272
悪性……161
悪人……50,94,98,207,216,217,222,223
悪人正因……40,217,222,223
悪人の自覚……123,214,218,222,223
アジャセ……129,130,131,140
阿弥陀仏……6,9,66,70,73-77,96,98,100,102,106,107,172,207,216,218,220,228,230,262,264,269-276,288,296
阿弥陀仏理解……71-75,105,106
家永三郎……38-42,54,55,249,251,254,256,259
石田慶和……175,176,178
市川浩史……124
『一念多念文意』……71,73,159,224
一切衆生……36,37,130,192,227,276,296
いとふ……268,272
上島享……237,255,256
有情利益……105
廻向…41,43,81,101,102,141,165,210,212,219-221,226,227,272,273,276,288,289,291,292
廻向心……103
廻向の信楽……226
廻心……51,79,82,130,221,246,275
恵信尼……9,46
『恵信尼消息』……44,45,48,55
往還の廻向……242
往生……44,78,79,96,99,100,104,105,162,164,183,186,207,217,220,223,255,268,270,271,273,285
往生浄土……180,268
往生願う（ねがふ）しるし…43,49,163,166,267,275,296,297
往生の正因……217,285
往生の目的……100,103,104,108,109
『往生礼讃偈』……162
『往生論註』……46,242
往相……165,210,241,288
厭離穢土……253

【か行】

『改邪鈔』……167,172
覚如……133,134,171-173
我執……9,81,107,108,164,165,183,187,188,190,260,264,268,271,273,291
我執・煩悩……275-277
柏原祐泉……14-17,19-24,122,224
下部構造……36,37,39,41,43
鎌倉新仏教……38,250,251
鎌倉幕府……214,261,292
鎌倉仏教……38,69
『鎌倉仏教と専修念仏』……208
河田光夫……50,52,111
『観経疏』……246
観空西念……255
願作仏心……46,102-104,131,132,164,211,226,242,244,247,248,289
『観無量寿経』……257
帰依……110
木越康……3
岸本伸一……252,253,260
起請文……96,238
義なきを義とす……101,218,226,228
機の深信……50,208,209,214,217-221,223,229,272,275,291
救済…94,97-99,105,109,112,128,129,227,251,273,274
救済主……98,100,106
「教巻」……165,241
「行巻」……242
慶喜……247
『教行証文類』……14-16,20,46,69,122,123,127-129,154,158,181,192,210,224,241,245,246,272,289
教主世尊……193
清沢満之……16,17
愚悪性……74
『愚禿鈔』……220,224
栗山俊之……209
黒田俊雄……7,35,66-70,74,93-96,237-239,252,253
黒田義道……290
『華厳経』……246
「化身土巻」…14,64,69,77,78,123,135,181,182,186
外道……184,258
見愛我慢……80,107,109,136,183

権威主義の否定……136,138,141
建永の弾圧……209
源空……134,154
現生……15,99,100,102,104,109,110,210,211,222,243,265,277,289,291
賢善精進……295
還相……165,210,241,288
還相廻向……78,210,227
建長の弾圧……47
顕密体制……35,93-96,235,237,238,252,253
顕密仏教……37,94-97,108,214
権門体制……7,67,69,237
権力……179,185
権力的世界……188
興福寺……171
『興福寺奏状』……75,81,108,182
極悪の衆生……248,289
虚仮性……165,181,185
虚仮不実……7,47,161,184,185,221,290
護持……264
五濁の世……187
国家鎮護……255
国家仏教……155,181
『御伝鈔』……133,134
護念……71,263,264
金剛心……131,164,220,242,257

【さ行】

罪悪……105,153,161,165,221,251,272,273,286,291
罪悪深重……15,132,275,291
罪悪の自覚……221,273,274
『摧邪輪』……245
罪障・煩悩……55,56,287
罪障の自覚……41,42,49
斎藤信行……267
佐々木馨……38
佐藤弘夫……38,95-100,105,108-110,238
佐藤正英……174,175
佐貫……45,48,100,289,290
差別構造……52,56
三願転入……43,78,123,186
慚愧……173,248,267,286
三部経千部読誦……45,46,48,54,101,289-292
自我……130,131,135,136,157,227,248,274,288
信楽峻麿……176,177
しからしむ……225
自己の罪業性……162
四十八願……220,272
自信教人信……48,49,290,291
実践性……209,285
実践的意義……285
実践論……3,6,11,151,152,287,291
実体化……228
十方衆生……271,275,296
自然法爾……207,208,215,218,219,223-229,285
自然法爾章……224,226,228,229
支配構造……94,109
慈悲……9,110,125,212,222,248,277,286,291,292,295,297
慈悲実践志向主体……227,249,256,275,286
下田正弘……4,5
釈迦……128-130,138,158,159,257,292
社会行為……290,291
社会的基盤……38
社会的契機……42
社会的実践……3-6,9,11,35,40-43,49,55,152,271,287,290
社会的立場……9,64,65,77,81,82,166,175,176,178,180,186,240,288
宗教史研究……239
宗教的・社会的意義……152,153
宗教的・社会的立場……11,64-66,82,155,288
宗教的契機と社会的契機……10,23,63
宗教的権威……97,98
宗教的実践……3,4,6,11
宗教的立場……64,82,152,180,186,288
衆生……36,97,130,132,136,193,216,220,227,243,285,288
衆生利益……46,48,194,276,277,289,290
衆生利益のため……46,101,103,290,291
出世間的……265,296
「証巻」……106,192,210,241
常行大悲……47-49,56,82,165,194,222,243,246,288,289,291
承元の弾圧……19,174
「正信偈」……129,242
『正像末和讃』……13,69,102,123,127,161,183,224-227
浄土……95,134,211,223,228,255,256,268
浄土願生……253
浄土教……6,73,94,110,152,184,246,253,256
浄土宗……246,261,269,270
浄土信仰……94,255,256
浄土真宗……14,15,20,43,47,77,78,151,152,161,165,170,180,184,195,210,240,241,258,290
『浄土和讃』……14,128

正法……21,126,127,129,131,140,141,258
称名……78,228
称名報恩……230
諸仏護念の益……243
諸仏とひとしき……246-248
自力……47,157,160,161,183,214,287,290
自力的……221,228,229
自力の心……50-53
自律性……251
信が成立…20,43,46,47,101,105-107,109,110,135,136,159,260,262,264,267,268,270,276
「信巻」……129,131,158-160,162,210,272,289
神祇……68,82
神祇観……64,65,82,91,92,288
神祇護念……64-66,72,75,76,111
神祇社会……74,183
神祇信仰……66,72,74,76,82,109,138
神祇崇拝……80,81,183
神祇不帰依……66,72,73,76,77,82,83,92,93,100,112,182,184,263,276,288
神祇不拝……64-66,69,74-76,92,97,99,108,109
信楽……51,52,247
信仰構造……41,52
真実心……221,291
真実信心……46,101,131,162,164,242,247
信心……44,48,73,74,101,131,132,134,153,158,160,165,175,178,180,191,212,215,217-219,221,222,224,228,242,247,269,271,285,289,295
深信……211,220,257
信心正因……217,219
信心に立脚……175,176,180,184,194,271
深信の心……220
信心の智慧……102,135,290,291
信心理解……167,219,223,228
真宗……3,6,11,78,126,151,152,156,157,168,169,177,241,286
真俗二諦……11,12,15-19,22,25,56,286,288
真俗二諦的理解……11,12,18,77
真諦……12,15-18
信知……105,161-163,165,185
信に立脚……157,185,186,193,286
信の確立……52
信の基本構造……272
信の決定……41-43
信の構造…9,35,43,52,54,55,208,210,218,272,287
信の成立……131,132,165,274
信の立場……209
信の内実……52
真の仏弟子……141,193,211,257-260,277
神仏習合……92,95
親鸞研究……121,224
親鸞思想変容論……208,209,213,216,219,223,224,229
『親鸞聖人御消息集』……261,266
親鸞における信……178,226,256,259,273,276
親鸞の信仰……93,95,99,100,122,126,175,180,230,252
親鸞の信心理解……216,217,219,222
親鸞の仏道……223,260,265,277
親鸞論……216,217
崇拝対象……66,68
末木文美士……251
救いの自覚……273,274
すべてを弥陀に委ね……215,218,219,223,224
精神主義……16
正定聚……101,104,110,243,285,286,289,291
世界観……254
石泉僧叡……168,169
世間……172,177
世間通途……15,174
世間的価値……212,249,257,259,265,268,295
世俗……24
世俗的価値……23,186,188,194
世俗的価値基準……188
摂取不捨……102,127,251
戦時教学……18,22,24,152
専修念仏……94,97,108,109,125,167,171,182,207,208,213,214,246
専修念仏教団……13,69,155,182,187
『選択集』……220
『選択本願念仏集』……245
善導……53,162,189,246,257,270,272
善人……216
善鸞……47,139,191,207,214,292-296
善鸞義絶……223,292
善鸞事件……214,216,218,224,229
造悪無碍……207-209,214,216,265
造悪無碍批判……214,215
『僧尼令』……155
俗諦……12,15-18
尊厳性……52,53,193
『尊号真像銘文』……71,73,224

【た行】

大喜直彦……254,256
『大経』(『仏説無量寿経』)……131,193,247,257,296

大慶喜心……131,186
大慈悲……46,81,103,132,243,289
第十八願……78,79
大乗菩薩道……106,131
大信心……176
第二十願……78
大涅槃……51,52,257
大般涅槃……226
大菩提心……132,164,226,242-244,246,289
平雅行……35-39,50,53,54,94,95,207,213,216,219,222-224,229,235,236,252,253,256,259
田中久夫……245
他力……227
他力廻向……110,221,222,228,230,263
他力廻向の信……140,212,222,223,246,248,274
他力の信……135,175,192,246,248,249,289,290
他力の信心……193,290
歎異抄……43,129,132,133,153,161,192
智慧……5,36,102,104,291,292
超越性……173
『停止一向専修記』……81,108
超時代的……10,11,178
超時代的契機……10,22,23,42,63
超歴史的……5,6,22,23,37
沈黙……11,285
天親……106
天神地祇……153,183
伝道……52,154,260
伝道実践……151,153,154,158,169,173,193-195
転入……78,79,157,178,187
天皇制……65
同行……51,192
道綽……246
等正覚……226
同朋……43,52,56,133-135,154,163,172,192,194,267,273,288,292,295,296
屠沽の下類……50-52
戸頃重基……65
度衆生心……46,103,104,132,164,226,242-244,246-248,289
鳥羽院……255
曇鸞……46,242

【な行】

内観的な実践……11
内省という実践……286
南無阿弥陀仏……227
二種深信……56,162,163,209,217,220,221,273
二種の廻向……165,210,227,241
二種の信心……220
二世安楽信仰……252,253,256,259,260
『日本中世の社会と仏教』……217
如来……160-162
如来廻向の信……242
如来とひと（等）し……47,101,102,104,105,109,110,212,215,291,295,296
如来の廻向……210,211,226,243,289
如来の慈悲……104,105,107,289
如来のちかひ……226
人間……4
人間悪……250,251
人間観……139,213
人間関係……193
奴婢僕使……187
『涅槃経』……13,129-131,160,168-170,182
念仏……36,41-44,53,97,139,153,155,162,166,176,180,185,187,189-192,194,212,222,228,251,255,263,266,267,269,270,273,274,277,292-295
念仏者……49,70,72,83,151,153,154,157,159,163,166,173,175,177,178,182,186-191,193-195,213,263-265,269,271,277,292,295
念仏者の生き方……153,154,272
念仏弾圧……191
能行説……168

【は行】

服部之総……35
非権力的……188,194,213
非僧非俗…152-158,163,164,166-178,180-182,184,186,188,190-193
非俗的……269,271
悲歎……14,15,56,138,161,183,259,287
否定の論理……250-252
平等……9,36,94,97,98,110,164,180,192,213,216,223,295,296
不可思議……194,228,274
福嶋寛隆……9
普賢大圓……3
藤場俊基……123
藤村研之……75,77,109,208,209,270
二葉憲香……9,10,23,40,43,44,48,54,55,178,180,251,287
仏教観……184,188,214,246,258
仏教的立場……23
仏教理解……13,17,20,37,296

仏教利用……187
仏智……156,222,258,290,292,297
仏願……258,289
仏願に順じる……249
仏願に随順……211,257,259,260
仏道…158,169,211,212,241,244,246,248,249,286,288
仏道の正因……46,82,103,110,132,136,243,245,289
仏にならむとねがふ……247
不拝……71
普遍性……37-39
普遍的超歴史的……37,40
古田武彦……44,50,54
分陀利華……257
放逸無慚…163,208,212,213,215,216,228,229,261-263,265,267,269,270,272,277
法然……36,37,94,95,97,98,125,132-135,139,176,185,190,207,220,235,245,246
法の深信……209,217,219,220,223,272,275
『菩薩戒経』……107
菩提……248
菩提心……104,244-247
仏の慈悲……286
本願他力……158,159
本願力廻向……10,46,165,187,224,226,241,246,288
本願力廻向の信……3,6,46,49,55,79,81,82,104,111,157,164,166,181,185,193,194,211,215,224,227-229,243,259,265,272,288,291
本地垂迹……68,81,95
本地垂迹説……96,182
煩悩……9,103,104,110,131,161,184,192,211,221,222,227,242,267-269,271-273,275,276,286,290
煩悩具足……103,162,166,243
煩悩具足の凡夫……110,162,185
煩悩熾盛……275,291
煩悩性……286
凡夫……207,227,242,269,271-273

【ま行】

松島善譲……169
『末灯鈔』……225,261,266,267
松野純孝……173
末法……12-14,16,19,21,98,122,125,127,128,131,137-140,187,214,249,259,289,297
末法意識……137,140
末法観……14,21,121-126,139-141,184
『末法灯明記』……123
末法認識……125
末法の世……214
松本英祥……73,74
弥陀廻向……228,248
弥陀法……129
明恵……245,246
冥衆護持……71,263
名利……80,109,111,186,187
弥勒におなじ……101,104,212
民衆支配イデオロギー……94
無疑心……221,222
無碍光仏……51,52,107
無碍の一道……72,153,154,159
無慚無愧……161
無上覚……127,226
無上仏……226,227,288
無明……162,163,165,212
村上速水……172,173
無量光仏……107
迷妄……188

【や行】

山折哲雄……65,74
『唯信鈔文意』……73,158,159,183,246
世をいとふ……21,43,49,110,163,164,166,192,266,267,269,271-277,292,296,297

【ら行】

来世往生……15,99,100,105,110,256
利他……3,79,103-105,107,108,110,111,137,138,157,164,165,223,244,259,264,291
利他行……110,130,131,139,164,227
利他志向主体……112,260,264
利他的実践……194,288
利他の志向……136,277,296
利益……211,226,275
領家・地頭・名主……50,53,189,191,263,265,295
臨終行儀……255
倫理性……175
歴史観……14,15,121-126,139,184
歴史的立場……14-16,19-21,24,122,154,240
蓮如……20,136,192
『論語』……108

宇治和貴（うじ かずたか）

1975年熊本県生まれ。2001年龍谷大学文学研究科修士課程真宗学専攻修了、2004年龍谷大学文学研究科博士後期課程国史学専攻単位取得満期退学。龍谷大学非常勤講師を経て、現在筑紫女学園大学准教授、九州龍谷短期大学非常勤講師、武蔵野大学仏教文化研究所客員研究員。文学修士（龍谷大学）。共編著に『真宗の歴史的研究』（永田文昌堂、2011年）。共著に『歴史のなかの仏教』（永田文昌堂、2021年）、『国際社会と日本仏教』（丸善出版、2020年）、『地球と人間のつながり―仏教の共生観』（法藏館、2011年）などがある。主な論文に「「クィア仏教学」の構築にむけて」（『龍谷大学アジア仏教文化研究センター・2019年度・研究報告書』、2020年）、「仏教からの「マイノリティスタディ」への視座・序論」（『筑紫女学園大学教育実践研究』第3号、2017年）。

筑紫女学園大学人間文化研究所叢書
親鸞の信と実践

二〇二一年八月二十五日　初版第一刷発行

著　者　宇治和貴
発行者　西村明高
発行所　株式会社法藏館
京都市下京区正面通烏丸東入
郵便番号　六〇〇―八一五三
電話　〇七五―三四三―〇〇三〇（編集）
〇七五―三四三―五六五六（営業）

装幀者　上野かおる
印刷・製本　亜細亜印刷株式会社

ISBN 978-4-8318-3844-5 C3015

人間文化研究所叢書刊行にあたって

二十世紀において希望に満ちた未来として想像されてきた二十一世紀が現実となった今、それが果たして想像通りの未来であったでしょうか。楽観的な将来像を描くことが許されていた時代も、過去のものとなりつつあります。大学を取り巻く環境についても厳しくなる一方です。このような社会状況の変化にあっても、大学に課せられた社会的使命は、良質の教育を提供することと最先端の研究を推進することであり続けてきました。そしてその研究成果は、アカデミックな世界にのみ蓄積されるだけではなく、常に社会に還元される必要があります。人間文化研究所では、そのような社会的使命に応えるべく、ここに「人間文化研究所叢書」を創刊することとなりました。

一九九〇年に、筑紫女学園大学と筑紫女学園短期大学の合同研究の場として「国際文化研究所」が創設されて以来、二十五年の歳月が過ぎようとしています。その間、研究所は「人間文化研究所」と名称を変えましたが、様々なシンポジウムや共同研究会を開催し、『人間文化研究所年報』(旧名称『国際文化研究所論叢』)を刊行してまいりました。研究所創設の四半世紀を節目に、これらの成果を集成し公開する媒体として、本叢書刊行の運びとなりました。本叢書が、今後も活発に刊行され、あらゆる人の知的好奇心を喚起し、将来の学術研究へ寄与し続けることを願ってやみません。今後とも皆様のご指導、ご支援のほどよろしくお願いいたします。

二〇一四年三月

筑紫女学園大学人間文化研究所